权力的餐桌

从古希腊宴会到爱丽舍宫

[法] 让-马克·阿尔贝 著

刘可有 刘惠杰 译

生活·讀書·新知 三联书店

Simplified Chinese Copyright © 2018 by SDX Joint Publishing Company.
All Rights Reserved.

本作品简体中文版权由生活·读书·新知三联书店所有。
未经许可，不得翻印。

图书在版编目（CIP）数据

权力的餐桌：从古希腊宴会到爱丽舍宫／（法）阿尔贝著；刘可有，刘惠杰译．—2版．—北京：生活·读书·新知三联书店，2018.10（2024.1重印）
（新知文库）
ISBN 978-7-108-06397-7

Ⅰ．①权… Ⅱ．①阿… ②刘… ③刘… Ⅲ．①权力－研究 Ⅳ．① D035

中国版本图书馆 CIP 数据核字（2018）第 206291 号

特邀校译	白紫阳
责任编辑	赵庆丰　王　竞
装帧设计	陆智昌　薛　宇
责任印制	董　欢
出版发行	生活·讀書·新知 三联书店
	（北京市东城区美术馆东街22号 100010）
网　　址	www.sdxjpc.com
图　　字	01-2018-5881
经　　销	新华书店
印　　刷	三河市天润建兴印务有限公司
版　　次	2010年10月北京第1版 2018年10月北京第2版 2024年1月北京第5次印刷
开　　本	635毫米×965毫米 1/16 印张 16
字　　数	198千字
印　　数	23,001-25,000册
定　　价	38.00元

（印装查询：01064002715；邮购查询：01084010542）

新知文库

出版说明

在今天三联书店的前身——生活书店、读书出版社和新知书店的出版史上，介绍新知识和新观念的图书曾占有很大比重。熟悉三联的读者也都会记得，20世纪80年代后期，我们曾以"新知文库"的名义，出版过一批译介西方现代人文社会科学知识的图书。今年是生活·读书·新知三联书店恢复独立建制20周年，我们再次推出"新知文库"，正是为了接续这一传统。

近半个世纪以来，无论在自然科学方面，还是在人文社会科学方面，知识都在以前所未有的速度更新。涉及自然环境、社会文化等领域的新发现、新探索和新成果层出不穷，并以同样前所未有的深度和广度影响人类的社会和生活。了解这种知识成果的内容，思考其与我们生活的关系，固然是明了社会变迁趋势的必需，但更为重要的，乃是通过知识演进的背景和过程，领悟和体会隐藏其中的理性精神和科学规律。

"新知文库"拟选编一些介绍人文社会科学和自然科学新知识及其如何被发现和传播的图书，陆续出版。希望读者能在愉悦的阅读中获取新知，开阔视野，启迪思维，激发好奇心和想象力。

生活·讀書·新知 三联书店

2006 年 3 月

目 录

导　言　王法的餐桌还是餐桌的王法 ·················· 1

第一章　古希腊宴会的规矩
　　　　社交、排斥和不守规矩 ························ 9
　前言 ··· 9
　诸神眼中的古希腊宴会 ··························· 11
　古希腊宴会的整合能力和等级划分 ··················· 21
　宴会的另一面 ·································· 32
　小结 ·· 42

第二章　中世纪的宴席
　　　　从 5 世纪到 15 世纪的权力战略 ················ 45
　前言 ·· 45
　结盟的盛宴 ··································· 46
　竞争的宴席 ··································· 55
　庆典中的逆乱和秩序 ···························· 66

小结 ··· 77

第三章　国王餐桌的戏剧性
16 世纪末到 18 世纪初 ··· 79

前言 ··· 79
法式厨房的诞生 ··· 80
餐桌是古典主义的政治宣言 ······································· 91
统治和目的达成 ··· 100
小结 ·· 115

第四章　在秩序与混乱之间
18 世纪和 19 世纪 ·· 117

前言 ·· 117
王室餐饮的非神圣化 ·· 119
革命宴会的诞生 ··· 132
权力餐桌的延续和断裂 ··· 141
小结 ·· 160

第五章　政治想象和食物认同
19 世纪到 20 世纪 ·· 163

前言 ·· 163
菜碟之间的疆界 ··· 164
烹饪的冲突：当厨房打仗的时候 ································ 178
共和国宴会 ·· 191
小结 ·· 205

第六章　爱丽舍宫吃的外交

一种统治的方式 ·· 207

前言 ·· 207

礼节：兜售法国 ·· 209

选举烹饪 ·· 219

国家元首和食品 ·· 229

小结 ·· 243

导　言

王法的餐桌还是餐桌的王法

　　当人们想找一种最管用的方法确认自己的权力，想说清楚这种权力的大小、多寡和由来时，吃就成了重要的历史记录。

　　　　　　　　——让－路易·弗朗德兰

　　餐桌的艺术是一种统治的艺术。餐桌是一个特别的场所，围绕着吃，可以产生决策，可以张扬势力，可以收纳，可以排斥，可以论资排辈，可以攀比高低，吃饭简直成了最细致而有效的政治工具。吃饭是一种特别的社交方式，是身体与灵魂的结合点，是物质与精神的结合点，是外在与内在的联系，按现成的说法，叫作"礼义共鸣"。政治宴席不同一般，丰盛而讲排场，豪华而隆重，对仪式的讲求，使它成了一个具有特别意义的时刻。吃饭本身也是一种别样的政治解读，因为游移在纯粹的政治生活之外，人恢复了本来的个体状态，脱离了平常所属的群体和类别。从古代宴席到现代的政治聚餐，有公众意义的正式宴会有着多种多样的形式，有着自己独特的意义和语言。我们看到了王侯宫殿里举办的权力盛宴，也看到了1936年6月以后，罢工者们拒绝大吃大喝，他们在户外野餐，把革命的聚餐变成了对抗当局的新形式。权力餐桌是烹饪历史当中的重要章节。

坐下来一起吃饭是一种划分，体现集体聚会仪式，划分人与人之间的关系：我们不会随便和不认识的人一起吃饭，出席宴会不是无谓的举动，和中世纪的骑士们入席有着各自的属性一样，坐下吃饭有着社会和政治层面的意义。在古希腊的斯巴达（Sparte）和克里特岛（Crête），年轻人出席宴会，表示这个人有公民权；城中的所有男人，不论年龄，都有自己的宴会席位。有这样的社会群体，就有由此发生的规矩、责任和权力，制约所有出席的宾客。如同骑士们授衔之后的宴会一样，共享一餐意味着建立并加强某个群体之间的团结和信任。殷勤好客贯穿着历史，一直是餐桌上的主导。古希腊有招待过路旅人的习惯；17世纪和18世纪，凡尔赛宫的廷臣餐桌欢迎客人，圣路易[1]曾经礼貌地邀请13个穷人入殿同席共饮，再现"最后的晚餐"。吃好、获得感官的满足很重要，推杯换盏间的交谈同样重要，柏拉图、伊拉斯谟和克尔凯郭尔的宴会的全部政治意义，就在于席间他们的谈话。

19世纪，布里亚-萨瓦兰（Brillat Savarin）直截了当地说，"吃饭已经成为一种统治的方法"，在饭桌上，可以缔结盟约，可以签订协议。塔雷朗[2]是一位"美食外交"的大艺术专家；1815年，他在维也纳会议上频频劝进香槟酒，产生了不容忽视的效果。在饭桌上，也或多或少地解决了不少纠纷。1789年7月14日，巴士底监狱监狱长德洛奈

---

1 圣路易（Saint Louis, 1214～1270），即路易九世，曾先后率十字军出征埃及和突尼斯。——译者注；如无特别说明，均为译者注。
2 塔雷朗（Talleyrand, 1754～1838），法国政界人士，曾任外长。

（de Launay）曾经邀请围攻国家监狱的群众代表一起进餐，以图和大家有个商量；可是他的运气不好，仅仅把巴士底监狱被捣毁的时间推迟了几个钟头。不过，德洛奈借用一顿饭菜，告知代表他不投降的决定，公开为自己辩护，这一顿饭菜有十足的政治意义。在油画《卡娜的婚礼》（*Les Noces de Cana*）上，韦罗内塞（Véronèse，1528～1588）把无花果酱放在耶稣近处[1]的做法意味深长，显然，在神学关于四旬斋[2]封斋问题的争执当中，韦罗内塞表明了自己的立场。17世纪，路易十四为消除意大利风尚的影响，想要建立"民族"色彩。在此前提下，1651年《厨师弗朗索瓦·德拉瓦莱尼》（*François de La Varenne*）一书的出版，和辞退雕塑家贝尔尼尼（Bernini，1598～1680）一样，有着同样的政治意义。2006年，正值禽流感猖獗，当时的法国总理多米尼克·德维尔潘（Dominique de Villepin）对着电视镜头吃鸡做的食品，意在安抚民众，援助法国的家禽业。餐桌难道不是政治生活的另一种表现形式吗？说餐桌之上云谲波诡，并不为过；1888年，菲利贝尔·奥德布朗（Philibert Audebrand）说，"近两百年以来，一个老巴黎咖啡馆就是巴黎的缩影"。在古希腊的各个城市，宴席是见习公众生活的场所，是处理国家事务的最佳时机。中世纪后期，在西班牙古城卡斯蒂利亚（Castille），城市的政要每年聚餐一次，聚餐之时也是政要换人之时，聚餐将决定一两个城市领导人的更替。

餐桌也是东道主表现权势的一种手段，东道主会使出浑身解数，影响宾客。15世纪勃艮第宫廷宴席的极尽奢华，既是向勃艮第骑士贵族表现大公的威风，也是向西方的君主们炫示力量。两个世纪以后，路易十四时期的安托万·伏尔迪埃（Antoine Furetière）说，"和

---

[1] 《圣经》记载，耶稣在前往耶路撒冷的路上吃过无花果。
[2] 从基督教的圣灰星期三起，至复活节前一天为止的40天为四旬斋，纪念耶稣在荒野禁食40天。

任何时间比较，法国宫廷的奢华都更能表现国王的势力"。正式宴会上，食物的丰盛要和国家的富裕相匹配，或者说，要和一个国家盛世繁荣的美丽神话相匹配。到了20世纪，所有专制独裁的国家都学会了这个招数。

我们在权力餐桌的排位上能看出东家和宾客之间、宾客和宾客之间的复杂的等级排序。在古希腊时期，只有亚瑟王的圆形桌上有平等，主人让所有宾客享受同等礼遇。除此以外，这个时期的宴会座次都不那么平等。在关于吃的想象当中，谁吃得多，谁的权力大，谁的社会地位高，谁的饭菜就比别人好。中世纪，人的地位高低和饭菜质量有着内在的联系：伺候一个讲究的人，都要提高饭菜的质量，或是象征性地，或是实实在在地。按当时的情况，可能就是多了一些树上的水果和一些禽类。1864年，龚古尔家族（les Goncourt）建立了另外的等级方式："百姓吃早饭，士绅用正餐，贵族用夜宵。人越尊贵，进食的时间越晚。"19世纪末，在关于等级的学问中，饭菜数量的重要性彻底让位于饭菜的质量：餐桌上的老大不是那个吃得最多的了，而是那个吃得最少的，他掌握着餐桌上的话语和节奏，位居宾客之上。座椅的好坏，餐桌的摆放，人是站着还是坐着，跟前有没有刀叉，席位和权职的相关位置（比如和中世纪或者现代君主中心座位的相关位置），都是参加宴会的人最关注的情况。20世纪30年代，克里姆林宫举办的宴会再现了苏联特权阶层的森严等级，所有与会者的目光都要专注于斯大林。频繁祝酒之后，大家都要起身走向领袖碰杯，象征性地不断再现着权力的集中。阿道夫·希特勒的生日宴会也有同样的意思，纳粹领袖为了鼓励（或制约）戈林（Goering，纳粹空军总司令）、戈培尔（Goebbels，纳粹宣传部部长）的野心，在席位的安排上煞费苦心。饭桌上的举止言谈有了新标准，让人在不知不觉之中区分出什么是有品位的人，什么是土包子。从战场上带来的豪放被宫廷礼仪般的彬彬举止所代替：贵族与其他人之间确实有着不易察觉的分界。座席用多种形式表现人的隔离，最严重的时候，可以表现为对整个社会阶层的排斥。在希腊神话故事里，或者是维京时代的记述里，经常可以看到被逐出所属阶层、独自吃喝的人。女人、外人和奴隶很少有权利参加古代公众宴会。一些艳情文学也记载了被排斥在公众饭桌之外的一些骑士，他们因此饱受社会的非难和惩罚。

  餐桌既然是确立权力、反映社会平衡的一种形式，就不可避免地会产生相反的结果，给当时的社会政治结构造成麻烦。比如，饮食上的神像破坏运动，背离了宴会通行的等级排序，建立了事物的新秩序：古希腊人祭拜狄俄尼索斯[1]和俄耳甫斯[2]，就是一种反抗当时政治的形式。1792年6月20日，革命党人暴动，逼着路易十六喝酒，触及了国王的身体，彻底打破了至少两百年以来法国君王和百姓保持距离的形象。19世纪，共济会的多个分会在神圣星期五吃猪肉[3]，公开与教会的"秩序"对抗。

  宴会的模式在其发明者眼里是完美的，但是有时候，宴会上会出现混乱，甚至会出现犯罪。宴会上追求集体和睦的宾客，其殷勤好客的态度一时间不知哪里去了，只剩下猜疑和暴力，宴会上本应有的和谐，被害怕毒杀的恐慌充斥着：从拜占庭到中国皇宫，从中世纪王公到美国总统奥巴马，都有专人在餐前为主人的安全试吃。2009年3月，美国总统奥巴马一家来巴黎时，在城里一家餐馆用餐，竟有随行人员先吃试毒，委实让在场的法国大厨们吃惊不小。为政治原因在食物中投毒的故事很多。斯大林大清洗时期的米哈伊尔·尼古拉耶维

---

1 狄俄尼索斯（Dionysos），古希腊酒神，传说是他最早教人采蜂蜜和种葡萄的。
2 俄耳甫斯是古希腊的诗人和歌手，善弹竖琴，弹琴时，猛兽俯首，顽石点头。
3 天主教规定守斋，分大小斋，小斋指在星期五不吃肉。

奇·图哈切夫斯基[1]一案中，曾在诸多指控中提到在鲜鸡蛋中放铁钉，在黄油中放玻璃碴子。史蒂文·卡普兰（Steven Kaplan）在书中[2]描述了这样一段往事：1951年，加尔村连续七人神秘死亡，全村一片恐慌，挑衅、辱骂和丑闻造成外交气氛紧张，"受到伤害"的客人被迫离开[3]……在正式宴会上，怎么向穆斯林国家的政府代表敬酒，也是共和国礼宾的难题。一个政治议题可以把家庭聚餐变成一场恶战，桌上的食物和餐具也可能变成互相抛掷的武器；卡朗·德阿什（Caran d'Ache）根据1898年"德雷福斯事件"创作的油画就反映了这样的情景[4]。餐桌上的新规矩也能摧毁一个群体的平衡：在电影《上帝疯了》（The Gods Must Be Crazy）里，一个普通的可口可乐瓶子便打破了卡拉哈里（Kalahari）的布须曼人（Bochimans）的平静生活。

在政治生活中，食物常用来为政治服务，成为竞选的决定性法宝，任何时候都要以丰盛的饭食讨好公众，扩大支持者人群。1454年，勃艮第大公举办"锦鸡福宴"，联络当地贵族，争取他们对十字军远征计划的支持。到了19世纪和20世纪，共和党宴会的目的则是就某个共同的政治纲领加强来宾们的团结。尽管难以划定什么饭菜是左派的，什么饭菜是右派的，饭菜却从来不是中立的，食物一向是为

---

[1] 图哈切夫斯基（Toukhatchevski，1893～1937），苏联红军总参谋长、陆军元帅。在苏共大清洗中，被以间谍罪判处死刑并立即枪决，随后，参与审讯判决的苏联内务部人员也被集体处决。

[2] 《被诅咒的面包》，《在那被人遗忘的年月里回归法国》，法亚尔出版社，2008年。——原注

[3] 1951年8月17日，加尔村（Gard）中约30名居民突然发病，神志不清，说看见火和蛇向自己袭来。后来发现是城里面包店被人投毒，导致7人死亡，数人至今饱受后遗症困扰。当时有人怀疑是"冷战"事件。直到2009年，美国记者Hank P. Albarelli Jr.在他的 A Terrible Mistake 一书里透露，是中央情报局（CIA）在那里下了LSD迷幻剂。很多媒体报道了这个事件，甚至指出当时美国某著名高层人物参与了这一事件，但美国和法国政府一直都没有正面回应。

[4] 德雷福斯（Dreyfus，1859～1935），法籍犹太人，1894年因被当作德国间谍而被捕，后因证据不足被流放，舆论就此事件分成两派。1906年此人被无罪释放。

改善生存条件而斗争的核心内容。比如1795年的妇女暴动,她们冲入国民公会,喊着"要面包,要1793年宪法"的口号;还有1942年德国占领法国时期,"用人党"们上街游行,其社会要求是"我们要吃土豆",政治要求是"打倒德国鬼子"。这两个例子都具有象征意义。最近,法国对环保食品的质量、对餐饮行业减免增值税提出质疑,这又一次暴露出"选举厨房"里不同政治势力泾渭分明的分歧。

食物有着浓厚的政治含义,在爱国者的主张里,食物是具有决定意义的。古希腊历史学家希罗多德(Hérodote)根据食用牺牲的方法判定其文明程度,甚至根据祭品的烹饪方式区分哪一个是"野蛮人"。19世纪,匈牙利作家李伯特·沙尔卡兹(Lipót Schalkhaz)说:"如果没有民族的饭菜,这个民族的完整和统一是不可想象的!原创的、纯正的民族饭菜是民族生活方式最牢固的支柱之一,并列于民族力量、民族习惯、民族特质和民族感情。再有,民族饭菜有助于提升民族的自豪感和觉悟。"17世纪后期,很多国家钟爱法式大餐,19世纪中期以后,法国食谱到处可见,这种战争文化对饭菜的收纳表现了烹饪的"国家化",贬斥"他者"的饭菜,宣扬本质主义的主张。从改变帝国的菜品名称,到约瑟·波维(José Bové)捣毁麦当劳,再到对某些食品反复的抵制,方式虽然不同,意思是一样的:要在地方食品受到国际化食品威胁的时候,维护食物的本来特性。

国王和属民建立关系要通过很多途径,其中之一就是饮食。在这方面,国家元首的态度会引起媒体广泛关注,他要向某个群体(或是廷臣或是全国大众)传达自己的政治教化:圣路易有着生活俭朴的形象,他在酒里兑水,查理五世的生活也普普通通,能吃上一顿简朴的夜宵就满心欢喜了;查理六世就大不一样了,他可以不顾宫廷规矩,兴高采烈地一个人在饭桌上吃上六个小时。今天的国家元首代表国家,他的行为必须与国家政治合拍。吃饭的时候,他既不能狼吞虎咽，逞一个饕餮的威风，也不能吃得过于简单，那样给人的感觉好像一个过于寒碜的糟老头子。从亨利三世一直到法国王朝结束，每位法国国王都力图和宫廷里的人保持距离；和他们的权力一样，国王的饭桌不容分享。现代的政治人物，依其脾气不同，或多或少地消除了这样的距离。每个时代都有过"皇室"的微服私访，卡佩王朝（987～1398）的国王曾经下马弃车，步行进入自己的城镇；德斯坦总统曾经走出爱丽舍宫，和普通群众共用夜宵，以告诉人民，自己和大家一样吃饭，但是又在保持着一个共和国总统所代表的政治功能及其与人民的必需距离。

布里亚-萨瓦兰认为，"一个民族的命运取决于它怎么吃饭"。今日，虽然大多数西方国家已经告别了往日的物质匮乏，物质变得丰富，但是食品和权力的问题却从来没有像今天这样尖锐。让-罗贝尔·皮特（Jean-Robert Pitte）说："我们的时代需要牢固的信仰，要笃信统一稳定的价值观才是永不枯竭的财富源泉。"[1]最近一个时期出现的粮食危机和国际金融交易引发的恐慌，都迫使政界人士就人民群众的菜篮子的质量安全做出保证，这时候地方食品往往成了救命稻草。因此，在把葡萄酒视为"国家财富"的地区，任何想要限制酒的消费或是想要改变酒的成分的法律，都会引起激烈的争论：2009年2月，刚刚在地区市政选举中获胜的长官们在看到酒水消费下滑的报告以后，倒吸了一口凉气，他们怕失去来自葡萄酒酿造业的选票。餐桌已经并入了宏观意义上权力的表现形式和实践手段，因为从根本上说，对于法国人而言，"法"的意义就是餐桌的意义。

---

[1]《法国烹饪——激情的历史和地理》，法亚尔出版社，1991年，第101页。——原注

第一章

古希腊宴会的规矩
社交、排斥和不守规矩

> 旧时的餐后酒会[1]是一个封闭环境，只有少量地位相当的人在一起，自成一体。这样的聚会把酒、音乐、台词和舞台演出融合一处，其实就是与会者的一场演出，餐桌是布景，饮者手中传递的酒壶是道具。
>
> ——弗朗索瓦·利萨拉格

前 言

从英雄传说开始，到希腊化和罗马时代，古代城邦发展出了一种特有的，同时也是主导性的政治社交形式，其源头是古希腊的宴席。这种"集体聚餐"的起源不好界定，以前的史诗和神话也都没有明确的记述。公元前7世纪，古希腊抒情诗人阿尔卡伊克[2]提到过这种小

---

[1] le symposion，希腊语中意为"一起喝酒"，指宴会后的交际酒会。
[2] 阿尔卡伊克（Alcée，约前630～前580），反专制，歌颂人体美，创"阿尔卡伊克诗体"。

会,说是边开会"边喝",在迈锡尼文化古城梯林斯(Tirynthe)发现的同时期铭文里,提及"宴席主厨",说明这个会和吃喝有关。也是在同一时期,古希腊的城市斯巴达已经在举办公众宴席,叫"西西提亚"(syssitia,共餐制),这可能是受了多利亚传统影响的一种聚餐形式。

将四十多年以来获得的信息资源汇总,我们对古希腊宴席的研究进一步深入。考古成果帮助我们再现了几个希腊宴席大厅,这可能是贵族人家居住的私人场所,也可能是正式的殿堂式的公共空间。希腊大型古墓的最新发掘,让我们看到了家具和厨房用的炊具、餐具,比如盘子、酒杯……由此我们获得了关于古希腊餐桌艺术的更多的信息。对于动物的考古学考察,也使我们得到了当时人们食物构成的宝贵信息。学者们撰写论文描绘当时人们的"膳食"表现,无论是无意间的一笔带过,还是不吝笔墨地提供详尽的菜谱,都使我们的相关知识进一步精确。从一些碑刻上,我们更多地了解到古代城邦的食品供应和公众宴席的组织方式。科林斯大双耳尊上的大量刻像向我们展示了宴席的情景:宾客斜卧在床上,周围有奴隶伺候;而4世纪的图像《鱼菜》表现的场面,则是在各种鱼和海味中间,有一处盛浇汁的凹陷。还有考古出土的厨房设备(烤炉、灶)、准备饭菜的器具(面粉磨、捣具、烧烤用的网夹、平锅、烧锅、炖锅……),以及压榨机和用于制作腌货和熏肉的熏炉。

对于宴会的研究,让我们对宴会形式和古希腊公民、政治、社会形式的关系有了一些初步思考。古代史诗中描绘的宴会起源故事,决定了人在神面前的地位,决定了公民在非公民面前的地位,以及古希腊人在非古希腊人面前的地位。如果说,聚餐加强了群体的团结,那么,也必然会对群体以外的人造成歧视。过去认为参加宴会的人之间是平等的关系,今天看来却不再那么平等了:根据宴会的规模和形式，总会表现出一些微妙的等级关系。古希腊宴会是聚会的场所，同时也建立了社会和政治身份的等级标识。现在的历史研究学者习惯把古希腊晚期公民人数的增加与宴会人数的变化进行比较，认为餐桌是城市政治生活的缩影，还提出了不少依据，比如柏拉图和色诺芬关于餐后酒会的经典著作，亚里士多德的文章《雅典娜学者宴会》(*Banquet des savants*)，以及阿里斯托芬的喜剧，也有后来的《七贤人宴会》(*Banquet des Sept Sages*) 和普鲁塔克的《席间漫话》(*Propos de Tables*)。但是，是不是因此就可以把宴会看成古代城邦的象征？反之，宴会上的一些不端行为，甚至是拒绝聚餐的行为，也使我们对古希腊人如何塑造宴会、如何塑造古希腊文明，有了一些解读。

诸神眼中的古希腊宴会

宴会和牺牲的目的

在古希腊城邦，政治和宗教在许多领域里混为一体。但是，不论以什么形式出现，牺牲仪式（le Sacrifice）都有着绝对重要的地位。1979 年，让-皮埃尔·韦尔南（Jean-Pierre Vernant）和马塞尔·德蒂安（Marcel Détienne）对这一类牺牲进行了海量的深入研究，他们认为，对于公民群体的团结而言，这一类牺牲有着文化结构方面的重要意义。牺牲的方式方法适应了当时的要求，牺牲的肉食因为没有保鲜办法，也就没有纯粹的卫生讲究。分吃牺牲品是在一切公共的和私人的活动之前，尤其是在宴会之前，故此分吃牺牲品是奠定人与人之间复杂关系的中心环节，也是人与诸神之间重申这种复杂关系的中心环节。

古代献祭活动是古希腊聚餐的基础，它提示了人类和诸神的关系有过断裂。曾几何时，普罗米修斯触怒了诸神，贡献牺牲是对这一过失的补救。最早的时候，人类和诸神和平相处，分享着似乎永不散的宴席的快乐。普罗米修斯偷火，诸神对人类进行"食物"惩罚，让人类从此以后，吃饭的时候也要供奉诸神，邀请神一起吃饭。牺牲仪式上，必须向诸神贡献食物的最好部分，而人类只能满足于食物中的一般部分。这种行为源自神的旨意：要反复如此，才可能调解人类与诸神之间的关系，同时改善人与人之间的和睦。古希腊人一方面要恢复诸神永久的宴席；另一方面，在牺牲的过程中汲取了和谐政治的精髓，用以增进城市的平衡和繁荣。牺牲在人和动物之间拉开了距离，牺牲是划分文明世界和野蛮世界的界限：一个贡献牺牲的民族，自己肯定不会愿意成为动物。

古希腊人建立了自己的牺牲仪式，其中最有名、最普遍的是"图西亚"（thusia，即英文 enthusiasm 的希腊语词根）。这是一种血腥的食祭，具体办法是，取家畜家禽，一种或者多种动物[1]，比如公鸡、山羊、绵羊、马和牛，将其割断喉咙。这是一种最高级的牺牲方式，往往是因为大的事件。

我们不再详细回顾祭祀游行中表现出的等级分明，但是，仍然值得一提的是，在游行队伍的最前面，掌管祭祀的人必须十分注意祭祀用牲的干净和完整，不能有任何看得见的污渍和残缺。在公民节日游行时，城市的法官和执政官走在游行队伍的前列，紧跟着的是神父，神父之后是携带祭祀用料的妇女，再之后是城市贤达和精英，最后是群众队伍。祭祀牲畜的头略向下倾斜，表示它愿意被牺牲，供奉时刻伴有规定的祝圣祷告，同时向牲畜的头上洒水。古希腊人用这种"屠杀"仪式，当成弥补过失甚至赎罪的形式。仪式正

---

[1] 每位神分别有其特定的专有的动物祭品。——原注

式开始,有人用火为祭祀的牲畜燎毛,主祭上前割断牲畜的喉咙,有意让血向天地两个方向喷,然后收集在祭台上的一个瓶子里。主祭司"Le mageiros",字面意思是牺牲侍奉,其实就是现代意义上的屠夫,也就是厨师。他取出牲畜内脏中最珍贵的部分,送给一个很小的圈子里的几个人,其他部分做成香肠或者出售,出售所得送交地方财政。厨师对于牲畜的切割,并不讲究哪个部位味道如何,或者怎么按纤维纹理下刀。牺牲动物的腿被送上祭台,覆盖肥油,撒上酒和香料,然后燔祭,恭请诸神在烟雾熏腾中享用。牲畜的其余部分、内脏、胃、大肠等,按重量分给众人,这种分配有严格的规定,或依据等级,或考虑宾客之间平等的原则,或按照《伊利亚特》中说的"论功行赏"原则,根据每个人的功劳大小而定。

除了分配供品,牺牲仪式最后也可以有一场公众聚餐。这种宴席形式有个理论上的固定模式,但现实中根据组织者身份、时令节庆以及相关城邦传统,有千变万化的形式。比如"燔祭"的意思是人不享用,将牲畜焚烧,向诸神贡献全部的牺牲。比如在帕特雷(Patras)祭拜阿耳特弥斯[1]的仪式上,就按这种形式宰杀了鸟、家畜和野兽。在为逝者和英雄举行的仪式上,人们将血洒在地上和坟上,"燔祭"便洒在祭台跟前。在不流血的祭祀中,给诸神准备的是面包、蔬菜和点心。有的地方祭祀中,甚至供奉香水,比如古城费加里(Phigalie)的人祭拜得墨忒耳[2]和宙斯[3]时就是这样做。两种拜祭方式不是一成不变,在有着复杂仪式的节日里,也可以结合在一起,比如萨尔格里昂节(les Thargélies),这是雅典每年第十一个月为阿波罗(Apollon)举办的节日。祭拜也可能是简单地在祭坛旁

---

[1] 阿耳特弥斯(Artémis Laphria),希腊月亮女神和狩猎女神。
[2] 得墨忒耳(Déméter Mélaina),古希腊农事和丰产女神,婚姻和女性的庇护神。
[3] 宙斯(Zeus Herkeios),希腊神话中的主神。

边或者某个圣地，放置简单的供品或奠酒。无论如何，"图西亚血祭"永远是宴席的公众行为中最为人所知，可能也是最有政治意味的祭拜方式。

柏拉图、亚里士多德和泰奥弗拉斯托斯都曾经说过，宴会的出现和血腥的食物祭拜有关系，祭拜使公众聚餐成为希腊人社交的基本方式，而这种社交关系又凭着宴会得以延伸和加强。古希腊人只食用牺牲供奉过的肉食，否则他们觉得自己就和动物没什么区别了。没有牺牲祭拜，就没有对祭祀"牲畜"的分配，也就没有集体内部的分配，也就是说，如果你拒绝参与祭拜，等于政治上的拒绝态度，你就将被排斥在城邦以外。不过，这种祭祀活动只是我们要讲述的宴会的前奏而已。

宴会后的交际酒会

宴会分为两个阶段，其时间分界点不总是很明确，但是两个阶段的形式和进行方式是不一样的。习惯上，把吃食物的时间，即正餐，和喝酒的时间分开来。正餐时间叫"deipnon"，指的是分配食物的时间，也指分配食物的地点。喝酒的时间也叫宴会后的交际酒会（symposion）。在研究中，我们看到宴会前后两部分也不是一成不变，交际酒会的阶段也有人在进餐，而用餐的时候也有人喝酒。不管怎么说，宴会这两个阶段都在诸神的注视之下，人们用牺牲食品祭拜诸神，用酒祭拜酒神狄俄尼索斯。

在可查的信息中，关于正餐的记述比交际酒会的要少，但是已经足够让我们明白了。除了像西西里人阿尔谢特拉托斯（Archestratos）的一些零星记载，要到十分热衷于描述吃喝的希腊化时期或罗马时期，才出现有实际内容的菜谱。有个叫阿泰纳（Athénée）的人，可能是一个移居罗马的埃及裔希腊人，写了一本书，叫作《智者的欢宴》（*les*

Deipnonsophistes)[1]，提供了一些宴会食物方面的信息。我们从中知道，当时的人喝酒喝得不多，但是仍然在喝，尤其是到了正餐最后，更要为诸如阿加托·戴蒙[2]和许革亚[3]一类的神明敬酒。古希腊人的主要食物是大麦和小麦等谷物，"阿拉托斯"（Astos）是小麦面团，"阿勒肥托"（Alphilto）是大麦粗碾的麦片，更多的是"马匝"（Maza），是大麦粉加水、油、蜂蜜和奶制成的食物，做出来可以吃很长时间。他们还大量食用发酵和未发酵的饼和面包。斯巴达人喜欢吃"克比"（Kopis），这是一种大麦和小麦掺在一起烙的饼。关于职业面包师的记载，最早出现于5世纪的雅典，不过那时饭菜主要还是妇女操办。这一时间有了一些新食品，比如鲜奶酪"特洛嘎利亚"（Trogalia），尤其是在斯巴达，这种鲜奶酪掺有干果、无花果、葡萄干和巴旦杏仁。还有"特乐各马达"（Trogemata）鲜奶酪，里头有蜂蜜、小茴香和芝麻。在祭祀食品里，肉比较少，只是逢节日的场合才有。祭祀的肉食都是在仪式之后直接生吃。生肉过秤，每个人平均一公斤。牛肉占最大比重，其次是山羊、猪崽、公羊、猪和母羊。希波克拉底（Hippocrate）在《急症食疗》（*Traité du régime dans les maladies aiguës*）一书中，提到过食用野猪、禽类、鹿、狐狸和刺猬。烹饪时，作料由掌管供应的官员"le Sitarque"提供，很丰富，基本作料有盐、油和醋。古代的厨师形象日益显现，经常是诗人笔下的人物。479年，雅典最有本事的厨子的收入已经和阿尔盖斯特拉德[4]一样，与伯里克利[5]、什洛美麦斯（Chiromémès）

---

1 字面上的意思是"正餐中宾客们的哲思集"。——原注
2 阿加托·戴蒙（Agathos Daimon），古希腊掌管葡萄园和庄稼地的神，也是陪伴人的智慧、运气和健康之神。
3 许革亚（Hygeia），古希腊健康女神。
4 阿尔盖斯特拉德（Archestrate），前4世纪的希腊诗人、美食家。
5 伯里克利（Périclès，前495～前429），古雅典政治家，后成为古雅典实际统治者，其统治时期是古雅典政治和文化的全盛时期。

等人差不多了。

从克洛德·列维-斯特劳斯（Claude Lévi-Strauss）研究了生吃和熟吃的历史过渡以后，食品历史学家们建立了烹饪分类，让我们看到如何从"原始"烹饪文化发展到了"文明"烹饪文化。《荷马史诗》经常提到的"串烧"一类的烤炙食物逐渐被高贵的"羹"所代替，羹的不同之处在于，它可以重复加热，可以保持恒温。马塞尔·德蒂安很早就注意到，煮制的肉可以"等"人享用，而烤的肉放一会儿就硬了。

吃饱以后，就可以进入宴会的第二阶段：餐后酒会，或曰"一起痛饮"的时刻。这两个阶段不一定分得那么清楚，要看场合，如果是庆祝胜利、赛跑得冠或节日，宴会的形式就要庄重一些，就有"之前""之后"之分。如果想明确告诉大家吃喝分开，光说还不够，还要撤去正餐用的桌子，换上另外的桌子，放上喝酒用的杯子和酒壶。这个时候，新来的宾客可以入场，他们把衣物存放在宴会厅入口处；宴会厅里的人则开始准备庆祝，他们戴花环，喷香水，这就是说宴会结束，酒会开始了。有些史料还告诉我们，此时还要净手，如此加重了宗教色彩。奴隶把盛酒的双耳尊放在宴会厅中心，以示对宾客的平等对待；他们还会在酒中兑水，侍奉客人用酒。开始饮酒之前，酒祭三方：英雄、善神和宙斯。史学界对这时候是不是有赞歌"Péan"（一种笛子伴奏的唱）存在争议，不过也没有相关的后续记载。举杯宣誓的时刻称为"西诺默西亚"（Synomosia），宾客此时可以酒奠，以此加强"政治"集团的联系。这个贵族俱乐部式的集团被称为"利泰利亚"（Hetairia），之后通过抽签或者选举，任命一位主持人，这个人也可以称作宴会"国王"，由他决定每个宾客的酒量和酒里掺多少水，他还要劝酒，尤其要拉住那些最腼腆的人，让他们多喝，谁要是不听，他可以惩罚，包括罚款或者将其赶出会场都有可能。

这一阶段的主体内容是分享美酒。酒的起源是神圣的，很多古代神话里都有诸神向人类施予葡萄种株的记述。酒神狄俄尼索斯鼓励饮酒，虽说他参与了很多节日的狂欢，但他也制定了所有体面的古希腊人都应该遵守的规矩——节制。只有神可以尽情享用纯酒而不至于酒后疯狂。当时的酒发酵程度很高，古希腊人只能掺水饮用。水和酒的掺兑比例是2∶3到3∶4，酒和水的比例决定着宴会的气氛，会场中心用以决定勾兑酒水比例的双耳尊里的酒是什么样，宾客的情绪就是什么样。古希腊史料中经常提到的"Cnide"酒和"Cos"酒有时候是在冰雪中保存的，饮用时用的酒杯也不一样，杯口比较敞开。而当时的"Rhyton"酒樽是角形的，柄部装饰着动物头面。但是，宴会的意义不仅仅是痛饮酕醄，醉酒实际上只是一个阶段。

宴会塑造了群体

无论是公共的还是私人的，是公民的还是家庭的，宴会都体现了以一定价值观为基础的社会关系。从史诗中的英雄时代开始，这些价值观把聚餐变成了进食的基本原则。一个古希腊人不能一个人吃饭，因为餐桌决定了人群划分。宴会的席面上分为两种人，一种是被邀请者，称作"Kletos"，一种是被邀请者认识的人，称作"Epikletos"，就是不请自来的人。

首先，殷勤好客，即"xenia"，是古希腊宴会的基础，没有这个基础，宴会的款待客人的意义（也就是宴会的政治意义）就不会存在。《荷马史诗》中有大量的例子在形容维系贵族精英群体团结的"好客"，同时也有大量与之相反的例子，比如独眼巨人波利费莫（Polyphème）出现时，其不好客的行径代表的就是野蛮世界。欧里庇得斯（Euripide）在《阿尔刻提斯》[1]里讲过阿德墨托斯[2]的故事，在失去妻子的当天，阿德墨托斯还是设宴款待赫拉克勒斯（Héraclès），他虽然伤心悲苦，但没忘记古希腊待客的规矩。好客是团结的象征，古希腊的秘密政治团体执行的政策，和城市正式的政策经常不一样。从古代起，城市之间就有诸如在缔结协约时请大使们到正式场所聚餐的做法。

宴会也是回顾往事的场所，每个人都在这里讲述自己的过去。陌生人向宾客们学习历史，以便日后在自己的圈子里炫耀。每个被邀请来的人都高兴地向周围的人讲述自己的家谱和经历，讲一些自己的诗歌创作，然后向围在双耳尊周围听自己说话的人发出邀请，请他们到家里做客。

宴会后的酒会虽然是大家在一起的吃喝游戏，但是不能理解成一个放纵无度的阶段，这一阶段的人寻求行为的完美尺度，就如《荷马史诗》中的军人在宴会上的表现那样，要达到恬然平静的理想境地，即"喧闹中的静修"（Hesychia）。柏拉图在《律法》（Lois）一书中，为这种有度的追求赋予了平和的集体意识，用这样的意识约束自己，就会和神明平安相处。饭后酒会的时间里也可能出现冲突，但是冲突也只是客人们动动嘴皮子而已，即便是双方骂起来了，因为酒会本身的基调就很诗意，也可以约束那些最容易冲动的人。酒会也是讲演和对话的场所。尤利西斯（Ulysse）在酒会中得到的满足感和柏拉图肯定不同，柏拉图在《普罗泰戈拉对话篇》和《会饮篇》中得意地说，因为要请大家谈论爱情，酒会主持人把吹笛子的美丽女郎辞退了。

---

[1] 古希腊神，阿德墨托斯（Admète）的妻子，以钟情其丈夫代他赴死著称，后被大力神赫拉克勒斯救活。
[2] 阿德墨托斯（Admète），塞萨利（Thessaly）国王，到海外觅取金羊毛的阿尔戈英雄之一，娶阿尔刻提斯为妻。

古希腊的餐后酒会是一个快乐时刻，与会者分享着激情与欢愉，这样的气氛也有助于谈话和诗歌创作。美酒、会场装饰、气氛、音响环境和整个宴会氛围，都有助于建立强烈的集体归属感。抒情诗的创作过程体现了酒的关键功用，喝酒的人要经历几个状态，一是幸福舒畅，二是忘掉人间琐事，三是暂时的脑袋清楚。人的这几种表现有节奏地变化着酒会的气氛，开始的时候，宾客们严肃认真，正经八百，专心致志地听人说话，不放过任何只言片语，到了最后，则毫无顾忌地放纵于爱情的游戏当中了。来宾们都在头上戴上花环，据说这样可以让人容易醉酒，也有说法是让人不醉，或者防止酒后失态。如果谈话和酒还不够热闹，还有音乐助兴，按照普鲁塔克的说法，如果大家头脑发热，音乐也有平静人心境的功用。乐师、歌唱家和舞者主要都是奴隶，他们的参与提高了酒会档次，宾客们也有引吭高歌之时。色诺芬和阿泰纳的著述都很关注酒会的音乐——有证据表明，从《荷马史诗》时期起，就有了歌颂诸神的赞歌。酒会上最受人欢迎的节目是"高塔博"[1]，其场面经常被刻画在杯子上：饮者喊着自己喜爱的人的名字举杯敬酒，不顾酒奠的规矩，把酒泼洒在容器里。杂耍、演员等也会为宴会增加色彩，延长集体快乐的时间。

运动员搏斗（L'agonistique）是餐后酒会的另一个重要时刻。醉酒后，加剧了人本来的紧张情绪，酒会成为发泄的场所。宾客之间的争执不单单是为了抢着说话，还可能发展成动手动脚的对抗，这当然是宾客们闹着逗乐儿，但也使人想起城市保卫者的首要作用。在古希腊前期，关于宴会的故事和图像信息中，充斥着战争和狩猎的主题。公元前8世纪至前7世纪，宴会厅变成了战场之外的另一

---

[1] 高塔博（Le Cottabe），古希腊时期在宴会上和澡堂子里的一种游戏，盛行于公元前5世纪和前6世纪，以后就消失了，相关记载模糊不清。

种战场,武士们从对立变成一起享乐,在宴会上,不是节日的日子也可以享乐。《伊利亚特》的第四部中写道,阿伽门农在检阅古希腊军队的时候,用最美妙的言辞称赞勇敢的伊多梅纽斯(Idoménée),说他不但打起仗来不是孬种,一起喝"最好的酒"的时候,也是好样的。但是,不是所有的当代史学家都同意这样的观点,有的意见恰恰相反,认为一味的战争是不可能的,总要有平静和娱乐作为陪衬。酒是忘记武器、忘记死人的方式;酒杯上的图像,让我们经常可以见到醉酒和战斗混为一体的画面,喝得脸红脖子粗的人在战场上,酒杯成了武器。

  古希腊"阿贡"[1]的存在,说明古希腊宴会的形式并非固定,它可以变化;人的表现随宴会变化而变化:席间,人经常走动、变换位置,逗笑、打架,也有色情行为。古希腊前期对这样的色情行为有记载,但是到了后期,相关的明确记载却消失了。《奥德赛》里说,只有在宴会结束以后,尤利西斯的女佣们才可以随着她们的追求者散去睡觉。阿里斯托芬(Aristophane)在《胡蜂》一剧中写道,酩酊大醉的亚希比德(Alcibiade)带着几个兄弟突然闯入宴会,说自己要做宴会主人,宴会最后演变成了一场狂乱。实际上,宴会结束以后,宾客们确实可以游行至另外的场所。

  餐后酒会是节制和聪明的体现,但是不太可能避开表现宴会战争气氛的"雄性"做法。古希腊宴席已经有了大线条,聚餐的方式渐趋相同,聚餐越来越成为一种享乐。说一起吃饭,就是去赴宴,一个人吃饭喝酒已经被视为不正常。古希腊的"利泰利亚"集合了一群喝酒的人,这群人在一起,超越了简单的家庭关系或者宗族关系,已经成为一种政治团体,但这与城邦政治往往大异其趣。

---

[1] 阿贡(Agon),古希腊的文化和体育盛会,内容包括田径、赛车、赛马,以及文学和音乐等。

古希腊宴会的整合能力和等级划分

宴会环境：在殷勤好客和平等之间

古希腊后期，有关于宴会群体如何追求和谐与平等的文字描写。不过有些对席间宾客们的举止，以及由此表现出的政治形态的历史再现，无论吹嘘或者抨击，都有理想化的用意，我们对此可以存疑。

史料中还有关于送礼和还礼的生动记载，马塞尔·莫斯（Marcel Mauss）最先做了这方面的研究。交换礼物与殷勤好客一样，加强了聚餐者几代人的联系。波利娜·施米特·潘特尔（Pauline Schmitt Pantel）写道，古希腊时期的酒杯画像让我们有了想法，宾客的特点相像，几乎可以相互置换，这和让-皮埃尔·韦尔南说的"存在的一致性"是一个意思。恪守一样的价值观，使一起聚餐的人有了一致性——古希腊时期，为共同的政治和文化目的而"团结"的贵族就属于这种情况。两千多年前，亚述人其实已经利用分享食物和酒把宾客变成象征性的"胞族"（phratrie）了。

历史学家 W. J. 斯莱特（W. J. Slater）说，宴会地点的选择使宾客之间产生了平等的感觉。公共聚餐的选址是很有讲究的，有时候在古希腊广场举行，大多数时间是在一个封闭的场所里举行，比如宫殿里或神庙里。自从 20 世纪初史学家弗里肯豪斯（Frickenhaus）着手进行关于宴会厅的考古工作以来，这方面的研究成果日见其多，尤其是 1980 年以后。最近的考古发掘出土了用于宴会的建筑和房舍，一些遗址得以复原，比如古希腊广场附近的赫拉神庙中的古希腊餐厅（Hestiatorion）的遗址。遗址有四个厅，每个厅各有十二个卧席和八九张桌子，墙角的桌子可以同时供两个人使用。如果有妇女参加，她们也有座位；男人们在门口脱了鞋进来以后，则要以卧姿就席。早在公元前 8 世纪至前 7 世纪，中东地区就有这种记载，此前的习惯是设矮座，可能是在尼尼微[1]（Ninive）的一张条桌跟前，只有国王才能独自享有一个高座位。《奥德赛》多次提到在荷马史诗时期的宴会姿势，比如在忒勒马斯克宫举行的宴会上，宾客们都是坐着。古希腊前期保持了这个传统，但是在排座次的时候，按照等级划分了来宾，最重要的人物仍然是在卧席上。表现亚述巴尼拔大帝大宴场景的浮雕应该是最早形象地表现宾客卧姿的，《圣经·以斯帖记》中提到，尼布甲尼撒[2]举办大宴的时候，也是大家卧在床上吃饭。但是，从坐姿到卧姿的转变原因是什么呢？我们不清楚。是不是古代游牧民族的遗风呢？卧姿宴会渐渐传到小亚细亚，又磕磕绊绊地传到巴尔干半岛，最后传到整个中欧，一直到了阿尔卑斯山地区。卧姿宴会在有些城市遭到了强烈抵触：在斯巴达仍然习惯坐着聚餐，坚决抵制在宾客之间制造等级差异。古希腊人完全没有东方皇家式的等级森严，而是采用了有些民主萌芽的"平等"做法，请全体宾客入席侧卧，由此产生了新的餐桌礼仪。

遗迹中的"宴会厅"的建筑没有标准，但是有一些特点反复出现。安德龙（Andron）是主房间，装饰壁画和马赛克，只供男人使用，周围附设几个厅，用于宴会的准备和接待其他来宾。厨房可以设在主建筑里，也可能在住房之外单设，但是都有一个祭坛和一个炉灶，分别供牺牲和烹饪用。餐厅大致呈方形，有专用的炉灶用来摆放饭菜借以保温，宾客在餐厅中以此炉灶为中心围坐。我们猜想床头应该朝右，人卧在床上，以左臂支撑。色诺芬和柏拉图对一些豪门大院里的类似场景有过详尽描述。我们通过 4—5 世纪的文献，对私人宴会

---

[1] 古代东方奴隶制国家亚述的首都，遗址在今伊拉克北部的摩苏尔。
[2] 尼布甲尼撒（Nabuchodonosor），约前 1135 年的巴比伦国王。

有了更多的了解。这一时期，宴会厅足够宽敞，餐桌可以在几个餐厅之间搬来搬去，上菜也方便。宴会厅的地面铺有大理石或者水泥，为方便处理废水，紧贴着地面满铺下水管道，或者在墙上凿洞。

在酒壶和双耳尊上的刻像以及铭文中，都有关于宴会家具及其在安德龙里如何摆放的信息：卧席放在一个高出地面几厘米的石台子上，床上有褥子、靠垫和餐具。在和床齐平的高度，摆放着梯形桌子，桌子两条腿或者三条腿，有时候还有专门放置餐具的架子。我们见过在西西约纳[1]（Sicyone）发现的一个青铜小桌子，是公元前6世纪末或者前5世纪初的器物，上面的文字告诉我们，当时有压榨机，有做工精细的青铜厨房用具。我们还见过公元前386年到公元前380年维奥蒂亚州（Béotie）高尔希埃（Chorsiai）小镇的一处铭文，铭文记载了一个器物单子：在赫拉庙里有35个锅，35"把"烤肉钎子，5个青铜盘子，1个烹饪用的大浅口盘，12个双耳大饮杯，11个大身细嘴提水罐，3个贮酒罐（也可能是青铜壶），以及一些瓶状和杯状的各式酒具……因为没有盘子和餐巾，吃不完的饭菜被客人们随手扔在地上。

在宴会厅中央，双耳尊占着特殊的位置，厅内所有布置以它为中心，每个客人和它保持同等的距离，如市中心的神像一样，它是所有人注目的焦点。在古希腊前期，双耳尊寓意着宾客之间没有等级区别，宾客们有着政治群体之间的平衡。如果双耳尊和祭台同在一个宴会厅里，那便是宴会厅结构的轴心。在荷马笔下，战士们的座位和战利品保持同等距离；猎人们打猎回来，围成一圈，把猎物放在当中，祭祀牺牲以后，祭肉要在参加牺牲仪式的人当中平均分配。餐后酒会也是一样，双耳尊的摆放位置要让宾客们都能够得着。普鲁塔克在他的《席间漫谈》中对古希腊分餐的公平性从争议的角度进行了反思，

---

[1] 西西约纳，希腊语为 Sikuon，意为"西葫芦城"，希腊古城。

而荷马的著述中则对各方平等的概念说得清清楚楚：肉放到祭坛上祭祀以后做熟，平均发给在座的战士，饮品和肉亦平均分配，再现了战场上的同仇敌忾和在政治结盟时的团结。平均分配食品，是平等的古希腊城市中政治权力平等分配的象征。

文学和刻像中的记录可能夸大了宴会的平等色彩，围绕着桌子，其实有着很强烈的等级体现。荷马故事多次提到，宴会上分配战利品和肉的时候，根本不是每人一份，最好的部分都要留给"最优秀"和最强悍的人。酒会主持人在安德龙的条凳上有专设座位，他掌握着宴会的进行节奏，捣乱的人会被请出门外。座位各有各的含义：首席在入口左侧，主宾紧挨着首席的右侧，身份最低的来宾卧在榻上，在最右端。柏拉图《会饮篇》中的人物厄律克西马库（Eryximaque）说，他在请来宾致辞的时候，注意力是从自己右侧的客人开始，"顺序向右"。品达（Pindare）在诗中也特意说到了宾客的平等，但是仔细阅读史料时，我们看到，宴会是"老板"联络客户的场所，并不是一般东道与客人的关系。来宾们享受的待遇各不相同，在克里特和斯巴达，最年轻的男子可以入席，但是他们要侍奉成年人饮宴，让成年人吃完了自己再吃，有时不得不席地而坐。

宴会划分政治阵营

如果要了解聚餐形式的变化，而不是做一个简单的人类学的分析，就要特别注意到，从古希腊前期直到古罗马初期，即从公元前2世纪到公元前1世纪，宴会的变化和政治密切相关。

在古希腊前期（公元前8世纪左右一直到公元前6世纪），只有在一些比较小的城市里，有过一些初级形态的全城聚餐。在古希腊后期，聚餐有了某些聚合全体"公民"的态势，这里说的"公民"指的是全体男子，大家逢节日一起吃一顿饭，在斯巴达这样的城市里甚至是天天聚餐，日日欢饮。在斯巴达和克里特，召集公民们一起吃喝，最好是在大白天围坐一处，具有特殊的意义，体现了城市的团结。除了忙于牺牲祭祀，或者如克里特狩猎那样没有按时结束，耽搁了时间，全体公民一定是在一起用餐。这种用餐制度，或者说这种国家体制，使得公众宴会有了约束性，因为这种制度要求"平等的人"（Homoioi）在一起吃饭。斯巴达的人管这顿饭叫"西西提亚"（Syssitia，公餐）或者"菲迪缇"（Phidities，税宴），十五个人左右一桌，吃的喝的都比较简单。这种贵族特质的做法表明了公民的属性，怎么样吃饭，就是怎么样的人。奥斯温·穆雷（Oswin Murray）直截了当地说，"他们醉酒的规矩多少反映了酒在其政治体制形成过程中的重要性"。所有的斯巴达公民都要为举办宴会做出贡献，来的时候要带上野味、粮食、水果和奶酪；亚里士多德在《政治学》中也说过，有的人没有能力在赴宴的时候带上东西，结果被排斥在政治生活以外，丢掉了公民的资格。在克里特的公众聚餐，即"les Andries"，代表着同样的政治意义，每个来宾都要"贡献"其十分之一的收成，所有的人（包括依附于城市的农民），只要参加宴会，就要承担宴会消费的部分开支。

全体聚餐可能也见于其他地方，但是随着城市的发展和获得公民资格的日益简便，这种聚餐形式渐渐被改变，全体聚餐的形式渐渐被废弃，而演变成了"代表"聚餐。公众聚餐只有在古希腊前期才可能存在，那个时候城市是一个整体，后来延续了一段时间也是因为城市的寡头政治保持着人数不多的公民群体。但是，斯巴达以外的地方，财富的增加和差异，都削弱了"西西提亚"的作用。政治特权的获得、扩大和萎缩，越来越决定着公众聚餐的人数和来宾座次。从物质手段上讲，大多数古代城邦已经不可能让所有的城市居民一起吃饭了，于是只能邀请一部分代表城市权力的居民，这个"代表团"象征着整个城市，以城市的名义吃饭。宴会于是变成了浓缩公民整体的小规模聚会，全体聚餐的形式到此寿终正寝。不过聚餐的强迫性并没有完全消失，公元前6世纪末的梭伦法令明显继承了这一精神，这一法令要求公民轮流参加宴会，履行他们议政和参与法律事务的责任。在斯巴达和克里特，节日聚餐相当于公民代表大会，不容含糊，大会实际上成了公民的培训，自此，宴会有了新的政治色彩，不再仅仅是城市的代表了。由于宴会不能集合全体公民一起吃饭，城市领导人就把宴会的组办权抓在自己手里，克里特就是这样。在其他一些城市，比如雅典，富人必须为一些仪式自己掏腰包，这叫"Hestiasis"，最常见的是抽签决定哪一个部族掏钱。狄摩西尼（Démosthène）提到过在雅典节日聚餐上怎么分配肉食，但是没有说到怎样消费。不管怎么说，吃在一处，象征着公民／战士的义务：人们和自己的部族一起投票，一起打仗，一起吃饭。这种休戚与共的感情，就这样植根在有规律的隆重的公众聚餐当中。

聚餐是公民属性的标识，尤其是在古希腊前期。在这个意义上，餐桌从此成为一种整合的工具。妇女、外邦人、奴隶和年幼者都"自然"地被排除在外。但是，在关于宴会的故事里，我们常常可以看到"公民"旁边的外邦人和未成年人。在斯巴达，未成年人如果要想参加餐后酒会，必须征得参加者的一致同意，他们可以通过观察成年人的表现来学习处世，听大人们吹嘘战功、讨论国事，这确实也是"西西提亚"的首要意义。在克里特，有个启蒙仪式，未成年人有时要被成年人"抢走"回家，和"劫持者"一起过好几个星期；期间，未成年人会从情人处得到一些供品，比如一头牛和一个酒杯，他带着这些吃喝的东西就能参加公共酒会[1]，喝酒的时候也谈论政治事务，并与

---

[1] 他同时收到一堆打仗用的装备。——原注

大家一起决定城市功臣的授奖问题。我们在酒壶的绘画上看到，在迎候宴会新客人时，人们会告诫他们，谁坏了规矩，谁就要遭殃。公众聚餐为决策群体集结了"新手"。家庭节日同样也是举行宴会的契机，家庭宴会吸纳新人，增进集体的凝聚力。在人生的重要时刻，比如生和死，同一群体的人也要在一起吃饭，如同在埃及的丧葬仪式的祭坛边我们所看到的一样。

餐桌上建立的兄弟情谊，在政治生活中和战场上也打下了团结的基础。在雅典节日"阿帕图里"[1]（Apatouries）上，同一氏族的人在三天里一起吃喝，其中一天称为"Banquet"或者"Dorpia"，后来成了专门用于正式宴会的词语。德尔斐（Delphes）也有类似的活动：在"Apellai"这一天举行宴会，有用于牺牲祭祀的贡品"Apellaia"，宴会上还招募新成员。不论是在雅典还是在德尔斐，氏族人都是在一起吃饭的时候接受新成员，公民们也最愿意通过加入氏族从根本上站稳脚跟，建立自己的形象。

这种收纳很少涉及外邦人，不过在一些古希腊城邦，外国人如果接受类似比赛的饮酒考验，遵从行为有度的酒会玩乐规矩，不胡闹，也可以参加宴会。在克里特的宴会上，公民席位旁边特设两张桌子，专供招待过路的客人。按照克桑西（Oiantheia, Xánthi）的习俗，他们可以在洛克里斯人的领土上居住，参加他们的宴会，这种规定透露出公众聚餐和获得政治权利密切相关，这样一来，出席牺牲仪式、参加公众聚餐，就成为整合队伍、吸纳新人的主要表现形式，到了伯罗奔尼撒战争（前431～前404）的时候这一情况才有了转变。宴会和公民资格之间的这种紧密联系，几乎是欧里庇得斯的《伊翁》（Ion）的全部故事内容。故事讲述了青年伊翁是如何通过参

---

[1] 古希腊宗教胞族节日，有民政功能，认定新生儿入籍和女人出嫁。

加各种各样的公宴活动一步一步地最终被雅典城邦上流社会接纳的。在其中一次宴会上,伊翁的亲生母亲克雷雨兹(Créüse)不知道他的真实身份,怕他登上雅典王位,想要给他下毒;母亲非常明白,让他参加宴会,会给他多么重大的政治资本,但是在她眼里,这太危险了……

参加宴会,不仅仅意味着有公民资格,也划分了公民群体内部的等级。在某些特定节日宴会的时候,在仪式的允许下,大家喜欢让最有钱的人出头,承担宴会的组织和花费。尽管通过宴会,雅典向周边众多进贡盟国显示了威风和统治地位,但是,老是这么吃喝,城邦承担不起。一旦公众财政艰难,操办不起宴会,就采用"吃大户"的做法。在古希腊后期,"吃大户"变得普遍,做法也比较成熟,怎么办宴会,时兴什么规矩,都是清清楚楚的:城邦里的每个部族派十名代表,这些代表们筹钱,操办狄俄尼索斯酒神节和雅典娜女神节期间众人的大吃大喝。雅典城里的人可以不受仪式规矩的约束,自发地来参加宴会,但是政府不喜欢这样的"自发"行为,因为这样一来,参加宴会的人就会越来越多,成分也越来越复杂。这种不请自来的现象虽然被法律允许,但是在城邦战乱艰苦时期,伯里克利愤怒地抵触不办,往常为城邦经济提供支持的国库管理长官、女祭司和大将军们也不张罗这一类的吃喝了。不过,古希腊后期的那些著名政治人物还没有什么顾忌,在他们眼里,宴会以及补充或替代宴会的食品分配,都是贵族行为,贵族借此与其属民建立政治依赖关系。到希腊化时代有一些人物就经常替代自己的城邦举办宴会,比如小亚细亚西部城市吉梅(Kymé)的克雷阿纳克斯(Kléanax),就以其待客慷慨大方而出名。

很多社会阶层不能够参加宴会,不管对这些社会阶层有过什么限制,都损害了希腊宴会的包容和平等的意义。

宴会是政治生活的一种隐喻吗

古希腊城邦举办宴会的宗教意义（也就等同于政治意义）是很明显的。能不能说，说到底宴会就是政治群体缩小成餐桌大小的一个隐喻呢？对此史学家们至今争论不休，不知道在古代政治制度形式和公众聚餐组织形式之间，能不能建立这样一种比较。

宴会并不都与公民权利混为一谈的，比如雅典在举办最重要的宗教节日时，官员们聚会时，还有家里祭神时，尽管从中也可以看出某些规矩和等级，但是这些聚餐并不是公民大会，也不是"政治生活的浓缩版"。不过，公众聚餐的地点选择其实有着非常显著的政治特点，每个城邦都预备了几个聚餐的场地。萨索斯岛（Thasos）上发现的一处5世纪的铭文，就证实了当时有专供举行餐后酒会的建筑，它建在城市中心，周围是政府建筑。在普利尼（Priène），当地人在集市广场旁边的公共会堂里的宙斯神像前举行公众聚餐。参加聚餐的有一些新人，叫"parasitoid"，这些人由选举产生，出席城邦举办的公众聚餐陪官员们"一起吃饭"。"寄生虫"（parasite）一词由此演变而来：所有用甜言蜜语讨好施主寻求帮助的艺术家和思想家都背上了这个名字。人们在雅典有很多这样的聚餐场所，首先是雅典卫城会举办牺牲仪式和反映"公共社团等级"的大型宴会。面向广场会堂的是城市的门户建筑，希腊人在这里宴请诸如过路的外邦使节，或者有过功勋和特殊荣誉的人，他们继承了古希腊前期的宴会座位权力（Sitesis），当得起希腊的邀请。古希腊城市广场旁边有一处圆顶会堂（la Tholos），这里是古希腊执政官的所在地，执政官由立法会议（la Boulé）中的公民抽签选出，他们在一年的十分之一时间里行使职权。古希腊执政官们每天来圆顶会堂，在这里一起用餐，城邦负担开支。剧场和体育馆有时候也是宴会厅，比如在阿凯菲亚（Akraiphia），一切"公共"场所都可以举办宴会。另外，宴会不拘泥于形式，还可以"游动"，可以在欢乐的甚至是乱哄哄的宴会气氛中，从一座神庙转移到另一座神庙，到处穿梭。波利娜·史密斯·潘特尔（Pauline Schmitt Pantel）说，城市的全部空间"都带有这种城市生活的宗教和社会的痕迹"。

按照奥斯温·穆雷的观点，宴会在任何情况下都不是城市生活的缩影。斯莱特的意见则完全相左，他以为宴会就是雅典政治组织的微观世界。奥斯温·穆雷认为，公众聚餐有自身的规矩，不是写在书面上的章程，虽然非常系统化，但是和城邦的规矩无关。公众聚餐不受任何法律约束，没有任何公众聚餐方面的法学词汇，只有在宾客转移宴会地点、影响公共秩序的时候，或者在他们欢乐游行、发生街面抢劫的时候，城市管理部门才予以关注。前文中提到的梭伦法令，虽然宣布了古希腊后期宗教和聚餐的一些规定，却是一个"外部法令"，对于宴会自身的组织程序没有任何干预。雅典的立法者不过是重申了以往的规定："一个群体，或者一个胞族，或者一起用餐的人，或者一起参加殡葬的人，或者一些强盗，或者一些商人，如果他们相互之间签立合同，只要不违背公共法律，就是有效的。"（摘自罗马时代《查士丁尼民法大全》）梭伦法令只是提到了为食品供应提供开支等方便，规定了节日和牺牲的日期，规定什么人可以参加宴会，并没有关于限定宴会来宾如何表现的说辞。到了古罗马初期，才真正出现了对于宴会来宾行为的规定，罗马人对席间辱骂和拳脚相向的人规定了处罚。按照奥斯温·穆雷的观点，古希腊的公众聚餐不是政治生活的表现形式，而是另外一码事儿。

但是，公共聚餐以其组织形式和进程，影响了政权的性质和实践。史学家们以为，无论如何，有无公众聚餐标志着城市政治进化的程度。有些民族没有公共聚餐，比如安德罗法格人[1]（Androphages）

---

[1] 克尔特人之前的古老民族，曾经生活在喀尔巴阡山以北。

或者食鱼族原始渔猎部落,这说明他们没有社会组织和政治动员力量,或者说,他们还保持着类似利比亚人(Libyens)或者锡西厄人(Scythes)的游牧特点。从古希腊前期开始,甚至还要早,古希腊宴会就体现了社会和政治的和谐。公共聚餐既然决定着人的公民属性和集体归属感,那么就会明明白白体现在政治体制形式中。苏格拉底之前的人浸润在亚里士多德文化当中,他们让我们对于公民群体如何壮大有了一些新的推想,公民群体的壮大导致了民主的形成,在公元前5世纪逐渐被多个希腊城市采用。这样的学术讨论都谈到餐桌,令柏拉图和亚里士多德争论不休。

我们进一步研究《法律篇》,发现柏拉图对克里特和斯巴达的聚餐形式相当关注。餐桌把饮酒适度和理想中的安宁结合为一体的时候,就成了学习智慧和节制的学校。柏拉图在"西西提亚"中看到了这一点,并且认为这和勇气有关,因为餐后酒会首先是培养习惯,反对一切出格的行为。柏拉图在批评暴饮暴食的时候,猛烈抨击有的宴会造成了社团的分裂,人与人之间的敌对,把纯洁的爱情欢愉引向堕落。在他看来,古希腊的宴会和马尼特人(les Magnètes)一样,也没有什么好。如果宴会只是简单地为了满足生理需要,就是说,不赋予吃饭任何动物需求以外的意思,那这些聚餐就没有任何内在的意义。柏拉图是从雅典的模子里脱出来的,雅典没有聚餐的形式,他竭力鼓吹哲学"吃饭",说哲学才是聚餐的基石,才是理想城邦的核心定义,这样的聚餐如同雅典学院中体现的那种情境,有利于朋友之间的谈话。在苏格拉底的对话精神里,这样吃饭是学习智慧的场所。

亚里士多德在《政治学》一书中,对宴会目的有着不同的看法,这是他经常谈及的一个题目。他在对柏拉图《法律篇》第五卷的批评中说道,他理想中的城邦与其他城邦的分界,既不是以区域划分,也不是以出身划分,而是以其从事的职业划分。亚里士多德以为,聚餐和活跃的人群有关，聚餐可以强化政治作用，但是同时应该继续禁止妇女参与。在这个方面，他激烈地反对柏拉图的主张，认为柏拉图是想入非非，怎么可以组织妇女一起吃饭呢？公共聚餐是建立团体精神的手段，是理想城市的轴心。亚里士多德反对柏拉图在《理想国》（*République*）一书中表达的公社集体主义的想法，他鼓吹维护私有财产，同时按照公共聚餐的模式，容许财产共用。这个思想矛盾迫使他模糊对待自己反对公共财产的坚定立场和意识形态，他希望在宴会当中看到城市的形象，看到城市平等地让每一个人吃饱肚子，这使得他开始设想私人的或者公共的地产的地位。宴会孕育民主，亚里士多德主张城市要经常举行宴会。可以肯定的是，取消了公众聚餐，就表明出现了某种政权专制，专制的表现和公民的标准尺度格格不入。公民之间的相识和信任，是建立"哲学友谊"的必要条件，这只能在宴会过程中完成。也就是说，没有宴会，就没有民主。亚里士多德认为，共同的生活就是大家一起过好日子。

我们注意到，柏拉图和亚里士多德在如何为理想的城市公众聚餐明确定义的时候有困难。他们的困难可能来自公元前5世纪到公元前4世纪交替之际公众聚餐含义的变化。这个充满变化的时刻戏剧非常活跃。阿里斯托芬在《公民大会妇女》（*Assemblée des Femmes*）里，把雅典城说成是一个懒人的大型宴会，他们挥霍国家资财，在圆顶大厅和议政厅这样乱哄哄的地方无度吃喝。阿里斯托芬借此尖刻地批评了当时的政治制度。

宴会的另一面

最早的宴会的主旋律是欢乐，其实不合主旋律的事情时有发生，虽然古诗里没有这方面的明显描写。所有的节日宴会都是以酒的消耗量为节奏，开始时井然有序，继而放松，以后就没了章法，乱成一团。宴会需要反面的例子，以便反证宴会的组织方式和管理办法；有时候，需要有违反常规的事情发生，如此可以更好地知道怎么举办宴会。女人、野蛮人和堕落的宴会，可被当作用以参照的个例，让我们可以了解到古希腊宴会也包含着一种文化逐渐演变的过程。

宴会上的女人

女人能不能出现在公众聚餐上不应该引起争议，只要男人认为女人天生地位低下，她们就不能参加宴会。女人不能参加宴会，在整个古希腊古罗马时期，这是一个普遍现象。宴会对女人歧视的基础，是当地的神话传说和文化习俗，古希腊人尽量不让女人在公共场合抛头露面。如果说，宴会说到底是祭祀仪式的最后程序，女人因为作用次要，或者因为仅仅是辅祭，或者因为她们参加酒神狂欢大游行，不能参加宴会似乎理所当然。"安德龙"这个词，是从雄蚁"aner"的词根变化而来，意思是"男子"，其本意就是把参加公众聚餐的资格专属给了男子；女人在宴会上的作用就成了仆人或者交际花，或者同时兼有两种角色。至今我们还在激烈地争论女人在祭祀仪式上的具体作用，祭祀主持人永远是族长，如果是在庙堂里或者"膳堂"(Mageiros)里办牺牲仪式，主持人就是一位神父，从来没有听说让哪个女人担任主祭。多数史学家认为，虽然女人曾经在宗教游行的队伍中出现，也曾经作为女祭司出席祭祀仪式，但是她们从来没有当过祭祀主持人，除非在一些无关紧要的情况中。马塞尔·德蒂安说，"参加祭祀，尤其是参加有贡献牺牲的女性，都不能是成年女人。在城邦中举行的有肉食的场合和政治活动场合，她都不会被接受"，但是他补充说，"有例外情况"。

古希腊时期其实存在过妇女宴会，不少史学家甚至提到过只有妇女参加的宴会。纪念农业女神得墨忒耳和她女儿的节日忒斯摩福拉节（Thesmophories）为我们提供了详细的研究线索。在节日期间的几次宴会上，根本没有男人。古希腊农历十月，为得墨忒耳和她的女儿举行历时三天的庆祝节日之后，有一场只有女人参加的祭祀宴会。不过，男人们的参与必不可少，哪怕是完成之前必需的牺牲和掏钱买宴会所需物品。从根本上说，这种女人们参加的公众聚会，实际是接纳女人进入城邦公众活动的一种方式，但是女人们的参加并非是以女人的身份，而是以雅典公民的夫人或者母亲的身份。女人们因为婚姻关系，在城市节日的组成中有了自己的特殊作用，但是，她们的特权来自于她们的配偶，女人们最终不过是其配偶的代表。在公元前4世纪和公元前2世纪之间，除了比如在米莱托斯（Milet）祭拜阿耳特弥斯的时候出现的几个女祭司，女人们很少出头组办宴会。不过，在前2世纪，在吉梅城，阿西佩[1]在为她出资修建的建筑举行完工庆典时，曾经举办过一次宴会。总的说来，除了一些女人的慈善行为和几个女祭司，妇女不能参与和祭祀与牺牲有关的宴会。

但是，这些孤立的情况不能代表全貌，女人参加宴会经常在绘画和文字中得以证实，不过她们并非是和周围人具有同等身份的宾客。女人出席宴会经常被形容成是在不合时宜的背景中，总是被说成是离经叛道的事，无形中我们看到了以男性为主导的雄性宴会标准。女人的形象经常出现在酒壶上，还有大量文字记载，她们都是在喝酒，但可能被扣上饮用"未经勾兑的酒浆"的"野蛮人"的大帽子……公元前3世纪，阿勒西峰（Alciphron）描写过一次古希腊交际花宴会，这个宴会最后演变成了狂欢和放荡的一场闹剧："我们所有的人都来

---

[1] 阿西佩（Archippé），古希腊人物，其夫Pasion从奴隶转变为富有的公民，阿西佩社会地位的复杂性是史学界的关注点。

了，芬鲁梅内（Philouménè）新婚，丈夫看得正紧，可她把英俊帅气的丈夫丢在了床上，也到我们这儿来了，虽然晚到了一会儿。我们真的是热闹地乐了一回！我们唱，我们说，我们喝，一直折腾到早上鸡叫。洒香水，戴花环，吃糖果……我们躺在月桂树的阴凉里……散场的时候，我们都醉了。回家的路上，我们又喝了几回。"女人们和奴隶、娼妓和女乐师在一起的时候，行为上就更有违反聚餐规矩的倾向，由此混淆了奴隶阶层和女人所从属的阶层之间的界限。有时候，人们把女人看成照顾醉酒丈夫的妻子，她们对烂醉的丈夫有最大的理解；事实上，她们只是在宴会场所以外，分得了一些宴会的食物。

妇女全部地或者部分地被排斥在宴会以外有着一定的政治意义：女人不属于公民，既然参加宴会的人意味着属于公民阶层，就一定要把女人排斥在聚餐之外。

混乱的宴会

大量神话和刻像都描述了宴会混乱无序的故事；这些文化遗存说明，古希腊人试图在推崇一种明确的用餐形式。宴会上发生的混乱促使人们想到，如果不想破坏宾客之间的和谐，不愿意让食品的分享和思想的交流变成暴力，不忍看到好好的一些人变成一群"魔鬼"，就有必要维持一些社交规矩。我们看到，通过否定一些"难以容忍"的宴会，古希腊人努力弘扬建立某种安全的机制。

半人马的故事是文明的外缘，从中可以看出古希腊人和饮酒之间的复杂关系。好心的半人马弗洛斯（Pholos）把酒神狄奥尼索斯给自己的酒赠给了大力神赫拉克勒斯，但是酒没有勾兑，他因此严重违反了宴会的规矩——这样的宴会要服从待客和食品分配上的很多原则。违反了什么规矩呢？首先没有使用代表计量的双耳尊，双耳尊是一种媒介，不使用双耳尊意味着本该在宾客心中留下深刻烙印的自我克制意象也就消失了。其次，赫拉克勒斯站着喝酒，而且是抱着酒罐对着嘴喝纯酒，他这样的做法，就是无视聚餐的规矩。宴会饮酒，要求人卧在床上，和其他宾客分享，而且酒一定要勾兑，而不能像他那样不管不顾自己站着喝纯酒。赫拉克勒斯没有遵从聚餐的规矩；规矩坏了，糟糕的事情接踵而来，本来应该主导宴会的宽容气氛被破坏了，不可遏制地发展成混乱：其他半人马受到纯酒气味的诱惑，动手抢酒罐子，于是有了一系列的暴行；本来一团和气的宴会，顷刻间成了半人马的战场，他们朝赫拉克勒斯甩石头；赫拉克勒斯很孤立，最后弗洛斯被误杀。这其中的含义非常明白：如果不能按规矩饮酒并且控制自己的酒后行为，就不可能与人类文明建立起正常的社交往来。

《奥德赛》中，有两段描写了古希腊人对于无序宴会的习惯处理方式，让我们看到了什么是古希腊的"标准"做法。《荷马史诗》第九章中，独眼巨人波吕斐摩斯（Polyphème）吞噬尤利西斯的战友（欧里庇得斯的《独眼巨人》中也有相同的场面情节，一样具有象征意义），独眼巨人很不好客，他对漂泊到他岛上的同伴没有设宴招待，而是躲在岩洞里一个人吃喝。机灵的尤利西斯用一只双耳大杯盛了纯酒递给独眼巨人，独眼巨人是喝羊奶的，不会喝酒，一下子喝醉了，昏昏沉沉地睡了很久。尤利西斯借此机会挖去了独眼巨人唯一的一只眼，放走了劫后余生的几个同伴。公元前 6 世纪中叶的一个拉戈尼亚酒杯上的图像再现了这个故事：独眼巨人独自倚靠在岩洞的墙上，手里拿着尤利西斯同伴的一条大腿，正要上嘴啃。在这个画面中，没有宾客，没有餐桌，也没有卧席，这些都是非古希腊食人肉的吃法。在另外一处，四个一起行动的古希腊人正准备剜去波吕斐摩斯的眼睛。古希腊战士团结一致的样子，和魔鬼的孤独形成鲜明对照。与半人马的故事一样，独眼巨人脱离了文化范畴，如果有了文化，独眼巨人可能怀疑尤利西斯给的饮料；独眼巨人和野兽一样，把古希腊人大卸八块的时候,也脱离了人的范畴;吃人肉的时候没有餐桌,没有双耳尊和卧席,也没有食物的分享,这一切都使希腊人觉得与独眼巨人的世界不可能有任何形式的交流,也就不会有任何形式的聚餐。

在尤利西斯王宫举办的求婚者宴会上,我们看到了待客原则被践踏、别样的破坏宴会规矩的现象:绮色佳国王尤利西斯将近二十年缺席宴会,其竞争者又火急火燎地要娶王后佩内洛普,这种情况破坏了待客规矩,并且对主人的家业构成威胁。被称为"Xenia"的宴会厅是一个促进和谐与交流的场所,本来可以启发人与人之间的相互交往,此时却变成了封闭的暴力空间,变成了一个战场,变成了"宾客"无法逃脱的陷阱。这段故事多次被表现:乱糟糟的宴会厅里,虽然象征礼数的双耳尊还在,但不是被打碎就是被打翻在地,大厅里没了正常的推杯换盏,而是四下里飞乱箭;求婚者们的胡乱行动,与通常宴会上宾客们的庄重形成反差,餐桌不再是餐桌,而成了挡箭牌。

史诗中还讲述了很多宴会充满暴力和宾客放荡的场面。在国王庇里托俄斯[1]和希波达弥亚(Hippodamie)的婚礼上,马人欧律提翁(Eurythion)丑态百出,表现了马人世界和被视作文明的拉庇泰族人(Lapithes)世界的根本不同。婚宴上,醉醺醺的马人欧律提翁看上了受拉庇泰和忒修斯[2]两位君主直接保护的新娘子。好客与和谐本应是婚礼的主导气氛,但是在这一场婚礼上,却是大打出手,马人要抢夺几个年轻女子的行径把自己归入了野蛮的世界。另外,西勒诺斯(Silenus)也是古希腊人眼中的丑陋之物,经常和马人相提并论,同样体现了古希腊人对混乱宴会的厌恶。在很多酒杯的刻像上,都有它们经常和酒神狄俄尼索斯为伍的混乱场面。它们是野蛮饮酒、破坏和

---

[1] 庇里托俄斯(Pirithoos),希腊神,拉庇泰族国王,英雄忒修斯从事各种冒险活动时的同伴和助手。
[2] 忒修斯(Thésée),希腊神,雅典国王,曾杀死了牛首人身的怪物米诺陶。

无视古希腊仪式的典型写照。另外,它们无节制的性表现,也远离了古希腊宾客之间没有暴力的细腻调情,它们竟然无耻到显耀自己凸起的、形态诡异的性器官,守着尖底双耳尊手淫。

另外一种在当时的文学界备受重视的餐桌主题就是食人了。这种略嫌邪恶变态的故事居然俯拾即是。艾特利德(Atrides)搞过一个有名的宴会,目的是庆祝一次所谓的和解,阿伽门农的父亲阿特柔斯(Atrée)给自己的兄弟梯厄斯忒斯(Thyeste)预备了什么样的食物呢?他竟然把弟弟的三个亲生孩子摆上了饭桌。[1]

孤独的吃客,尤其是孤独的饮者也非常招人厌恶,宴会的主导情绪应该是团结和团体力量,个人的孤独与宴会应该有的精神相悖,必须被抨击。这也是大力神赫拉克勒斯一个人自顾自醉酒而与人马弗洛斯产生冲突的那一段史话多次出现在古希腊文学和绘画中的主要原因。菲内(Phinée)的遭遇更有助于我们了解对独食者的批判,这个故事在奥维德(Ovidius)的《变形记》(les Métamorphoses)里亦有记载。菲内国王受到神的惩罚以后,双目失明,以后哈比[2](Harpyes)还要折磨他,不让他吃到自己桌子上的任何食物,让他宴请的宾客都得不到安宁而不得不离开他。菲内眼瞎,孤独,坐着,他的形象和必须有交流与共享的古希腊聚餐格格不入。这是一个特殊的情节,因为这不是在餐后酒会上,而是在正餐的时间——和肉食比较,酒的地位次要。以此为主题的绘画多为表现国王双目失明,完全不得饮食,由此也没有任何古希腊宴会的交际。

---

[1] 阿特柔斯,因其弟诱奸其妻,将其弟的三个儿子杀死,并且设宴,令其弟食用其子的肉。这次谋求"和解"的宴会实际上是报复和诱杀。
[2] 古希腊、古罗马神话形象,一种脸和身体像女人,而翼、尾和爪似鸟的怪物,性情残忍贪婪。

另外，城邦把拒绝吃肉看作一种在文化上离经叛道的异端行为，也将其定义为拒绝融入政治体制的表现。宰牲祭祀的基础是分享祭品和烹制祭品，俄耳甫斯神秘教从根本上反对这样的祭祀，他们的教义反对任何动物性食品，主张食用粮食或者蜂蜜这些"纯洁"食品。俄耳甫斯神秘教想要以一种神秘的方式，恢复和神的世界破裂的关系，而不愿意从事任何公共政治活动。拒绝宰牲祭祀可以是摆放一些简单的祭品，比如在德罗斯岛（Délos）供奉赫卡忒[1]的主祭台旁的次要祭台四周摆放祭品，是毕达哥拉斯教派信徒的一种重要仪式。毕达哥拉斯信徒分成两部分，一部分绝对不吃肉，把自己彻底排除在政治生活以外，另外一部分只是不吃牛和绵羊，吃猪和山羊，这意味着他们还愿意以某种方式参与城市的命运。在古希腊人眼中，酒神狄俄尼索斯信徒的饮食习惯也是一种堕落，因此他们不能参与任何公民活动。这个教派另外的恼人之处是生肉祭，就是祭祀后，把生肉切碎，上嘴撕咬着吃；不对牲畜分割处理，不是大家分享，不动火烹制，这样就是抹杀文明人和野兽的差别。在此环节，屠夫是一种媒介，代表着人从自然状态过渡到文化状态；而狄俄尼索斯信徒的生肉祭没有屠夫这种媒介，因此无法建立古代政治的表现形式。

野蛮人

在古希腊人眼里，不是所有的人都可以出席宴会。他们根据饮食习惯，评判什么是"非古希腊社会"。一些关于非主流宴会的文字记载，其实是为了强调古希腊城邦以外的某些政权和生活方式的不伦不类。这些宴会的非常之处，在于其具有被认可的，甚至受到鼓励的铺张浪费行为，同时也放开了一些禁忌。

---

[1] 希腊神话中月亮、大地和冥界女神，后被视作魔法和巫术女神。

历史上有几个著名宴会，比如迪欧都尔（Diodore）考证的亚历山大为其居民举办的宴会，宰杀了"一万多只各种各样的牺牲物"。古希腊人对波斯人挞伐尤甚。色诺芬说，波斯人在宴席上表现"失当""不成体统"，是一群野蛮人；希罗多德也认为，波斯人褊狭的餐饮习惯与希腊宴会的沉稳、睿智截然二致，他们的席面表现，与他们不平等、专制的政治活动是一致的，是"美好城邦"政府的反面——这个"美好城邦"当然是指希腊。波斯人被指责在周年节日上消耗了太多的食物和饮料。希罗多德在他的《历史》第九卷卡利俄珀[1]中说道，公元前479年，斯巴达人保萨尼亚斯（Spartiate Pausanias）在普拉提亚战役中打败马铎尼斯（Mardonius）后，看到波斯人宴会的奢华，大吃一惊："希腊人啊，我告诉你们，你们一定要记住波斯将军的疯狂，他们有吃不完的食物，却跑来我们这里，抢夺我们那本来已经很凄惨的饭桌。"

除了常用的牛肉，波斯人还吃马、骆驼和驴，他们甚至整只地烹饪牲畜。这根本违背了祭品烹饪的规矩；因为这样烹饪，肉只能烤，不能煮，之前牲畜也没有切块分送给神和人。希罗多德记录的哈帕哥（Harpage）赴宴的掌故，很能说明波斯王朝的纲常混乱：米底斯国王阿斯提阿格斯为惩罚哈帕哥没有杀死年龄幼小的孙子（后来的居鲁士二世），居然让忠心的将军在宴席上吃掉自己的儿子。且不论这个故事的真伪，其意图明显是贬低波斯人，把他们说成是反自然的吃人野兽。更为严重的是，这次宴会表面上符合祭祀的一切程序，牺牲品被割颈屠杀，切块、煮和烤之后上桌，其实是亵渎神灵。希罗多德认为，这种聚餐的"野蛮"方式反映了波斯政治制度的残缺，他预言波斯政治制度不日将土崩瓦解。

---

1 主管雄辩和英雄史诗的古希腊、古罗马女神。

公元前 1 世纪的古希腊史学家迪欧都尔说到过食鲸者，说他们"待客不知礼数，生活与畜生无异"，"他们吃什么呢？他们撕咬被海浪打到岸上的死鲸鱼肉"。这些人到底有什么不好呢？其实吃一口鲸鱼肉并没有什么根本意义上的不合常理；他们的不好，在于他们投机取巧，食用搁浅自毁的动物，而不是食用猎物。亚里士多德提到过亚平宁半岛上的鄂诺特里人（Oenotriens），这是一个以田园耕种为生的部落，他们的用食方式和古希腊人迥然不同，他们单独吃饭，吃饭的时间甚至连吃饭的日期都没有定数。没有日历标定的宴会说明了餐饮的混乱；而缺少在共同进餐场合本应居主导地位的分享精神和集体精神，也改变了用餐的意义，使得用餐仅仅成了为填饱肚子而已。

希罗多德还提到古希腊以外的一些部族，如色雷斯人（Thraces），锡西厄人，尤其是马萨盖特人（Massagètes）、帕德恩人（Padéens）和伊塞东人（Issédons），这些部族在葬礼上，习惯把亲人中的老弱病残杀死祭奠，再以各种方式将杀死的亲人烹熟、切块，一起享用。这样的食尸方式和"希腊式"的土葬和火化完全两样。希罗多德并不否认这种方式的社会意义，尽管参加聚餐的仅仅限于死者的亲人，但是他并不因此认为这是发展了什么完善的政治和社会体制；在上述的部族里，帕德恩人尤为野蛮，他们不等自己的长辈自然咽气，就一拥而上将其吞食。

宾客之间没有语言交流，也是缺失文明的一个标志。亚述人举行宴会的时候，所有宾客在自己的座位上一抬头就要看向君主，宾客相互没有交流。古希腊聚餐模式的基础是宾客之间的语言交流，亚述人的政治专制扫荡了古希腊的聚餐精神。这样的宴会根本没有任何社会和政治的意义，唯一目的就是满足专制君主的虚荣。

我们看到，古希腊人在饮酒方式上，以双耳尊为媒介，和神之间建立了一条象征性的界限：使用双耳尊兑酒被视作古希腊人的特属，是一切野蛮人所没有的。"像锡西厄人一样喝酒"是一句俗语，其实在古希腊文学里，醉酒是波斯人的野蛮行径。醉酒无度和古希腊人的习惯相去甚远，古希腊人都是到了宴会末尾酒到微醺时，才开始议论政治大事。喝奶有双重意义，这也是古希腊人赋予饮品价值的另一个侧面反映：奶是神圣食品，宙斯不也是饮用阿玛尔特亚[1]（Amalthée）的羊奶才存活下来的吗？可是如果被独眼巨人饮用，被锡西厄人、埃塞俄比亚人和印度人饮用，尤其是被臭名昭著的卡拉克托法日人（Galactophages）饮用的时候，羊奶就成了污秽之物……

波利博（Polybe）和迪欧都尔一致认为，在公元前2世纪昂提科斯五世（Antiochos IV）的塞琉西[2]宫廷宴会上表现的"恶习"，是其政治体制崩溃的根本原因。地理学家斯特拉博（Strabon）在解读梅卡斯戴尼（Mégasthène）的四卷著作《身毒》[3]（*Indica*）中，对印度人的生活习惯夸赞有加。但是，说到他们的聚餐时便换了一种语气："他们所有这些习惯肯定都是智慧的表现，但是有一些做法我们不敢苟同，譬如他们习惯于独来独往，晚餐和午餐没有适用于全体的固定时间，谁想什么时候吃就什么时候吃。为了周全集体生活和公民生活，换一种方式进餐应该更好一些。"古希腊人不能设想没有宴会的文明，没有宴会，就不可能有集体的存在。

小 结

总而言之，宴会在古希腊扮演着极其重要的角色。在和平时期，

---

[1] 古希腊神话中的形象，是给宙斯喂奶的魔角山羊。
[2] 塞琉西王朝（Séleucide，前312～前64），统治小亚细亚的希腊王朝。
[3] 中国最初称印度为"身毒"。"印度"一词始自玄奘的《大唐西域记》：译夫天竺之称，异议纠纷，归云身毒，或曰贤豆，今从正音，宜云印度。

宴会彰显举办者的势力，不管这个举办者是一个强势人物还是一个城邦；宴会提供了集体生活的机会，也为民众提供了确定自己的文化身份的机会。大多数古希腊作家把公众聚餐的出现和制定共同政治组织的基本规矩相提并论；如果我们立足于克里特国王米诺斯[1]的故事，同时兼顾亚里士多德的思想，我们就会看到，宴会的历史和古代城邦政治、社会生活机构的转型密切相关。亚里士多德举了这样一个例子：鄂诺特里部族原本以畜牧为生，以后逐渐过渡到了农耕。聚餐利用其聚合形式和强制的节奏，其郑重和节制，反映了古希腊的公民模式。聚餐是一种乌托邦的真实体现；在这样的乌托邦里，平衡永远不完善，但是对于集体生活却不可或缺。参加宴会的人不一定都是公民，有时候也有外邦人，偶尔也有奴隶；另外，男人和女人在席面上的地位有差异。和城邦的运行规律一样，宴会有时候接纳，有时候排斥；宾客有时候彬彬有礼，有时候不管不顾，宴会上最激烈的行为往往重组和排解了斗士内在的力量。雅典的文字记载特别强调了负面的和堕落的宴会模式，这些为古希腊的饮食模式找到了更多的存在道理。宴会的"平等"通常是后来人的主观说法，真实情况可能完全不是这样，而是等级森严。举办宴会的频率体现了城邦正常的生活节奏；由于战争、饥荒或内部对立，导致宴会缺失、形成不平衡，但是这种情况只是暂时的，终归要回归和谐，这是城邦政治平衡所必不可少的。一起吃饭，属于古希腊人文化领域的重要内容；聚餐程式的形成，使得古希腊人建立了象征性的边界，区别于其他人群，并且随着时间的推移，区别于自己的先辈，把自己定位为一个有价值的人群。

---

[1] 米诺斯（Minos），希腊神话中的克里特国王，主神宙斯和欧罗巴之子。他借助波塞冬之力取得克里特王位，同时也成为爱琴海诸岛的统治者。

第二章

中世纪的宴席
从 5 世纪到 15 世纪的权力战略

前 言

宴会上由卧姿到坐姿的变化，较清晰地区分出了古希腊宴会时代和中世纪宴席时代。根据地区不同，这种区分的清晰程度不同。"庆宴"（le festin）这个词在中世纪早些时候已经出现，"宴会"（le banquet）这个词到了 15 世纪指的还是宾客们坐的板凳：banchetum。且不论词的来源，公众聚餐是精英们非常流行的行为，他们经常在一起大吃大喝。国王们，不论信神的还是不信神的，一年当中可以举办 150 次宴会；举办宴会机会很多，譬如婚礼、签立条约、宗教节日、打胜仗、孩子出生、出发打仗或者十字军远征、国王登基或者教皇加冕；宴会豪华丰盛，所以从中世纪开始，宴会日子与平日相比就具有了特别的象征意味。

每一次宴会都要发表政治宣言，一来表现东道主的势力，二来加强来宾之间的联系。史学家海登（Haydn）认为，宴会分为"结盟庆筵"和"竞争庆筵"两种。我们应该十分注意这种划分，因为一个宴会可以同时具有两种意义：国王可以在炫耀自己统治的同时，加强来宾们的团结。

因此，公众聚餐有了政治意义，不单单是炫耀国王的势力，同时有着整顿社会秩序的作用，也因为来宾们代表着社会。与宾客共享食物和饮品，比如1254年圣路易王在巴黎举行的盛大宴会上为英格兰国王亨利三世祝酒，貌似都是在说吃，其实不然，而是在说政治。

史料中记载了12世纪和13世纪的餐桌混乱，这使我们对宾客之间的关系平衡有了新的思考。为了补救这些"出格儿的行径"，"餐桌文明手册"强调宾客要坐姿端正，宾客之间要保持距离，宾客与东道主呈上的食品之间也要保持距离。在这样的新的聚餐空间里，形成了新的社会和文化关系，我们从中看到某些"现代人"的端倪。

结盟的盛宴

巩固群体

大约是在古代后期到中世纪前期的转折时期，古罗马宴会的圈椅格局[1]发生了根本变化。这种变化是长期演变的结果，但并未以同样的速度和节奏影响整个西方世界。

我们很难说清楚由卧姿改变为坐姿的准确时间，由卧改坐，改变了聚餐的架构；而且，由于教会不再反对男女杂处，妇女得以出现在

---

1 triclinium，古罗马人为斜躺着用餐而设置的环餐桌三面的躺椅。

宴会桌上。

举行正式宴会的时候，因其庄严性，宾客们已经不能够像过去那样随意地蜷着吃、躺着吃甚至站着吃了；有了新的待客礼节，大家排坐在长条板凳上，人挨着人，左右可以方便说话；但是，说话既然方便了，吵架也就方便了……在中世纪前期的英格兰，餐桌沿着墙摆放，侍者上菜的时候不是站在客人的后面，而是站在客人的前面；这样，餐厅中间腾空，请出圣杯圣酒，大家借着圣杯"交流"；从厨房送来的菜品也传到这里，侍者在客人面前切割分菜。这一时期，撤除了一直摆放在餐厅中央的古代大尊；这样，在餐厅一面的客人和另一面的客人，除了方形的餐桌，眼前已经没有了遮拦。客人间可以和气交谈，互相敬酒，也可以互相挑衅和辱骂，由此维系成为一种群体。

最晚是从 4 世纪以后开始，出现了餐桌，或者说出现了复数的餐桌（mensae），就是摆几个支架，上面搭上板子。说这一时间没有供吃饭专用的餐厅无疑是有些极端，尽管一直到了近代社会[1]的晚期才出现了"餐厅"（la salle à manger）这个词。国王们举办宴会从来不是在中性的场所，这些宴会场所都有着浓郁的政治意义。我们从《贝奥武夫》[2]（*Beowulf*）中可以清晰地看到 7~8 世纪一些庆筵的场面：这些庆筵经常是在冬春两季举办，周日举办的时候居多；主人对宴会座席有着精心安排，举办宴会的房间称为"大厅"（hall），这里既是节庆吃喝的场所，也是议事的厅堂；大厅的位置通常在城堡中心，这是一切权谋的所在，各式各样的对抗也都发生在这个地方。

有时候，宴会也在室外举行，但是其重要性远不如在城堡主厅举

---

1 指 1453~1789 年。
2 7~8 世纪流传于民间的盎格鲁-撒克逊史诗。

办的宴会。室外宴会属于娱乐范畴，或者是狩猎后的聚餐，属于那种没什么事前准备、临时起意的意思，正式宴会是不可能这么操办的。

没有专用的"餐厅"，仆人们要在举行庆筵的地方布置和装饰，这就意味着宴会使用的家具和用具可以拆卸移动，其大小宽窄可以适用于宴会房间。在中世纪，修道院几乎是唯一有固定食堂的建筑，修士们的食堂临近厨房，差不多是在缮写房的下方或者一侧。到了15世纪，法兰西国王要把王宫里唯一的一间大厅提供给议会议员们，才能启动丰盛的国家大宴，办一次像样的宴会。为不张扬起见，在单独的房间里与宾客聚餐，则主要是有权势者们的专属了。在阿尼翁（Avignon）时期，教皇们在教皇宫的"桶顶宴会厅"[1]举办宴会，也要"摆放"桌子，甚至还要做几个隔断，避免宾客一眼就看到宴会的准备过程。有时候，一个厅不足以容纳正式宴会的众多宾客，还要另外增加几个附设的厅，约克的玛格丽特（Marguerite d'York）和勇敢者查理（Charles le Téméraire）的婚礼就是这样，1468年7月举办的这场婚礼至少动用了七个厅，主人住处的接待厅也变为宴会厅，大厅从上到下重新装饰，焕然一新，我们看到过很多相关的彩图。教皇宫的宴会厅有着华美的筒形拱顶（我们今天见到的建筑结构已不是原作），四周装饰壁毯和帷幔。冬天，宴会厅地面铺稻草席，5月会撤去，换上青翠的草皮和树叶；这种方法盛行于15世纪，有人这样形容富瓦公爵（Comte de Foix）的卧室：屋里"铺满了新鲜的绿物"，这种方法后来一直持续到文艺复兴时期才被实木地板取代。1549年6月，巴黎城在接待卡特琳·德·美第奇[2]的时候，大厅里依然铺了香草，好掩饰让人不舒服的气味。

---

[1] 拉丁文 le Grand Tinel，意为"酒桶"。——原注
[2] 卡特琳·德·美第奇（Catherine de Médicis, 1519~1589），法国国王亨利二世王后，弗朗西斯二世、查理九世和亨利三世之母，在1560~1574年间担任摄政王。

研究过盎格鲁-撒克逊宴会的阿尔邦·戈蒂埃（Alban Gautier）说过："贵族宴会只是属于贵族。"也就是说，只有大人物和一些有特权的人才有资格出席宴会；这样一来，宴会宾客之间的团结自然地得到了加强。盎格鲁-撒克逊也是通过宴会接待新人，并给予礼遇。在一张桌子上吃饭，用一块桌布，仍然是社会集团进行组织工作的有力方式；宾客们不论属于什么社会地位，哪怕是最为卑微的人，也有机会和大人物共用到一张桌子。在一张铺有桌布的桌子上吃饭是一种荣耀，既是在寻求宾客间的平等，也是对那些只能在光板木头桌子上吃饭的人表现主人的势力。但是，不能过高地估计这种"平等主义"，因为老爷和大人们永远要保留高人一头的做派，比方在自己跟前的桌布上再叠加一块小桌布，借此以明确的信号表明自己的与众不同。亚瑟王圆桌是中世纪骑士理想的典范，也是宴会团结的最好象征；圆桌形式打破了十二个骑士的等级，虽然亚瑟王的位子形制（有时候后面撑着华盖）一直和别人的不一样。

通过宴会，不同的宾客之间建立并加强了联系；久而久之，经常在一起聚餐的宾客间就会建立起一种仪式性的习惯，以维系这样的联系，同时对外界表现这一群体作为一个整体的强大实力。

饮料的作用

根据我们所掌握的文献，当时的人都吃些什么，宴席第一阶段到底有什么食物，我们知之甚少。不过，关于宴会怎么进行，尤其是喝什么，我们得到的信息却比较明白，到了宴会的第二阶段，主要内容就是长时间地饮酒。对这样的饮酒，要理解为"饮酒助兴"，而不要理解为不良现象。在贝奥武夫的宴会上，可以猜出有啤酒、高卢杂麦啤酒、烈酒（beor）和蜂蜜酒。其实，饮酒和饮酒的方式，比宴会的食谱更能反映宴会举止中蕴含的政治和社会意义。

在研究饮酒与宾客及其政治表现的关系上，斯堪的纳维亚地区有特殊性。8世纪末到11世纪中叶，维京人的团结是以醉酒为基础的。饮酒的意义非常重要，以至于饮酒[1]（drekka）这个词的词义不断扩大，成了联络和定义人群所有重要阶段的关联词，最后泛指斯堪的纳维亚的一切饮食状态。比方说，庆祝婚礼不说庆祝，要说"喝"婚礼（drekka bruohlaup），不说赴宴和吃请，而是要说"喝"宴会（drekka veizlu）。在幅员辽阔但是人烟稀少的地区，"喝"意味着宾客要费一些力气才能聚到一起，这就使得聚会成为带有强烈宗教色彩的时刻，喝一场酒，是宾客们的荣誉，也是对这个人群祖先的纪念。1066年，为纪念"征服者纪尧姆"于当年黑斯廷斯大捷取得的胜利而诞生了至今留存完好的贝叶挂毯（la tapisserie de Bayeux），在挂毯表现的宴会场面中，我们见到了欢饮使用的各种牛角，或经打磨，或原态，或镀金，或修饰。餐桌上几乎看不到杯子，即便是有，也肯定是没脚的杯子。来宾们围着大厅中心的篝火而坐，隔着篝火互相传递牛角。

维京人在自己族人中选举国王，为国王干杯的时候，高呼"til ars ok fridar"，意思是为"生育与和平"干杯——维京人的社会沉浸在战争文化之中，这样的口号听着难免有些怪怪的。维京国王成了游移在活人与超自然世界和死人世界之间的特殊媒介，喝酒因此超越了宾客间团结的简单表示，而成为每个宾客联系祖先、联系诸神的重要纽带，最后几乎和祷告成了一个意思。这样说来，在这样的社会里，如果执拗地不喝酒，等于与众人不和，等于将自己排斥在聚餐的集体以外。宴席的目的是醉酒，而后大家在热烈的状态中达到彼此心灵相通"共沐神恩"的境界，任何人都不能例外，都要开怀痛饮，吐多少次也没有关系，永远不能拒绝盛酒的牛角，拒绝喝酒象征着荣誉扫

---

[1] 英语为"drink"，德语为"trinken"。——原注

地，尤其是比赛喝酒的时候，输了的人要被罚再喝一角。谁要是不能喝酒，或者不愿意喝酒，周围的人会认为你是眼睛里没有祖宗，认为你不愿意"光大"你所属的集体精神，认为你不愿意参加这种本质是宗教性的仪式。

撤去桌子以后，宾客们开始互相叫板，面对着在人群中传递的"酒杯"赌咒发誓，这种情况主要见于签约和婚礼的场合，宾客们以这种方式加强彼此的联系。

关于祝酒词的确切记载始见于12世纪，它是体现集体团结的一个关键环节。祝酒词的拉丁文叫"torrere"，老百姓的话叫"tostare"，意思是"烤"或者"烧"，12世纪诺曼人将其引入了英格兰，称作"une tostée"，指的是一片面包，或者是烤过的面包头儿，一般是喝酒的时候吃。婚礼上，大家给新人敬上"酒面包"（tostée de vin），放在酒杯里，大家传递酒杯，最后由嘉宾吃掉面包。"祝酒词"变成"toast"以后，于18世纪回归法国[1]。在维京地区，祝酒词也是一种可怕的政治武器，因为谁要是喝醉了酒，冒冒失失地接受什么无法应对的挑战，可能会倒大霉。约穆斯伯格[2]的英雄传奇里有过这样的故事，国王斯维恩（Sveinn）趁着约穆斯伯格的维京人喝得晕晕乎乎的时候，让他们发誓去做一些不可能办到的事情，他们后来因为无法践行诺言，永远不得信任。祝酒的人实实在在地把祝酒词作为一种权力手段，祝酒词从此成为权力餐桌的常见节目。

宴席是宾客之间的承诺

在马西诺·蒙塔纳里（Massimo Montanari）和让-路易·弗朗德兰

---

[1] 这一时间使用的"rôtie"一词为烤肉的意思。——原注
[2] 约穆斯伯格（Jomsborg），传说中维京人在波罗的海南岸的一处要塞，可能存在于960~1043年。

(Jean-Louis Flandrin）所著的《食品历史》(l'Histoire de l'alimentation）一书中，引用了热特·阿尔托夫（Gert Althoff）的话："一起吃喝，在某种意义上是表示宾客之间的承诺，大家愿意满足这一层关系中发生的要求。"他提到5世纪的神父——史学家格雷瓜尔·德图尔（Grégoire de Tours）在《法兰克人的历史》（Histoire des Francs）一书中记述的一个十分有意义的小故事。希尔佩里克（Chilpéric）国王和格雷瓜尔·德图尔主教有分歧，国王邀请主教共进午餐，主教却没有答应，因为他觉得两个人的纠葛没有搞清楚，一起吃饭会让别人对他们之间的关系产生误会。可见，吃饭，尤其是庆宴，在主客建立依赖关系中具有重要作用。庆宴从来不是中性的，它在社会和政治两重意义上，使被邀请者置于从属的关系。

世俗的和宗教的权力机构都完美地借用了这个机制，在丰盛的席背后，建立起以心照不宣的契约为基础的关系。供应宾客吃喝形成了类似行会的伙伴关系，但是宾客们同时也明白，白吃白喝以外，还有责任。中世纪前期，查理曼大帝的传记作家埃甘阿尔（Éginhard）谈到过加洛林国王举办的宴会仪式有多么复杂：诸侯被称为"被喂养人"，"喂养人"是国王；国王的生活，是为自己的官员和朝臣每日两次供应用餐，回报是辅佐和服从。庆宴的程序清晰明了，在洗礼、婚礼、葬礼或者祭奠仪式上，在确定两个集团的联盟以后，国王作为当然的主人，要为自己的臣从提供宴会，来换取宾客的效劳和忠诚。餐桌此时的作用，是在从古代继承的有来无往非礼也的传统中，在领袖和武士之间形成关系契约。这种"食品"礼物，不管是施与的一方，还是接受施与的一方，都钻进了复杂的关系网，象征性地扩张了宴会的作用。尤其在中世纪文学里，可以清楚地看到一些回报"礼物"的承诺。"礼物"说明上下一条心，也说明既然这样，就不能回避为难的事了。

国王也接受其臣民为自己举办的宴会，以为这样就得到了臣民的承认。农民们也会向国王"奉献"宴会，表示臣服。加泰罗尼亚人拉蒙·芒塔内（Ramon Muntaner）的编年史中记载，在阿拉贡[1]，国王确实经常在诸侯的地盘上吃饭，出巡期间也很愿意接受礼品。国王"出巡"主要是证明自己有权向臣民征税。国王入城，要进献礼物，礼物中有一部分是食品；城市为国君举行宴会，既是表示臣服，也是借机会要些好处。关于国王宴会的信息不可悉数，然而关于臣属为国王举行的宴会却很少记录，但是，这种宴会至少是精心策划的政治方略，1380年查理六世为进入巴黎举行的隆重的入城仪式，以及1461年奥尔良城为欢迎路易十一举行的招待会，都有这样的体现。为了争取到一些特别的好处，城市不惜在宴席上耗费巨资，把这当成一种投资。1382年，在平定了哈罗党起义[2]后，1386~1388年间查理六世几次造访鲁昂城，市政府为此举办了几次宴会，都成了政府财政的沉重负担。好吃好喝的不光是国王们，地方上的高等法院法官、大使、宫廷侍卫等人出行，也都能享受到好的待遇。像地处交通要道的南特或者圣马洛这样的城市，摆一桌丰盛的饭菜，呈现当地土特产，是向贵宾们炫耀的最好的方式了。这样的消费很快就压得人喘不过气来，因为国王不是一个人独行，而是带着宫廷扈从，地方上要"喂"一大群人。里昂是中世纪末王室赴意大利的必经之地，里昂虽然富足，但是有这样的王室仪仗来来往往，也不堪重负。这些宴会体现了某个城市的政治活跃状态，也说明城市有能力"喂"自己的国王，表明了封建联系的存在。按照这种模式，国王在自己和宫廷管事之间建立了同样的统治关系，在勃艮第宫廷，侯爵让"亲信"为自己摆放餐具、端汤端菜。

---

1 阿拉贡（Aragon），西班牙东北部地区，曾经是一个王国。
2 哈罗党起义，是15世纪在法国诺曼底鲁昂发生的群众起义，主要为抗缴捐税。

贝奥武夫故事里的蜂蜜酒是另外一个例子，反映了一个"喂"百姓的国王和一个得到国王"恩赐"的人之间的依从关系。蜂蜜酒（Hydromel）是一种备受喜爱的发酵饮品，其调制需要净水，只能在饮用前才能备好，不是常备之物，轻易见不到。蜂蜜酒以蜂蜜为基本原料，味道先甜后苦。这种滋味本身就概括了君主想要与他赐与这种皇室特供饮品的人之间缔结的关系：谁喝了蜂蜜酒，答谢的方式就是向国王效忠。喝了蜂蜜酒，宾客乐开怀，言语奔放，同时激发尚武精神，于是促进了宾客对国王进献忠心。蜂蜜酒入口甜，伴随着众人的欢乐气氛，人的感觉美好；之后有些酒渣造成的微苦，似乎是提示喝酒的人，别光顾着喝酒，忘了自己发过什么誓，还要尽义务。举办一次宴会，来吃请的人多了一些义务，请客的人也多了一些义务，因为要践行在宾客们面前的诺言；大家要轮流地坐庄请客。1454年勃艮第宫廷的庆宴上还是维持着老传统，大家轮流坐庄；宾客都要在庆宴上重申（特殊情况下还需对此郑重地赌咒发誓）自己有什么权利与义务，以及这些权利与义务的主要内容是保护谁或者帮助谁。

分享食物建立了信任，谁要是打破了在此之上形成的心照不宣的约定的话，就是一种"丑闻"，可能会从根本上动摇社会的平衡。1408年9月11日，索利兹（Cerisy）的神父托马斯·迪布尔格（Thomas du Bourg）在卢浮宫，对勃艮第侯爵"无畏者约翰"一年前买凶杀死奥尔良的路易的辩词提出质疑，他认为"无畏者约翰"应该解除事件发生不久以前双方共享宴会形成的友谊关系，但"无畏者约翰"却没有这样做。在迪布尔格所写的《奥尔良侯爵的道歉》中，他认为约翰的这种"背叛"行径甚至可以与抛弃血亲同罪论处。

竞争的宴席

餐桌上的等级

从"卧"过渡到"坐",把"荣誉席位"变成众人瞩目的中心,再一次体现了权力和权力的集中。谁在"高席"入座,谁就有力量保证集体的团结和稳定。在史诗《贝奥武夫》里,"heahsetl"指的就是这个席位,这个席位就是国王对一个人群拥有的权力,甚至是国王恒定的权力的世袭媒介。中世纪初,不论是在法兰克时代,还是在奥托时代,最重要的人物享有荣誉席位。这个座位有时候摆放在一个高台上,上头撑着华盖,明显和其他人的位置不搭界。这种"上座"可能是在大厅宽敞一面的中间,面对着炉火,也可能是在面对大厅的入口,这个位置上,可以俯视全体。这样,君主们渐渐地和其他来宾脱离开来,最后变成了一个人独自吃饭。整个中世纪,都是这样的格局。经常是主宾席的桌子放在一个台子上,可以居高临下,俯视其他桌子。主桌上,宾客们的座位以国王的席位为中心,按照爵位从大到小排列,这就确定了微妙的社会等级差别。几个荣誉席位设在餐桌中间,大家都想要靠近主席,都要避开最靠边上的位置。这种席位差异非同小可,坐在什么位置就有着什么样的社会地位,对客人对主人都有这个意思。座位排列是一种脆弱的平衡,如果来了个新人,这种排列就要被打破。

排列宴会座位是需要膳食官员们费心思的事。12世纪以来就有关于这一职能的记载,虽然历史连一张宴会座席图也没有留下,但可以综合史料,再现1425年利兹约(Lisieux)新主教扎农·德卡斯蒂格里约内(Zanon de Castiglione)为大主教和鲁昂教务会议举办的宴会,这是当时的副主教按例必办的事情。有的时候,宾客人数多,宴会组织者只好把客人分别安排几桌，放在几个大厅里。

宴席的格局改变了，女人们从中受益，她们更多地出现在席面上。因此，在1264年，博韦的樊尚（Vincent de Beauvais）为年轻的贵族们写了《家族生活常识》（De eruditione filiorum nobilium），书中多次提到女人参加宴会的场景。但是，她们"闯入"聚餐的场合，自然不能把什么都想得很好，她们和其他宾客一样受到歧视。她们难得坐在主宾的右侧，而经常是被打发到桌子的一端，而且从来不能坐在第一排。如果宾客人数不多，可能男女插着坐，但是如果宴席有强烈的正式色彩，女人们会被安排在单独的一桌。

每位宾客面前都会单独上菜，每道菜的几种菜一起上，吃完了，侍者马上撤掉餐具。给坐在最主要位置的人上一些珍稀食品，给坐在最次要位置的人上比较一般的食品，菜品的分配把人的贵贱高低表示得清清楚楚，也说明座次排列有多伤人。15世纪，在庆祝英格兰主教韦尔斯（Wells）就职的宴会上，在"上宾区"入座的宾客可以享受至少45种菜，而其他位置上的宾客只能吃到17种菜。宴会进行的时候，好位置的宾客可以在每次送上的十几样菜品中，拣好的取用，而其他人只好是够得着什么就将就吃什么了。1420年名厨希卡尔（Chiquart）大师的菜单告诉我们，当时的菜品相当丰富。为了满足各种各样的胃口，菜品多种多样：有"纯肉"[1]、腌肉[2]、绿菜[3]浓汤、白汤鸡羹、日耳曼鸡羹、萨瓦鸡鸭羹等等。

给哪个人上菜上得多，哪个人的地位就高一些；我们甚至根据谁吃什么菜，就能知道这个人的地位。不仅讲究数量，也讲究质量，而且质量可能更重要，菜单的内容和菜色的设计都能显示社会阶层。

---

1 牛肉和羊肉。
2 包括脊骨肉、肋排等腌制猪肉以及肉肠等。
3 菠菜或者甜菜。

1282 年，阿雷佐的莱斯托罗（Restoro d'Arezzo）写过一本关于宇宙形态的论文，叫《世界的构成》（*Composizione del Mondo*），里头形容了饭菜质量和宾客地位的复杂关系。按照中世纪的医生们对世间万物的等级排序，食物的等级高低是根据相对天地的远近而定的，比如树上结的水果和飞禽比较被当时的人看好，会被摆放在最要紧的桌子上。这种"自然"的等级划分，使得植株、根茎和球茎等在土里生长的食物被人冷眼相待，很少有机会写入君主们的菜单中。

中世纪晚期，发生了一些口味上的变化，禽类取代了野味。道德学家和医生们推崇禽类，他们以为禽类的肉脂肪比较少，更适合于贵族阶层的食品结构。随着这种时尚的兴起，好多野鸟有了一些奇奇怪怪的名声，比如丘鹬，因为它"餐风饮露"就能活，所以这种鸟烹饪的时候不用掏空内脏即能享用。

这种想象中食品的核心是肉类食物，这是贵族生活条件的标志。面包、葡萄酒、肉的三位一体是骑士风范用餐的典型饭菜，《圣杯传说》（*le Conte du Graal*）中的帕尔齐法尔[1]就是个例子。并非所有的肉类都有一样的意义，最好的肉是猎获所得，是猎物烹成的肉制品，不过考古信息中，大多还是把屠宰肉品放在重要位置。在宴会上，盛着野味的席位并不一定就是精英阶层，这是人为想象的偏见，并无考古证据。不管怎么说，一直到 14 世纪，野味始终是国王们餐桌上的大菜。西方君主的御用大厨们钟爱烤炙食品，宴席上有烤肉，是一种权势的象征。宴会的级别取决于饭菜的量，菜越多越能表现宴会的气势。这一时期的人还是最喜欢吃天鹅、孔雀、鹤和鹭，一直到 15 世纪末都是这样。1549 年，巴黎城在为王妃卡特琳·德·美第奇举办宴会时，用了 21 只天鹅和 30 只孔雀。

---

[1] 帕尔齐法尔（Perceval），英国亚瑟王传奇中的一名骑士，最后找到"圣杯"之餐。

菜上桌以后，宾客们不会随便取用菜里的某一块，菜中好的部分要留给最有权势的人。1425年的一次宴会上，鲁昂大主教、巴约主教，以及鲁昂教会的两位要人一桌，四个人高高兴兴地吃了一只苍鹭，其他议事司铎则吃了一些普通的家禽肉。禽类最受欢迎，占主导地位[1]，其中肉鸡又最受追捧，其次是"纯肉"（牛肉、羊肉）和猪肉，猪肉分鲜、咸两种。14世纪，萨瓦侯爵宴请国王的时候，精心烹制了羊羔肩，佐以香料和乳酪，还装饰了一层金箔。布律诺·洛里奥（Bruno Laurioux）说："社会阶层是这样体现的，菜里好的部位留给上等人，差一些的、还勉强看得过去的部分分给粗人。"尽管"白菜在品位上比豌豆显得高贵一些"，其实蔬菜是平均分配给在座宾客的。奶酪处于"食物链"的底部，可以大量地分给最普通的人。佛罗伦萨诗人弗朗科·塞谢蒂（Franco Sacchetti，1335～1400）写过很多歌颂吃喝的诗，诗中有这样的故事：一个博洛尼亚学士曾在宴会上把一只鸡冠送给神父，取笑神父的光头，把鸡的最好的部分留给自己，把最差的部分留给餐桌上的其他人。我们见过15世纪英格兰的一个家庭账本，上面记载了这户人家的食品分配，分配是不平均的：厨师可以得到绵羊的头和内脏，厨房杂役得到羊脖子、羊尾和羊蹄。

"摆放餐具"（mettre le couvert），字面上的意思是"把菜盖起来"，直白的意思是防止有人下毒，同时为的也是让人吃上热乎的。饭菜保温是一种特权，只有少数人可以享受，经常是家族主人和最主要的客人，很少延伸到其他人。在利兹约大主教家里，厨房离餐厅很远，宴请的时候，唯有大主教一个人可以吃上热菜热饭，享受"饭菜加盖"的礼遇，并且可以使用几套餐具，包括自用的砧板。地位比较

---

1 佛罗伦萨宫廷在禽类上的花费差不多是食品开支的40%。——原注

低下的宾客经常共用一个砧板，这块砧板或圆或方，有木头的，有金属的，银制或者锡制，用来切肉，上面铺有一块厚约五厘米的面包；宴会期间，这块面包用来吸附肉汁，当时不能食用，之后它会被放入"施舍锅"，等到宴会结束时分送给穷人和用人。桌上的餐具数量多同样也意味着宾客的权势大，如加斯图·德富瓦用餐的时候就是这样。而在这个时期，餐桌上真正能称为餐具的其实只有一把餐刀。根据当时记载，那时勺子只是在厨房里使用，叉子还是罕见之物。

无视时间和空间的约束也是一种力量的显示。王公们愿意让大家看到，他们可以随心所欲地举办宴会，不管是在什么时间什么季节，任何时候开始和结束都可以，尤其是，不管多晚结束都可以。虽然连年饥馑，但王公们一年到头都可以举办丰盛的宴席，实在有些世外桃源的意思。食品丰富到铺张浪费的程度，既是摆阔，也是在炫耀势力。几家王公家的账目记载着他们人均日消耗5000卡路里，比当时身体正常需要的两倍还要多。

萨瓦（Savoie）地区的安贝尔（Humbert）的一些生活细节，也提供了关于菜品分配的等级的宝贵信息，其所指非常清楚：每个阶层的人享受菜品中的对应部分。1340年，法兰西王储口授命令：如果来宾的社会地位下降，就要减少给他上肉菜。这个命令执行以后，命运最不济的客人最后只能得到安贝尔十六分之一的肉份。然而，不能对这些做法赋予过多的政治意义，因为这样做既有着等级的考虑，也实实在在地想着节省一些。1425年，在鲁昂举行的一次宴会上，大主教坐在主宾席，桌上摆了两只鸽，其他所有议事司铎只能分享一只鸽；大主教独享一个盘子，以示高人一头，议事司铎则是与相邻座位的宾客分享两三道菜；如果宴会人数增多，按照社会阶层的次序，从上往下拥挤争夺的混乱场面会越来越严重。有一个叫约翰·吕塞尔（John Russell）的王室总管，1450年为自己的同行写了一本最早的关于烹饪的书，书中说即便是主教、侯爵、公爵和子爵，都可能是两个人共用一菜，首都市长、男爵们、带冠教士、议会议长和司法大臣，都可能三个人共用一菜，骑士和马夫甚至是四个人伙在一个盘子里吃。

研究食品的史学家们特别注意到，追求宴会食品的丰富的同时，单个菜品的质量就要下降。举办庆筵的人最要紧的目的，是吸引更多的宾客们前来赴宴从而显示主人的势力。

居高临下和炫耀

令人费解的是，当时的人虽然崇尚贵族式的禁欲精神，但是每逢宴会，都是光拣好的吃，而且大吃大喝。比如，圣路易聪明地把自己装扮成克勤克俭的形象，其实这位国王见了好吃的从不拒绝，并且很会利用"舌尖上的战略"来表现政治权力。

卡佩王朝时期，王室从出生到下葬，只要是皇家的纪念庆典都要庆贺，庆贺的仪式中宴会占主要位置。法兰西宫廷的膳食官的规模从12世纪起不断扩大，到了瓦卢瓦王朝时期更是空前膨胀。查理五世时期（1364~1380），他的膳食总管及下属官员不下158个人。1328年，菲利普六世为自己的加冕礼举办了豪华的欢庆活动，兰斯的鱼商为王室宴会送上了最好的水产。从"胖子王"路易六世（1108~1131年在位）到路易十二（1498~1515年在位），还有中间的圣路易（1226~1270年在位），所有的君主，为了维护自己的地位，在宴会上不顾形象地大展"皇室气概"。圣路易1241年带着廷臣在索米尔举行的骑士誓师结盟大宴，以及1254年为英王亨利三世举行的宴会，都一样是要表现君主至高无上的权力，同时，两位国王和贵族的关系十分紧张，宴会也是对另一位君主表示支持。许多资料都说到了宴会是怎么以饭菜质量和数量作为取悦宾客的重要指标的。

在后来的几位国王当政时期，膳食官的阵营不断扩大。纪尧姆·蒂列尔（Guillaume Tirel，1310~1395），绰号"大伊风"，是卡佩王朝历史上最有名的大厨之一，他在御厨干了足足66年，曾经侍奉过菲利普六世、约翰一世和查理五世。他奉查理五世之命，写过《肉谱》（*Le Viandier*）一书，里面有几道为款待贵宾特制的原创菜品，比如在秘制整禽中配上金箔包着的小肉丸子，或者用富有骑士精神的符号和法兰西纹章装饰菜品，以表现卡佩王朝的伟大。外国人有时候也能在御厨房一显身手，路易十一（1461~1483年在位）的主厨就是个苏格兰人，叫詹姆斯·利德尔（James Lidell）。豪门大族也都有自己的膳食官，丰盛的宴席是表现主人光荣的重要手段。萨瓦的公爵阿梅代一世（Amédée I）的膳食官希卡尔，是一位有天分的厨师，他在1420年写过《论烹饪》一书，旗帜鲜明地主张"政治厨房"，在欧洲全境炫耀王朝的声望。"好人菲利普"则把查理六世的首席厨师吉勒·帕拉依（Gilles Paraille）请到了自己家里。为了取悦宾客和让菜品表现更多的政治意义，厨师们挖空心思，比如把最好的肉雕刻成城堡形状，周围摆放武器。

在豪宴的排场上面，教皇们不甘落后，尤其是在14世纪和15世纪，教皇宴会的名声超越了教会的限制，被当时的人说成是"巴比伦飨宴"。教皇马蒂诺五世（Martin V，1368~1431，在位时间为1417~1431年）用的是让·德博肯海姆（Jean de Bockenheim）的服务团队，德博肯海姆曾在1430年前后写过《厨房笔录》（*Registre de cuisine*）一书，记录了根据每个宾客的地位品级开出的菜单。教皇保禄二世（Paul II，1417~1471，在位时间为1464~1471年）为了摆排场，在款待宾客的时候，从来都是用珍稀、精致的饭菜。1467年，绰号"铂金"（Platina）的巴尔托洛梅奥·沙驰（Bartolomeo Sacchi），为红衣大主教的厨师们写过《实在的享乐》（*De honesta voluptate*）一书，其中一位名叫特雷维桑（Trevisan）的红衣大主教在他的餐桌上，把罗马教廷的筵宴变成了东西食材交汇的大熔炉,而他本人也得了个称谓,叫"红衣主教里的卢库鲁斯"(Lucullus des cardinaux)。这一席酒菜中有西西里的腌金枪鱼,有利古里亚和科西嘉的葡萄酒,有地中海东岸的香料,有意大利细面条和通心粉的烹制方法,有芫荽汁煎小牛肉,有"马背奶酪"(cacioca-vallo)和"普罗瓦图拉鲜奶酪"(provatura)等各色奶酪,还有几个用了肉桂的加泰罗尼亚地区菜。为了表示对教皇的尊重,送上的水果,先要从中拿出一个呈献给教宗,送上的鱼,也是一样。

幸运的是,宴会的时候,不是端上来多少就吃掉多少,总要有残羹剩饭,国王有乐施好善的德行,愿意把多余的饭菜分给他的"穷人"。王是仓廪富足之人,要在宴会上塑造慷慨的形象。亨伯特二世(Humbert Ⅱ)就是个例子,他要求在主菜和甜食之间,"上一道牛肚,注意精选上品,濯洗干净,用水煮熟,火候恰到好处,然后让其他客人都能加一点菜"。这样做,维护了施舍行为和政治策略之间的界限。1466年2月13日恰逢威尼斯狂欢节,保罗二世在他参与修建的圣马可大教堂前举行千人宴会。这场宴会消耗的食物数量之大相当惊人:光是制作各式各样的贝奈特饼和意大利水饺就用了8571头牛,3112升奶酪,200升黄油,30升奶。这一天是封斋期的前一天,所有摆上桌的食物必须当场吃光。

宴会的档次不仅仅表现在吃什么,也在于宴会厅的陈设和家具。大户人家的餐具都是真正意义上的宝贝。一份家产记录中这样记载着:"餐厅里靠近餐桌的位置摆放了一个橱柜,里面满是金银餐具,镶嵌黄金和宝石的水晶罐……[1] 除了负责上酒的人,其他人不得靠近这个橱柜"。这里说到的橱柜有时候也叫餐具柜,是社会等级的重要

---

[1] 《中世纪美食节》,让-路易・弗朗德兰著,国家出版社,1988年。

标志，里面经常摆放餐桌上不好摆放的杯、罐和壶。餐具柜里的结构设置成一层或者几层，这也能体现主人的权力和社会地位。根据15世纪普瓦蒂埃（Poitiers）的阿里埃诺尔（Aliénor）的记述，橱柜里层列的数量各不相同，国王和公爵五层，公爵夫人四层，伯爵三层，方旗骑士两层，没有爵位的一般人只能有一层。餐桌的陈设炫耀豪华，铺针绣桌布，摆放精美的餐具，有平底大口杯和盖杯，杯上有雕琢图案，杯的盖子或金或银，甚至是水晶制成的，有些菜式甚至和大理石雕成一体。宴会厅的环境装饰繁多，有挂毯、条凳，还有与柜橱一体的条凳，上面摆放绣花软垫。照明也是主人炫富的方式，用蜡烛，有时候甚至用火把，比如14世纪富瓦的加斯东（Gaston de Foix）的宴会就喜欢燃烧火把。

最最重要的是"宝船"（nef du table），这是在宾客们面前表示主人独立的一件象征物。宝船一般为金银制品，呈长方船形，精雕细琢，有时候镶嵌宝石，往往是一件真正的艺术品。宝船上摆放的是国王的餐具（大口平底杯、盐罐、餐巾……）和防止投毒的工具。宝船很快成了一个固定的物件，这种"王家"的样式一直到法国大革命才消失。

即兴插食：餐桌上的政治革新

虽然对菜单的内容知之不多，但是我们可以看到，插食（entremets）对政治和社会产生了重要作用。

从14世纪开始，宾客们利用上菜的间隔，进行一些轻松的谈话，同时品尝一道菜单上没有的菜，这使得厨师有了充分表现自己的机会。插食的形式多种多样，后来的人继承了其中的一部分，希卡尔大师的帕尔马奶酪烤饼和亚麻荠味汁烤牛舌是代表作，他做的洛林肉酱十分了得，据说从里头能飞出活鸟！还有一种特殊的菜品，把去过毛的天鹅、野鸡和孔雀烤制以后，不破坏原形，在鸟的内腔放一块蘸了樟脑的布，点着后上菜，鸟的喙就能向外喷火。这样的鸟垫在熟肉上面，"活生生"地上桌，成为让宾客惊呼的一道风景。插食可有可无，以后也只有在特别重要的庆筵上，才成为烤肉之后必备的菜品，这样的场合会有国王或者宗教领袖参加，但是教会对这一类"附加"菜品一直持强烈的批评意见。

一些插食把能吃的食物和不能吃的装饰混搭在一起，这些装饰叫"画形"，用木头、金属或者织物制成，表现有寓意的场面，主要作用是政治宣传，风靡一时。这时候就不止是厨师的工作，还需要画家和雕塑家的倾心创作。很多插食不过是利用了摆放在餐桌上或者宴会厅里的简单陈设，但是绝对有效果。比如，1343 年迪·塞卡诺（di Ceccano）红衣大主教为教皇克雷芒六世（Clément VI）举办的宴会上，设置了一个喷酒的喷泉，"朝五个方向喷五种酒，这五种酒分别是维奈西卡白葡萄酒（vernaccia）、葛雷克[1]（greco）、比耶勒那[2]（bielna），圣普尔森酒（Saint-Pourçain）和莱茵河酒（vin du Rhin）"。有时候，展示这些技术成就要有歌声和音乐伴奏。1429 年 11 月 6 日，亨利六世加冕，在伦敦举行正式宴会，本笃会诗人约翰·利德盖特（John Lydgate，1370～1451）以高声"朗诵"作为插食。插食因其量大和品种丰富获得成功，随着宴会在中世纪末和文艺复兴时期不断充实，插食的地位越来越重要。

有一些插食成为完全人为的场景设计，需要艺术家的本事和群众演员的配合。我们最熟悉的可能是"锦鸡福宴"（Le Vœu du faisan），奥利维耶·德拉马尔什（Olivier de la Marche，1422～1502）描写过

---

1 意大利西南部坎帕尼亚地方一种黄色汽酒。
2 意大利北部的一种酒。

这段故事，宴会过程中抬上了几个活物组成的画，博得全场一片喝彩。对这些非同一般的宴会描写很多，但是并未记载客人们到底在宴会上吃了什么。1454年，勃艮第大公"勇敢者查理"（Charles le Téméraire）举办了"锦鸡福宴"，前来赴会的勃艮第贵族精英再表效忠，答应在查理婚礼之际参加新的十字军远征[1]。这次"锦鸡福宴"是一系列庆祝活动的一部分，1月14日让·德克雷夫（Jean de Clèves）大公为舅舅"好人菲利普"（Philippe le Bon）举办了宴会，揭开了这一系列活动的序幕，宴会的主桌上摆放了一只银质天鹅，天鹅的项圈好像是在牵引一条船。同年2月17日，举办了第三场宴会，这场宴会最为人称道，餐桌上出现很多画形，包括一个真正的喷泉和演奏出管风琴声的微型教堂。有些插食就是一出神秘剧，有演出和对话，表现勃艮第人的豪爽大方，比如有一条巨型鲸鱼缓缓进入餐厅，突然从鲸鱼里跃出十几名骑士，在大厅里舞蹈。围绕插食设计的政治寓意，是通过讲述希腊神话伊阿宋的冒险故事，来表现金羊毛（la Toison d'Or）骑士团的英勇，歌颂这个家族的光荣；宴会大厅里摆放了一个被撒拉逊人围困的教堂，表明宴会的中心是十字军远征。

最后上场的是一只活的锦鸡，剧中说它是从克尔克里斯[2]（Colchide）取来的，这个时候宾客们要对着锦鸡发誓要参加十字军远征。事实上，"锦鸡福宴"的影响有限，但是它在别的西方君主面前提升了勃艮第大公的威信，让人觉得他是十字军远征的领袖，只有他能领导得了十字军。宾客们观看了这样编排的演出喜出望外，他们出席宴会，本身就是演出的一部分[3]，但是着实地被主人展现的富足搞得眼花缭乱。但是，后来的人对此的批评越来越多，最常见的批评，一是说宴

---

1 宴会举行的时间是在1453年攻占了君士坦丁堡以后。——原注
2 希腊文Kolkhis，亚洲古城，在高加索以南，有金矿，可能因此有了金羊毛的故事。
3 奥利维埃·德拉马尔什和大公本人都在插食的演出中扮演了角色。——原注

会组织者不应该把基督教的内容,比如把教会的内容,和插食联系在一起;二是说插食不能取材于伊阿宋的故事,因为伊阿宋是异教徒。虽然有如此种种,15世纪的勃艮第还是凭借"锦鸡福宴",成功地显示出自己的强大实力。

在某些意义上,插食是文艺复兴这段"插曲"的前奏。

庆典中的逆乱和秩序

作乱者的餐桌

大户人家摆宴席,不总是炫耀势力或者显示宾客的团结,也可能是一场政治混乱,就是说打破了宾客其乐融融的规矩,上演一些怀疑、暴力乃至犯罪的场面。

在食物中投毒杀人是宴会功能性的根本转变。中世纪经常发生利用饮品和食物行凶杀人的事情,和气待客的气氛被蒙上欺骗的色彩,成了犯罪的掩护。多数情况下会投毒在酒里,这样比较难以察觉,而且,按当时人的想法,毒酒可以直接进入心脏;另外,投毒的人喜欢利用面包、苹果和鱼,这些食品和酒一样,都有着精神信仰层面的含义:苹果和原罪堕落有关,这时有了取人性命的作用,鱼破坏了食物救赎的作用,有毒的面包则是影射代表基督生命的面包。很多故事告诉我们,宴席是这种凶杀发生的理想场合,宴会的形式为犯罪赋予了"集体"意义,宾客们成为主人被"食物"处死的观众,而在多数时间里,主人是君主。有一个故事,说的是女王布兰奇(Blanche)举办宴会,奥尔良的路易企图暗杀查理六世,投毒的人很容易地稀释了毒药,并把毒药混入了美味可口的饭菜中,这在同时代人看来特别令人发指。

由于害怕中毒，出现了大量的预防手段，这给本来应该团结和谐的饮宴蒙上了阴影：菜品在送给国王之前要经过多次品尝；餐桌上的"宝船"里放了不少测试食品安全的工具，还放了一些"试器"，当时人认为碰到毒物，这些试器会改变颜色；有时候使用独角鲸的角，叫作"独角兽牙齿"；还有用"癞蛤蟆脑石"的，说是蟾蜍的脑子和蝰蛇的舌的结合物；有用珊瑚的；也有用牛黄防毒的，牛黄在波斯语里叫"pâdzehr"，是反刍动物胃里的植物结块，到了17世纪，黎塞留[1]还在使用牛黄试毒；君主们十分在意这些测试的器物，在上头加上金银的坠儿，放在镶嵌宝石的豪华宝器盒里。到了15世纪，解毒的办法越来越多了，比如用一些稀奇古怪的动物，或者按照以毒攻毒的想法，用有毒的动物；1316年，那不勒斯国王用蛇角解毒。对投毒的恐惧愈演愈烈，到了中世纪的最后两百年，甚至搅乱了宴会的顺序。14世纪的时候，主人的座位近处设置了一个小桌子，医生们介入了食品安全检查，在小桌子上进行多种测试；路易三世的时候，这个小桌子经常装饰华美，后来有了个名字，叫"平安桌"（table de prêt），成为君主饭菜验毒的固定形制，一直沿袭到了近代社会末期。

这些谨慎小心未必都管用，不过是让"感到危险"的国王放心，同时也是消除大家担忧被身边人背叛的担心；大家坐在一处，互相提防，心底里都害怕餐桌表面的亲和气氛瞬间被毁灭。投毒杀人的卑鄙之处，在于让人在宴席中的焦虑始终若即若离，也在于主客之间的信任可能在顷刻之间分崩离析，变成剑拔弩张。所以，食品验毒至少有象征性的意义，君主要保护自己，验过了饭菜，君主不再会有什么想法，不会无端破坏家族的或者行业的团结，殃及和君主一起吃饭的

---

[1] 黎塞留（Richelieu, 1585~1642），法王路易十三的国务秘书和御前会议主席，枢机主教，权力仅次于国王。

人。当时的盘子多半为金属或木质，清洗困难，容易让人对投毒的事儿想入非非。

投毒可以被想象成最恶毒的事情，但却并不是宴会上唯一的暴力形式。一般来说，宴会上发生的死亡，经常被记载成破坏餐桌礼仪的后果，这是在告诉我们，如果吃饭的规矩乱了，只能导致野蛮。在以餐桌暴力而出名的历史时期，破坏餐桌的和睦被视作背叛，经常被看成是和犹大一样的犯罪分子和捣乱分子。宴会餐桌也可能变成地方势力挑战中央政权的场所。14世纪和15世纪的佛罗伦萨，公共宴会开始有了之前没有过的城市人际关系，从而建立了一些以服务换取人望的关系，试图摆脱城市政权的集权和控制。关于卡斯蒂利亚（Castille）公众议会（les concejos）及其每年一次的宴会的研究表明，作为反抗王室践踏城市自由、加强居民团结的手段，公众宴会发挥了作用。

在中世纪前期的末尾，中央政权四分五裂，地方领主们获得了多种特权，尤其是被供养的特权，教会谴责他们僭用了君主的专有权利，给城市和城市居民造成负担，封建关系由此腐败凋零。领主，而且经常是领主的随从，闯入城里的人家吃喝，不请自来随心所欲，佃户们不堪其扰；而且，给这些人供应了吃喝以后，得不到任何回报，连象征性的回报也没有。12世纪，尤其是到了13世纪，君主们收回了之前被领主们据为己有的大部分权力，比如受招待权[1]，这一侍奉对象重新回到国王身上，因为赠予和回赠的做法重新变得合情合理，从此容易被领民接受。

餐桌上的失序

餐桌上的混乱不仅限于一些极端的暴力情况，也指失控的局面，

1　领主制时期的一种赋税。

史料向我们展现了餐桌上的政治游戏，而且这种情况并不是王室宴会所固有，王公也存在这样的行为，这些人与其说关心政府的施政，还不如说是在无所事事之中找到一种最无拘束的发泄方式；按照让·韦尔东（Jean Verdon）的说法："他们对自己的百无一用产生了伤感，伤感把他们推向了享乐。"

宴会"硬件"条件导致了餐桌上的"野蛮"表现：吃菜的方式已经不怎么文明了，餐具经常是简化到了一把用来叉肉块的小餐刀，人经常上手，撕扯汤汁中的肉；文艺复兴初期，蒙田（Montaigne，1533～1592）坦白说，"我很少使用勺子和叉子……吃得忙乱，我几次咬到了自己的手指头"。如果上手抓着吃，人就可能随处擦手，到了宴会最后，桌布很少有干净的了；有的宾客端起汤盆对着嘴喝汤，也是洒得哪儿都是。喝酒和舞蹈也对这些恶劣表现起了推波助澜的作用。还有一些史料从另一个刁钻的角度解释混乱场面的原因，他们认为当时男人和女人们的衣服"很贴身"，或者开胸很低，座位紧挨着，挤在一起，还要分享饭菜，经常是两个人合用摆放在砧板之间的同一套餐杯。查理六世的史官厄斯塔什·德尚（Eustache Deschamps）对诵读饭前祷告的时候宾客完全心不在焉耿耿于怀。

国王宴会的时间和市绅的饮食习惯之间也存在差异。14世纪，百姓的正餐时间越来越早，有时候中午就吃了，王宫里的正餐却很少在17时以前开始，因为国王中午之前不起床；同样，市绅家庭到了将近18时的时候用夜宵，而国王用夜宵的时间是在午夜之前。德索尔兹伯里的约翰（Jean de Salisbury）在记录中说，12世纪的宴会时间没有规律，什么时间开始都有可能。14世纪的宴会每次都要超过三个小时，这尤其让当时的人感到吃惊。

宾客在宴会上的表现，留下了好多故事，有的让人忍俊不禁，有的恶劣有如"魔鬼"。参加正式宴会的人数很多，尤其是参加婚宴的宾客，这么多人一起吃喝，表现自然是形形色色，一时间为人诟病。人喝多了，纷纷起而舞蹈，这往往使国王的宴会出现最糟糕的场面。把盘子扔出窗外，往人头上扔饭菜，都不鲜见，16世纪查理九世等国王甚至还乐于此道。查理六世的宫廷宴会名声特别糟糕，1389年5月他举办的一次宴会坏到了极点，在连续四天的吃喝舞蹈之后，宴会场面一片混乱，不堪入目，而且竟然是发生在圣德尼（Saint-Denis）的王家修道院里。后来的人认为国王的御前参议们（Marmousets）造成了宴会的失控，但是，宴会上主要人物普遍年少可能是主要原因。关于这次宴会的所谓"政治"责难主要是针对国王的近臣，1388年以后，一些心存嫉妒的廷臣一直对国王左右的新晋红人耿耿于怀，这次宴会主要为年轻的国王开始正式掌权而举办，宴会专设了一个大厅，原本计划人在里面比武、跳舞和游戏，表现骑士的道德风范和礼节；实际发生的事情却不是这样，宴会上的人暴饮暴食，头脑发热，到处呕吐，行为狂乱，宴会成了主宾亲睦的反面。有些贵族文学为这种过度纵欲的行为辩解道，上帝显然是要建立社会等级，让社会精英尽情欢娱，因此默许精英们的行为；按照这样的思维逻辑，作为宴会过失的心理补偿，宴会的剩余食品分送给了最穷的人。

　　有时候，人们管这样的大吃大喝叫"古拉"（gula）。宫廷和贵族家中的"古拉"是骑士文学中的固定桥段，总是描绘餐桌使得战士们的意志消沉，但是，一直到14世纪晚期，对国王都没有类似的批评。不过14世纪和15世纪交替之际，出现了声讨国王无度行为的文学，比如克里斯蒂亚娜·德·皮桑（Christine de Pisan）的《三种美德之书》（*Livre des trois vertus*）和让·热尔松（Jean Gerson）1405年的《国王万岁》（*Vivat Rex*），还有菲利普·德·梅齐埃（Philippe de Mézières）1389年的《老朝觐者的梦》（*Songe du Vieil pèlerin*）。这主要是因为国王高兴和谁一起用餐就叫谁来，不强求来人一定要毕恭毕敬或者一定要顶着什么样的头衔,宾客们在席间的亲热弱化了国王日常的威严。

我们对这些故事心存疑问:宴会上的无度真的让当时的人感到震惊呢,还是为中世纪末世说装模作样地念一篇道德经呢?也可能是两者兼而有之。但是,当时的人敏感地觉出,宴会的"宗教"意义消失了;有研究口味变迁的史学家直截了当地评论(我们可以借用马塞尔·德蒂安和让-皮埃尔·韦尔南著作中的话):此时的席间表现,可以说是"献祭仪式的终结",因为宴会亲睦原本是建立在食物包含的敬神的本义之上,这样的本义已经荡然无存。史学家们记载的重点是餐桌上人的表现,而不再看重饭菜内容和宴会时间。

中世纪最后的时间里,"失控的饮宴"渐渐多起来,享受快乐已经超越了交际和对宾客群体间的和谐追求。祭祀性质的聚餐是不是就此结束了呢?聚餐是不是丧失了所有的政治意义以及辨识宾客的全部手段了呢?或者,是不是大家意识到了聚餐可能导致兽性,导致人变成魔鬼堕落的一面,而教会终于要出手做点什么了呢?

建立餐桌上的规矩

教会的态度长期影响了达官贵人在餐桌上的表现。教会认为,"古拉"和亚当、夏娃的罪孽有关。1059年在拉特南(Latran)举行的公会会议上,教会人员改变了之前对酒醉的客气态度,而是口气强硬,公开谴责,同时反对铺张浪费和暴饮暴食。在此以前,对于口腹之欲罪行的界定只有模模糊糊的说法,从这时候起成为罪孽,得到了清晰的界定,严格的规范。从12世纪开始,神职人员有了很多谈论餐桌行为的著述,譬如圣维克托的于格(Hugues de Saint-Victor,1096～1141)的《见习修士守则》(*De institutione novitiarum*)和皮埃尔·阿方斯(Pierre Alphonse)的《神职纪律》(*Disciplina clericalis*),

这些充满道德说教的文章斥责大吃大喝。一切显得非必要的做法都被否定，比如 1304 年在兰斯（Reims）举行的主教会议认为，饭菜数量过多和设置插食都是不合适的；从 14 世纪开始，对于吃喝浪费、造成农民辛辛苦苦到头来连自己的一份口粮都保不住的情况，批评的声音越来越严厉；慈善道德再次得到大力肯定：吃不了的饭菜要送给穷人，很多宗教团体坚持这样做，阿维尼翁的教皇宫的厨房也是如此。这些文字记载里描写的宴会礼仪首先是"基督教的"。米兰人邦威赞·德拉·里瓦（Bonvesin della Riva，约 1240～1315）在著作《不可不知的 50 条用餐礼仪》（*De quinquaginta curialitatibus ad mensam*）中说，入座之前，要想到穷人，要进行餐前祷告，吃到最后，要说"祝福"，赞颂上帝。

在这些行为规范中，最初道德意见占了大量的篇幅，从 13 世纪开始，教会越来越多地在礼仪准则里挖掘内容，鼓励宾客"遵守纪律"和在餐桌上彬彬有礼。13 世纪以前，这些论著内容主要是涉及如何控制性冲动，13 世纪以后则强调举手投足"非礼勿为"，提倡适可而止，克制可能导致逾越的表现。在一切场合对"适度"和"谦恭"的追求，表现了中世纪末期的社会变化，这种变化在于，在不忽视基督教义务的前提下，更加重视世俗的行为和仪表，这些行为和仪表此前多有修士色彩，此时多有城市市绅色彩。这些价值是《圣经·创世记》的体现，但是趋向于摆脱宗教的印记，虽然彬彬有礼的人首先是一个好的基督徒。从这种思想里产生的本土文学，混合了礼仪和骑士精神的两种影响，用朗朗上口且便于记忆的诗句写成，获得了巨大成功。文艺复兴时期出版了大量文集，其中最有年头的，是 12 世纪日耳曼人雷内尔（Reiner l'Allemand）写的《吃的趣闻》（*le Phagifacetus*），后来人受这本书的启发，写成了专门讲吃饭规矩的《餐桌礼仪》（*Contenances de table*），13 世纪的《宴席仪表》（*S'atable te veuz maintenir*）也十分畅销。这些书也是写给"新资产阶级"看的，这个时候的"新资产阶级"成天想着怎么模仿贵族，并且想要超越他们。1507年，尼古拉·德拉谢奈（Nicolas de La Chesnay）发表《宴会之否定》（*La condamnation du banquet*），讽刺疯狂的宴会，书中的道德腔调和《餐桌礼仪》如出一辙。

在这些问题中，国王的形象最为重要，他要通过自己来教化众人，鼓励他们像基督徒一样表现。另外，教会把王室的职责当成圣职，绝不允许被诸如在餐桌上举止无度等不成样子的表现玷污。从13世纪开始，国王渐渐有了节俭的形象，大量借用修道院节俭的做法，把拒绝大吃大喝作为达官贵人宴会的政治标准。比如圣路易，他不忘君主责任，按照需求宴请，没忘记在寝室或者饭桌旁举行施舍穷人食物的仪式；到了封斋的日子，他严守规矩，按照基督教禁欲的要求办事。这种与饮食相关的生活剧和卡佩王朝神圣的节俭有关系。14世纪，查理五世似乎也有着简朴的形象，他甚至把没有规矩的"暴饮暴食者"赶出王宫，以提升王室的职能。查理六世就不同了，这个人腐败堕落，几乎降低了王室的向心力。查理六世主持的一些宴会混乱不堪，让人怀疑这位君主到底想给自己树立什么样的形象。他的谋臣们看到这位年轻君主控制不住自己的冲动，不但不劝他约束自己，反而提议他在自己的私人空间里释放。当时的历史记载把放任自流的私人分为一类，把公众人物分为另一类，公众人物应该避免自己的形象蒙羞，不要损害王室的声誉；要谴责的不是胡吃海塞的吃相本身，而是公开以君主身份表现出贪食的形象。舆论转弯抹角，不再批评国王的态度，也不再批评花多少钱办宴会，而是激烈地批评那些"佞臣"，这些坏人不仅不力图避免主公失误，还在推动主公沉湎于堕落。

对骑士风度的追求影响着谈话的艺术，"谈话"在餐桌礼仪的变化中有着非常重要的位置。文明人全面掌握了交流的成规，看谁怎么说话，就能看得出是知礼之人还是粗俗之人。人与人之间的关系建立在相互的权利和义务之上，如果破坏了谈话交流的规矩，就破坏了人与人之间的权利义务关系，所以要避免不合时宜的语言，省得说急了脸红脖子粗，拳脚相向。不能说刻薄话，也不能说废话和怪腔怪调儿。15 世纪的阿兰·沙尔捷（Alain Chartier）在《贵族必备》(Bréviaire des nobles) 一书中，把说话得体奉为礼貌的根本原则。人吃饭的姿态也有要求，禁止发出任何奇怪的声响，不能嘴里嚼着东西说话，不能无顾忌地大笑，尤其不能打嗝儿；对方端起杯子喝什么的时候，不要找人家搭话；要注意避开过于普通的话题，更要避开庸俗和丑闻类的话题。"说话"不单单是划分社会阶层的手段，也是谋求好处的时候使用的一种政治工具。大家把为达目的吹牛拍马的人称为"耍嘴皮子"(les verbeux)。1394 年，一位巴黎资产阶级为自己的夫人写了《巴黎持家之道》(Le mesnagier de Paris)，希望宾客说话理智，控制情绪，不要生气发怒。这些观念是社会道德风尚渐趋平和的体现，社会在逐渐地排斥一切形式的身体暴力和语言暴力。

  因为餐桌礼仪有缓和社会关系的好处，同时出于制约社会关系的愿望，政府颁发了一些限制节日活动铺张浪费的法令。这些法令不仅是限制那些过于张扬的活动，也是控制约束老百姓，维持社会阶层间的平衡，避免最富的人在无度的开支中倾家荡产，同时避免有人别有用心，利用吃喝勾结成党，酿成后患。这些限制主要针对"家庭式"和公众的节日宴会，此后，对于宴会来宾的数量，请谁来或者谁不能来，乃至上什么样的饭菜和上多少饭菜，都有了明确的规定。1294 年，"美男子"腓力（Philippe le Bel）颁布法令，对宴会着衣和组织办法作出规定，其实是重申了其前任"勇敢者"腓力三世（Philippe III le Hardi）在 1279 年的一个法令。1355 年，佛罗伦萨的相关法令规定，婚宴组织者要向特设的行政机构报告参加宴会的人数，每个家庭不得超过 50 人；1388 年，又在这些规定之上，新增加了关于食物分配的条款细则——这些措施极为苛刻，不光涉及食物性质，还规定了如何配菜，比方说，如果用了一只鸽子就可以不用两只以上的鸡。1343 年，锡耶纳（Sienne）的相关法令限制了甜点、菜品和肉的消费数量，不过水果可以随便吃。

中世纪的最后两百年，礼仪有了新的变化。除了基督教要求的"不能食之过量"和"在席面上的仪表端庄"，保持距离感从此成为新的文明要素。新的文明"本身已经成为道德价值"，它讲究约束宾客的举手投足，而其目的就是让约束本身有分量。比如，这以后，吃生菜的时候，不能再用刀切了，而要用手小心翼翼地卷起菜叶子，一口吃掉。再有，不能再在桌子上切面包了，这既是文化禁忌中不得"切"耶稣的身体，好像也是人在注意自己的体态。关于文明行止的手册屡屡提到如何控制身体，同时宣传一些模式化的行为规范。不仅贵族们接受了这些条条框框，连城市资产阶级也开始奉为圭臬。

另外，大多数的宴会行为规矩都是以卫生为前提的。吃饭的时候，不要大声擤鼻涕，尤其是在从盘子里取肉之前，绝对不能用手指头擤鼻涕。仿照《巴黎持家之道》和著名韵文讽刺故事集《神父与骑士》（*Le prêtre et le chevalier*）而编写的文明手册，都把饭前饭后漱口和洗手作为经常性的提示。《神父与骑士》不光强调手的清洁，也十分在意来宾的嘴和眼睛是不是干净。如何分配杯子和砧板，或者更广义地说，如何取用食物，都要反反复复地说明白，这样才能把一个有规矩的人变成一个真正有德行的人。

在耶稣最后的晚餐和骑士圆桌会餐等重要宴会上，人物形象都有符号性质。我们吃惊地看到，虽然对饭菜都有细致的描画，却没有一个人真正在吃。这是因为，一系列规矩把宾客限定在一个纪律的窄框子里，减弱了"吃喝"这一行为的重要性，把人物理性地抬高，抬高到物质以上的高级层面。所有这些规矩的唯一目的,是减少人与动物、与没有文化的人的联系。中世纪后期,控制人的本能成为社会精英阶层区别于普通百姓的一条界线。彬彬有礼是对其他宾客的礼貌,任何违反礼貌的行为都会给他人造成难堪,给自己造成羞耻。饭桌上,要"礼让主人"先行品尝食物,不能见了好菜就抢;已经撤回厨房的饭菜,撤了就撤了,不能要求再端回来:"人家撤下了你的汤盆,也高高兴兴的,千万别让人家端回来"。邦威赞认为,对在场的妇女尤其要客气,要让给她们食物中最好的部分;进食的量不要超过主人,不要对桌上的饭菜说三道四;不能把已经入口的食物吐出来,不要强迫客人喝酒,自己不要醉酒,以免酒后口中无德。讲求吃喝有度有着文化方面的原因,除了基督教早期老先贤们的教诲外,还有塞内卡(Sénèque)都有类似的思想,塞内卡在《信札》(Lettres)里说:"贤人不渴望而知足……"他在《论灵魂安详》(De tranquilitate animi)里劝导节制:"吃饭求不饥,饮酒求不渴,仅以满足身体基本需求为要。"加泰罗尼亚的饭菜向以精美出名,在西班牙的统治下,这些菜品迅速地占领了宫廷,在中世纪后期引入了节制的理念,这成为其后来的名声所在。然而,我们想象得出,反复地议论吃喝的规矩,恰恰说明实际情况并不是这样。1528年,巴尔达萨·卡斯蒂格利约尼(Baldassare Castiglione)在《宫闱实录》(le Livre du courtisan)中不无遗憾地说,贵族们"一上桌,就一头扎向汤盘料碗,抢肉冻,看见什么抓什么,而后嘿嘿呵呵地大笑。谁最能吃最能抢,谁就是宫里的好样的,就是勇敢者,好像就能获得什么大光荣……有时候,贵族们竞赛,下赌,看谁能吃最恶心的菜和最臭的酒"。不过,12世纪以来写成的文明规范,一直影响到文艺复兴时期的著作。

必须分开使用餐具为的是保障卫生,但是在中世纪末期,也引发了对于宾客"专属"环境的新的思考。普遍以为,餐桌上人坐得太近，是导致人行为不端的原因，所以应该尽可能在就餐者之间隔开距离，形成个人化环境。环境个人化意味着要坐姿端正，坐直了是尊重他人的重要表示，入座以后尽量不要再起身，不要用胳膊肘抵在桌面上，不要瞎比画，不要打盹儿或者趴桌上。大家的姿态一致了，就不会碰到他人的身体，甚至也碰不着自己的身体，讲礼貌的人使用当时还罕见的叉子，和食物保持一定距离，按照《餐桌礼仪》的要求，不可以让食物接触到嘴唇。加泰罗尼亚不少有关厨艺的著述，沿袭了《桑·扫维厨典》（*Libre de Sent Sovi*）的说法，推崇使用两齿钎子切肉，这是今天餐叉的前身；他们痛斥法国人的"野蛮"行为，这些不知文明为何物的法国人见了肉，竟然上手抓着吃。控制好自己的身体，不碰撞他人和自己，是尊重其他"共食者"的空间所必要的。

种种这些好的规矩，不仅是道德思考的产物，也是想要表明一种生活方式，而不仅仅是表现给人看。餐桌上的表现，根本上是以体现道德和社会意义为要紧，限制多余的动作和语言及情绪的冲动。谁的行为要是不合适，就会遭到谴责，甚至被赶出大门，而行为得体的人可能因此提高自己的社会地位。形容在饭桌上不良姿态的词汇非常丰富，比如"失礼""没分寸""小家子气""不名誉"，都是通过在缺乏礼仪的宾客心中留下罪恶感，让每个人对自己的空间负责。在这样的情况中，"殷勤好客"的本意出现了负面含义，而"距离"在所有层面上都得到肯定。餐桌上的表现，是人的社会表现的一种形态，可能是几个世纪以后出现的"现代人"最初的雏形。

小　结

中世纪餐桌发挥着三种功能：是国王和客人们和谐相处的体现；国王象征性地和客人们暂时分享权力；划分宴会参加者社会地位。餐桌光耀权力，为君主和封臣之间的联系提供了保证。宴会有着相辅相成的两种社会逻辑：一种是垂直的，它巩固一个群体，承认主人是施舍美酒佳肴的唯一的人，大家快乐地享受主人的赠予；另一种逻辑是平行的，在这种逻辑中，宾客们尔虞我诈，彼此的竞争象征性地决定了各自在社会和政治生活中的等级地位。

鉴于餐桌具有确立权力的功能，不管有什么样的批评指责，任何人都不想取消宴会的豪华场面，由于兼有技术的原因和象征性的考量，宴会是表现政治态度的最佳场所。在这上面，宴会的开销规模可以炫耀组织者的富有。公众宴会被视作一个整体，有建立和谐的社会秩序的功用，与之前之后充满紧张与争斗的宴会迥然不同；破坏这个"食物建筑"等于破坏社会平衡，只能导致混乱和暴力。

我们在有关礼仪的史料中看到，世俗和教会的精英们主张的宴会礼仪出现了深刻的裂痕。中世纪晚期，宾客们的道德和礼仪汲取了逐渐深化的新规矩，更多地约束身体表现，更多地倡导宾客之间相互尊重。根据如何把握这些新规矩，受过优秀教育的人和粗俗的人之间出现了一道界线。但是，文艺复兴时期的大量文字都在提示我们，这些行为方式被接受起来是多么的缓慢。不管怎么样，这种开创性的重要财富，向越来越多的宴会宾客传播着文明的规范。

第三章

国王餐桌的戏剧性
16 世纪末到 18 世纪初

前　言

17 世纪，永远是伴随着一声喊"先生们，国王传膳"，侍者们鱼贯而入，为国王的盛宴布菜。和绘画、音乐、建筑和雕塑等象征着统治艺术符号一样，王室的菜肴有着显示权力的意义。

16 世纪后期以来，我们在餐桌上可以解读君主设定的约束关系和宠幸学问的微妙和玄机。虽然难以确定到底是什么时候开始宴会的举办方式发生了变化，但是我们知道，亨利三世统治时期（1574~1589），权贵们的行为方式发生了深刻变化，这必然导致餐桌上的行为规范也随之变化。由此一直到 18 世纪初，我们可以以一种崭新的方式，理解集权主义的诉求是如何一步步建立起来的了。

这是因为，比起任何其他时间，17世纪的国王餐桌在建立"标准的"政治新秩序的时候，更加具备统治、整合和排斥的功用。国王的餐桌没有像内廷秘史那样受到后人关注，但这也是一个权威的场所，是王国的体现，在这个王国里，自然的统治得到充分展示。到了路易十四的统治时期，这种政治生活戏剧化的进程达到了成熟期；这个时期，权力与平民有了距离，无论是国王在入城仪式的最后、国王逐渐脱离战场，还是完全路易十四风格的对空间和时间的把握上，我们都看到了这一点。

这种"专制主义"改变了餐桌，使宴会成为囊括法国精妙厨艺的饮食历史的缩影。法国君主的餐桌是一切传统和一切革新的熔炉，这使得法国大餐彻底压倒了意大利美食的风头。餐桌因此演变成为一个法式花园，在这个花园里，我们见到了真正的关于秩序与和谐的解释。路易十四在荒僻之地建设凡尔赛宫的时候，按照自己的心意精心设计每一个方寸，这种雄心壮志在餐桌上也有体现，那就是追求饭菜摆放的对称和排列有序，要有利于控制人的"自然"倾向。宾客的座位、贵宾座席、座席的舒适度、公众占用的空间大小，都显示了复杂的等级划分，其目的当然是象征性地强化国王的个人权力。

法式厨房的诞生

和意大利主义决裂

从"烹饪"的严格意义上说，文艺复兴时期并不是一个根本的断裂。但是，印刷的发明和普及以及"新大陆"的发现，都给人的口味和烹饪方式带来了变化。饮食的现代化进程也随即在蓬勃的文艺复兴运动中发生了。

16世纪，意大利对法国烹饪方式的影响是显而易见的，橙子、西瓜、樱桃、洋蓟，甚至杏儿和草莓，都是从意大利"进口"来的。但是也不能夸大意大利的作用。事实上，很多产品都来自美洲，比如番茄、玉米、杏……昂热地方的一些"意大利"甜食，比如牛轧糖和水果软糖，都被证明其实是当地的土特产。另外，从意大利文翻译过来的大多数出版物中，可以清晰地看到关于中世纪烹饪的记载。我们大量参考的是邦威赞的烹饪手册，比如写成于13世纪的《不可不知的50条用餐礼仪》；在其他书里，可以看到中世纪后期和文艺复兴初期烹饪方式的一些革新，比如巴蒂斯特·卡瓦格里约利（Baptiste Cavagioli）的《果酱制作大全》(*La manière de faire toutes sortes de confitures*)，再比如诺斯特拉达穆斯[1]1555年的《给想学习精致菜品的人们的最佳实用手册》(*L'Excellent et moult utile opuscule à tous qui désirent avoir connaissance de plusieurs exquises receptes*)。一直到16世纪初，之前的厨艺著述和人文主义者巴托洛梅奥·沙驰（Bartolomeo Sacchi）的著作，都曾经在法国翻译再版。巴托洛梅奥·沙驰，绰号"普拉提纳"（Platina），曾经是教皇图书馆的负责人，特别值得一提的是《普拉提纳用法语讲述：如何面对真诚的享乐，并处理肉类等其他食物的实用必备建议》(*Le Platine en françoys tres utile et necessaire pour le corps humain qui traicte de honneste volupte et de toutes viandes et choses que l'homme mange*)。这本书1505年在巴黎刊印，是1460年前后写成、1474年发行的拉丁文版的法文翻译版。书发行以后，在意大利宫廷的文化圈子，后来在整个欧洲宫廷的文化圈子，都受到了热烈追捧，因为作者写作的口吻十分轻松自由，鼓励人们随他享受饕餮的欢乐。

---

[1] 诺斯特拉达穆斯（Nostradamus, 1503~1566），法国医学家、星占学家、预言家。

但是,"法兰西厨艺"也在民族传统里获得了滋养,不断完善。1542年里昂出版的《厨艺宝典》(Le Livre fort excellent de cuisine)就有很大的知名度,这本书三十年后改了个书名,叫《厨艺中的大厨》(Le Grand cuisinier de toute cuisine),重新刊印,这本书里收集的都是14世纪后出现的新菜肴。绰号"大伊风"的纪尧姆·蒂列尔,相继担任查理六世的首席御厨和皇家随军炊事营主管,他给我们留下了《肉食餐谱》(Le Viandier)这部杰作。该书于13世纪末14世纪初首次印刷,是在法国印刷的最早一部关于厨艺的书,后来在1486~1615年之间印刷了二十五次。

1530年到1550年间出现了一些新菜谱,记述了一些以前不曾记载过的烹调方法,不过仍然有着中世纪厨艺的特点,比如《烹饪大全之精彩》(La fleur de toute cuisine),这本书1540年出版,作者皮埃尔·皮杜(Pierre Pidoux),专门讲肉和鱼的烹制方法。这个时期的食物,始终以香料的香味为主导,重糖盐,重色。到了17世纪,厨房里特别注意"修正"这些烹饪手法。瓦罗亚王朝(Valois,1328~1589)后期,有关厨艺的出版物不多,但是这并不意味着没有创新。亨利四世特别喜欢吃麝香葡萄搭配小香瓜酿的酒,他亲自动手种小香瓜,他也钟爱烤牡蛎和鸭肝糜,这些菜式都是在这个时间第一次出现,这说明,这个时间厨艺创作并不荒凉。关于厨艺的书籍少,是因为这个时期这一类书籍技术性太强,枯燥无味,书里的文字通篇都"规范化",掩盖了烹调技术上的革新。再有,中世纪的传统仍大量存在,比如宴会上释放活禽,耗用大量时间把烹制完的野物和禽类恢复成原型,大量的甜食,大量的腌货,食物过于丰盛,甚至造成浪费。一直到了17世纪初期,国王们举办的宴会上才有了一些健康实诚的菜,比如亨利四世非常喜欢腌肉卷心菜浓汤(一种卷心菜浓汤,配鹅腿、培根和燕麦面包)、蒜蓉煎蛋、童子鸡、鹭、鸭、油封鹅和炖母鸡。

除了从这些法兰西文学中可以感受得到意大利的影响，意大利烹饪的一些细腻手法也被广泛接受，有些甚至被沿用到了今天。1539年12月为查理五世（Charles Quint）举行宴会，这位哈布斯堡[1]（Habsbourg）统治者见到瓦罗亚宫廷宴会的华丽，惊叹不已。根据各个地区的情况不同，或者早一些时候，或者晚一些时候，盘子渐渐地成了主要的餐具，之前餐桌上使用的砧板渐渐地看不到了，汤盆则彻底没了踪影。13世纪末开始的对"良好规矩"的追求，根据诺贝尔·埃利亚斯（Norbert Elias）的观点，是"文明"的进程的一方面体现中世纪作为历史的转折，借助印刷术的蓬勃发展，大力推动了这一进程。伊拉斯谟（Érasme，1469～1536）想到了在进餐仪态上实行改革，他在1513年撰写的《幼年的文明》（les Civilités puériles）一书中说："手上沾了油，用嘴吮，或者在自己的衣裳上抹，（同样）是不合适的，比较好的方法是在桌布上或者餐巾上擦"，"不要往桌子底下扔骨头和其他什么废弃物，那样会弄脏地板"。他的这些话，让我们看到了餐桌上良好表现的形成都经历了什么样的过程。妇女参加宴会逐渐在上流社会成为惯例，但是，"政治宴会"仍然只能有男人参加，一直到路易十四时期，国王一天中第一次用餐，即所谓的"皇家大宴"，仍然一定完全是男人的聚会。

在所有来自意大利的饮食传统中，叉子的使用可能是最有象征意义但也是最有争议的事情。1372年由让娜·德埃夫勒（Jeanne d'Évreux）最早引入了叉子，1480年在佛罗伦萨得以普遍应用，并在卡特琳·德·美第奇的引领下成为公众时尚，这一时间也正是餐

---

[1] 欧洲最古老的王室家族，其成员从1273～1918年当过神圣罗马帝国、西班牙、奥地利和奥匈帝国的皇帝或国王。

具逐渐个人化的时候。这个时候的叉子是直的，只能插取，这样的叉子在韦罗内塞（Véronèse，1528～1588）的油画《伽拿的婚宴》（Les Noces de Cana）里面有表现。16世纪中期的法兰西，叉子被卷入"政治"阴谋的核心，被道学家们用以抨击亨利三世的"邪僻行为"；他们散发檄书《安菲特律翁[1]家人的岛屿与亨利三世》（L'île des Amphitryon contre Henri III），里面有这样的话：上帝给了我们双手用来进食，而亨利三世的宫廷上下，竟然如此娘娘腔，丑陋地用叉子吃饭。

    法兰西国王利用餐桌达到政治目的的时候，意大利的影响也起着决定性的作用。16世纪后半叶，在法国城市巴约讷（Bayonne）举办的一次招待会上，卡特琳·德·美第奇刻意地给了西班牙人一个震撼，让他们意识到法兰西国王和西部的公侯们不可同日而语。按着同样的思路，在1564～1566年法兰西大巡游的时候，她带上了自己的大厨纪尧姆·韦尔热（Guillaume Verger），邀请吉斯家族[2]和波旁家族[3]品尝"珍稀而精美"的菜肴。如此，卡特琳·德·美第奇和儿子查理九世把国王的威仪和餐桌的豪华融成了一体。另外，这一次巡游使得意大利烹饪对于法兰西神话般的"感染"得到了确认，这一时间出现的贵族聚餐新形式"意风聚会"（la collazione）就是证明。从这个时候开始，重质多于重量，制作精美肉食的意义超过了丰盛的意义。1571年巴黎市民为查理九世和奥地利的伊丽莎白举办晚宴，席面上的糖衣果仁、来自"美妙东方"的异国水果和各色糕点，都令人惊喜，好像新世界和旧世界所有的好吃的都摆到了自己面前来了。插

---

[1] 安菲特律翁（Amphitryon），古希腊神话人物，底比斯王。
[2] 吉斯家族（les Guise），其最主要人物为François de Lorraine，1519～1563，法国军人，曾将英军逐出法国，称号为"吉斯大公二世"。
[3] 波旁家族（les Bourbons）于1589～1830年在法国建立了波旁王朝，厉行封建专制统治，其代表人物为路易十四。

食消失了，对于想要显示自己政权的人，需要另外的象征性的餐桌装饰。瓦罗亚王室在糖的表面做了六幅浅浮雕，歌颂雅典娜以其睿智维护着雅典的和平与繁荣，在宗教战争[1]（Guerre de Religion）战事最吃紧的时候，浮雕的意图昭然若揭。亨利四世延续了这样的做法，他将政治手腕深埋在面向公众的宴会之中，既有排场，又重礼数。

尽管如此，仍然很难说当时有什么纯法兰西的"餐桌规矩模式"，因为我们掌握的相关信息不外乎当时人记忆中提到的零星菜色名录。

法式大餐和"新厨艺"

17世纪中期，法兰西厨艺告别了中世纪和意大利的双重影响，只保留了建设专制主义所必需的骑士精神元素。随着法兰西威望和实力的加强，高端餐饮乘势而上，通过已经沉寂了达一个世纪之久的厨艺文学，推出了大量前所未见的菜色。路易十四有意和过去决裂，1660年以后凡尔赛宫的宴会布置格局明显地表明了他的这种意图，还有1666年辞退贝尔尼尼（Bernin），以及1651年著名的《弗朗索瓦·皮埃尔的法兰西菜肴》（*Cuisinier français de François Pierre*）出版；弗朗索瓦·皮埃尔又名"大泽地"（La Varenne），是于克塞尔（Uxelles）侯爵的厨师。四十年当中，类似的食谱出版了十二种，再版七十五次，到了这个世纪末，共计出版发行十万余册，其中有"大泽地"1650年出版的《果酱师弗朗索瓦》（*Le Confiturier françois*），和1655年出版的《弗朗索瓦的糕点》（*Le Pastissier françois*），有1662年出版的尼古拉·德博纳丰（Nicolas de Bonnefons）的著作《乡间美食》（*Les Délices de la campagne*），还有1665年皮埃尔·德吕内（Pierre de Lune）写的《厨师》（*Le Cuisinier*）；1674年，有个叫

---

[1] 指16世纪法国天主教和加尔文教派之间的战争。

"L. S. R"的人写了一本有创新意义的书，名为《做好饭菜的艺术》(*L'Art de bien traiter*)，批评"大泽地"的陈腐落伍；1691年，弗朗索瓦·马萨里奥（François Massaliot）出版了《王室和市民的厨师》(*Le Cuisinier royal et bourgeois*)。大量的出版物表现出的断裂，和同时期雕塑、建筑方面的巨大变化有呼应之势。另外，耐人寻味的是，这些著述都被翻译成了意大利文。

凡尔赛宫成为烹饪知识和烹饪"权力"的中心。精英们可以享受"高级"品味，一般的法国人也一样，"高级"品味的传播成为王国控制民众的工具。任何一种体系想要被接受，其载体形式都要做到容易输出和便于广泛传播，1660年起，《法国厨师》(*Le Cuisinier français*)通过鲁特瓦的蓝皮文库被多次刊印，版本平民化，价格低廉。1666年，布瓦洛（Boileau）在《怪异的饭菜》(*Repas ridicule*)一书中，尖刻地批评旧有的烹饪方式，热烈地鼓吹"新厨艺"，反对烹制时间过长和重油重味，反对菜肴前期准备的繁杂，反对滥用香料，在诸多"反对"之后，主张的是恢复食品的本来味道。

于是，凡尔赛宫成了一个名副其实的实验室，生产最漂亮、最罕见的水果和蔬菜。1683年到1686年，朱勒·阿杜安－芒萨尔（Jules Hardouin-Mansart）在凡尔赛城堡的坡根处开辟了一个橘园，种植了两千多株东方柑橘树和一千多株石榴与橄榄。1678年建成的凡尔赛菜园，成了一个让世人羡慕的巨大的果蔬种植试验中心。1661年，曾经为富凯效力的农学家让·德拉坎蒂尼（Jean de La Quintinie）受路易十四之聘，把凡尔赛菜园变成了世界上已知的所有果蔬的试验场所：杏、樱桃、梨、意大利山楂、桃、苹果……农学家选用了新品种和进行了一些独创的试验之后，有能力在春天为国王供应草莓，几乎全年都可以提供芦笋和新鲜青豆，甚至还可以送来几筐无花果。梅莱（Merlet）和让·德拉坎蒂尼针对水果进行的科学实验增加了产量，并且使之更加可口。菜园子的变化使得上流社会的厨艺走向社会的最基层，与此同时，有些原本被看成"农家菜"的地方产品，比如萝卜，渐渐地升级到了社会上层。还有一些食品，例如奶油和黄油（伊兹涅[Isigny]和古尔奈[Gournay]两地生产），还有布里干酪（la Brie）等奶酪和蔻斯（Caux）地区的肥小母鸡，声望日隆，出现在精英们的餐桌上。总体上说，盛产牛和牛奶的法国北方，即卡佩王朝所在地区的饮食方式压倒了南方。

在 1648 年的巴黎科学大会和 1670 年举行的罗马科学大会上，法国要将意大利取而代之，成为欧洲的烹饪霸主。凡尔赛的厨艺证明了法国这种抱负的实现，法兰西王国成为古希腊罗马正统文化的继承人。在这个意义上，伟大世纪[1]（Grand Siècle）并没有创立自己的风格，而是在历史中汲取营养，把过去的厨艺风格时代化了。法国厨艺模式主张平衡、完美，这些特性从此成为"民族性"的标志，在所有的艺术和技术领域里都有深刻体现。"异国厨艺"受到了强烈排斥：意大利和德国的菜式因为使用香料过多而被双双否定，西班牙菜亦遭非难。西班牙是"油炸海鲜和红花香料"之国，其菜式在当时的文学中受到激烈抨击，而且三十年战争[2]开始后，法国宫廷内部涌动着一股反西班牙的潮流，1659 年路易十四和西班牙公主玛丽-泰雷兹（l'Infante, Marie-Thérèse）的联姻也没能驱散这种气氛。餐桌成为民族的骄傲，此前盘子之类的餐具，都是从意大利进口，此时法国开始自主生产，鼓励发展餐具制造，带动了整个手工业经济的发展。1673 年开始，鲁昂、奥尔良和圣克鲁（Saint-Cloud）生产的图案、造型俱佳的瓷器名声远播，当时这几个地方的瓷器和后来 18 世纪万塞讷

---

1 指 17 世纪。
2 1618～1648 年。

(Vincennes)、尚蒂伊（Chantilly）、塞夫勒（Sèvres）的瓷器名声不分伯仲。瓷器时尚兴起的另一个原因，是战争用费大，不得不熔化很多金银器。

"厨艺革命"开始了，其首要目标，是反对品味的粗鲁。大型野味要用肉桂等香料去腥，减少使用洋葱，当时的人觉得洋葱和品质高尚的餐桌不搭。这一时期的特色之一就是形成了烹制火候与各种酱汁的无数种搭配。马塞里奥（Massaliot）在《王室和市民的厨师》中记载了23种汤汁的制作方法，强化了汤汁在烹调中的功用。微酸的菜品少了，酸度要严格控制（菜谱中很少提及白葡萄酒、柑橘、酸葡萄汁等）。以前的汤汁比较清淡，这一时间的汤汁加了黄油，变得浓厚。"大伊风"的著述中还没有任何加黄油的菜谱，然而在1674年出版的《烹调艺术》（*L'Art de Bien Traiter*）里面，55%的菜式和80%的汤汁都含有黄油。中世纪盛行的绿色汤汁的成分有面包、香芹、姜、酸葡萄汁和醋，到了17世纪，绿色汤汁被备受追捧的白色汤汁（加了黄油的汤汁会变白，称为"白汁"）所取代。此后三百年，黄油成为法兰西高端厨艺的标识。

烹调里加黄油不单单是一个口味的问题，也是"新厨艺"运动的重要一环，反映了回归自然的愿望，因为几个世纪以来受"意大利的恶性侵染"，大家已经忘了食物的本来面目。从美洲引进的蔬菜是这一时期回归自然的原动力，使得17世纪食用脆口的芦笋成为时尚，这种神秘影响还将在18世纪重新颠覆法国人的饮食结构。回归自然的新趋势逐渐成为一种令人痴迷的狂热，好的菜品就是能够体现原料全貌、简单明快。厨师们放弃了"长时"烹制的方法，转而采用"短时"用火精制，以保持蔬菜的本来硬度。黄油在这样的烹制方法中，得到了越来越多的使用。醋渐渐取代了酸葡萄酒，重糖和重盐的结合衰落。东方香料一直是富裕和权力的象征，在中世纪的菜式里被大量地使用，这一时间突然被冷落和排斥，取而代之的是本土的香料，比如桂叶、百里香、小葱头和小香葱。外国的香料此时被说成是"食物的谎言"，说它们遮掩了食物的味道，导致了菜式和餐桌服务体系的混乱。黑松露作为豪华象征的地位明朗化，在高级厨艺中不可缺少。为了寻求食物的原味，厨师们烹制肉的时候，不使用肉的原汁，在上桌的时候才收浓肉汁，浇在肉上；还减少使用肉和粮食，增加新鲜蔬菜的用量，比如仙人掌、洋蓟、芦笋、小青豆……

有了这样一些新办法，餐桌成了法国王室仪式的重中之重，也成为最高权力的最佳表现形式。这种法国模式输出到了欧洲各地，法国以前是意大利的学生，现在成了欧洲的烹饪大师，法国的烹饪词汇侵入了各国的食谱，法国厨师和法国管家一时间成为欧洲大小餐厅的主力军。从此以后，法国成为烹饪时尚盛衰的风向标。唐·培里侬（Dom Pérignon）是欧维莱尔（Hautvillers）修道院的一个盲人本笃会修士，他发明的香槟酒成了所有君主盛宴中的必需品；其他饮料，譬如苏玳甜烧、波尔多葡萄酒和勃艮第葡萄酒，都出现在各种重要的宴会上，路易十四对勃艮第葡萄酒公开的偏爱，使得这种酒在凡尔赛宫廷有着压倒群雄之势。

不过，凡尔赛模式并没有传播到欧洲的所有宫廷，很多外国客人对法国烹饪模式总是不习惯。路易十四的表妹，帕拉蒂娜公主（Palatine）拒绝法国饭菜，她说："我这张日耳曼的嘴总是喜欢日耳曼饭菜，绝对不能接受一丁点儿法式的杂烩。"凡尔赛菜式的制作细腻和丰盛的食物并不矛盾：在拉图迪潘（La Tour du Pin）宫廷宴会上，在形形色色非常讲究的饭菜旁边，总有"中世纪式"的肉酱予取予求。总的来说，法式饭菜还是在17世纪的时候完成了一场真正的烹饪革命，成为欧洲君主餐桌的文化标准。

膳食的服务

路易十四时期,大型仪式越来越多,内廷不得不扩充"烹饪"服务人员。宫廷里,分设为内廷(由内廷侍从长统领)、膳食、畋猎、建筑和仪仗几个部门。侍从里设民事部[1],由侍从大总管领衔,这是统领王室家族的家事服务机构,侍从大总管由王国首要人物之一孔代[2]亲王担任。"日常娱乐"体现着国王的威仪,"日常"指的是宫廷侍从、理发师和制毯匠人的一些零碎供应,"娱乐"指的是在宫内第一侍从的指挥之下,安排宫廷文艺演出和节日。在侍从的各个部门当中,由侍从大总管领导的膳食局人员最多。这个膳食局发展很快,后来形成了七个处:酒具处掌管用于饮酒的有柄饮具,膳食处准备菜,面包管理处供应面包,兼管餐具和桌布,司酒处管酒,另有小厨房、果品处和储存柴火的仓库;财务归总监管理,总监左右设局监和内廷财务管事。这个模式被大多数法国王侯的宅邸仿效,设置相应缩小,但同样高效。

从路易十二时期开始,侍从大总管负责宫廷食物和餐具的采买,似乎成了宫廷的关键人物。他负责总务,保障厨房正常运行,下辖一个常任管事和十二个管事助手,还有分布在厨房和几个配套服务部门的五百名官员,这些人以单季度或者双季度为期轮值。内侍总管的属下还有面包总管、首席切肉侍臣、大司酒和三十六名侍从。侍从总管指挥餐桌设置和布菜,保证宴会服务的正常进行。1670年前后,柯尔贝尔[3]重组御厨房,把御厨房改设在王室膳食官员住房,此处又称为"王后、王太子和王太子妃的膳食总务局"。这个地方的地下一层

---

1 区别于军事部门。
2 孔代(Condé,1621~1686),法国将军,波旁王朝孔代家族第四亲王。
3 柯尔贝尔(Colbert,1619~1683),法国路易十四时期的财政大臣。

是地窖和大厨房，地上一层是办公室、库房和几个小厨房；建筑的南翼有三个办事处：面包处、酒窖和御膳房。

宫廷的全部开支，包括内臣俸禄以及凡尔赛宫的建设和维修，在1686年的时候，占不到国家预算的10%，当年的军费开支占国家预算的50%；如果我们把总计为857 600利弗[1]的宫廷侍从的薪俸都算上，宫廷膳食用度就达到了1 033 700利弗（当时博韦[Beauvais]一个纺织女工的年收入为150利弗，一个外木匠的年收入为200利弗）；同年，文艺演出和"日常娱乐"（仪式、节日和狩猎）的花费为1 326 000利弗。

宫廷的膳食服务是表现国王权力的主要工具，国王以其膳食的铺张靡费以及相应的服务，告诉大家他是多么有权势和多么富有；另外，国王再现了在宫廷里赐吃赐喝的大施主的形象。

餐桌是古典主义的政治宣言

时间的把握：调整

国王吃饭是一个人的孤独行为，他当着众人、面对着一群政要，独自用餐。从15世纪开始，国王用膳就是这样的形式，一个人吃，没有其他人陪伴，他故意这样给公众观看。这样的"表演"是卡佩王朝每日仪式最重要的一部分。

1574年，亨利三世想要整顿内廷生活秩序，设立了严格的仪式规矩，而后来的亨利四世很快绕开了这些规矩，全不顾时间的限制，想什么时间吃饭就什么时间吃。但是，君主日常生活中用餐的时间

---

[1] 利弗（livre），法国古币。

间隔却有着几乎和数学计算一样的精确，圣西蒙和帕拉蒂娜都在自己的记述中证明了这一点。一般情况下，就是说在不打仗的情况下，国王一天用膳两次，如果有事情拖延，另外加一次夜宵。到了17世纪，增加一次早餐，上午9时开饭，用餐者全部是男性，国王用香草茶和浓汤。在瓦罗亚王室时期，国王11时用午餐。路易十四则是13时用餐，这是一次非正式午餐，国王独自用餐，侍臣们一旁站着伺候，用餐地点在国王的房间或者在王后的房间里，有时候也在王太子妃的会客厅里。22时，国王的正式晚餐开始，地点在国王住处富丽堂皇的会客厅（按照时期不同，有时候在王后的会客厅），上菜等程式和非正式用餐一样。路易十四在朝臣面前要表现王室家族的团结，除了王后，王太子、勃艮第公爵、安茹（Anjou）和贝里（Berry）公爵，公爵的子女和第三代子女，还有帕拉蒂娜夫妇，一起陪同国王进餐。国王利用"公开"用餐，赐荣宠和赏罚。每周三次，"大寓所"（le Grand Appartement）成为宫廷娱乐的场所：在"丰收厅"设置酒水自助餐；在"金屋厅"也设置酒水，摆放小甜食；在"火星厅"跳舞；在"水星厅"和"太阳神厅"游戏和欣赏音乐。晚会从18时开始，一直延续到吃夜宵的时候。晚会上，君主不断地为宾客提供各种甜食，主要是各式果酱和冰激凌，另外提供烈酒和平日里少见的热饮品。这样的场合里，来宾中的政治派别的界线不是很清楚，但是现场仍然有政治活动；朝臣当中，想要贬低竞争对手、挖空心思取悦圣心以求得利益的，大有人在。

正式宴会准备妥当以后，监门官大声向卫士们喊："先生们，国王传膳！"而后敲打侍卫室的大门。门开启，侍臣按照严格的"用膳程式"送上菜品。菜品不能有嗞嗞的或者噼里啪啦的声响，品相不能乱，上菜的程式也不能乱：餐桌上的一切和身体一样，要"仪态端正"。国王的饭菜都是在城堡一层的御厨房准备，参与国王用膳的侍从的饭菜和其他人员的饭菜由外面的"大餐厅"准备，这些人员也在这里用餐。侍从们列队送菜之前，菜品要在厨房检验一次，然后送侍卫室再次验毒，国王使用的餐具也要这样两次验毒。这一时间的最大革新，是菜品不再一股脑儿地上了，而是分成三五次上菜。自此，宾客们终于可以吃上热乎的了！菜品要"盖上"，因为从厨房到餐厅有一段挺长的距离。艺术家们争相献艺，挖空心思，发明各式陶制餐具，以求达到保温的效果。之前用餐的时间是自由不受控的，并不确定，这时期上菜的时间准确，有了固定的模式，用餐时间得以控制。菜品上桌，在宾客面前停留二十几分钟，这样客人吃到嘴里的菜一直是热的。用餐时间的控制，导致时间缩短，省去了巴洛克时代遗存的大量繁文缛节。用餐程式固定以后，一顿饭最多不超过四十五分钟。我们无法确定这一彻底的变化的准确发生时间，从文学和图像的信息中，猜出逐渐减少上菜数量的现象发生在 17 世纪，这个伟大的世纪从根本上奠定了法国菜式的胜利。最后到了路易十四的时候，正式菜品不超过五道：浓汤、头盘、烤肉配沙拉、咸味或者甜味的中间菜、最后的水果。水果是一个类别词，就是指今天的尾食。一直到 18 世纪初，这几道菜远没有这样清晰的间隔：用浓汤的时候可能加上头盘，成为用料十足的一道菜，烤肉可能和中间菜混搭。虽然没有一成不变的固定模式，但是从根本上有了理性的习惯，这个习惯保持了将近两百年。在这种"新"的方式中，增加了人员的走动，在御膳房官员的指挥下，侍者们不断地进进出出，每上一道菜，侍者就要端菜进来，同时撤下宾客用过的食物。掌刀切肉的司膳必须熟悉各位用餐者的习惯，才好分配食物：有的人喜欢禽类的翅和腿，有的人喜欢乳猪的耳朵和皮，有的人喜欢野兔的脊，还有的人喜欢三文鱼头。为了让人的感官多有一些享受，过多的服务程式开始弱化。

这种服务程式的条理化，也反映在咸味菜品与甜味菜品之间更清晰的间隔上。这一时间，糖醋口味式微，糖醋味开始显得庸俗，虽然陈皮鸭、梅子野味和佩兹纳斯糖烙羊肉饼并不在被排斥之列。将口味分离的目的，并不在于恢复食品的自然原味，而在于食品的味道进行更精确的定义，这样做的结果就是把甜食放在了用餐的最后。这个演变过程相当缓慢，但是不可逆转。饭后甜食丰富了起来，撤下肉菜以后，餐桌上摆上了大盘小碟，盛满了各式甜食：鲜果酱、稀果酱、干果酱（果形不变）、浓果酱、花糖、糖衣果仁、牛轧糖、杏仁糖、杏仁膏、马卡龙、奶油冰激凌、水果冰激凌球、奶酪、英式起泡奶油和鲜果（桃、梨、草莓等）。

路易十四想要变成时间的主宰，他的"标准"做法是在宴会上设置反季节的新鲜食品。他举办的好多次宴会上，仆人们都按照春夏秋冬四季之神和畜牧神潘[1]（Pan）一样穿衣打扮，意思是说连自然和时间也是他的仆从。如果说约书亚[2]（Josué）能停止时间星辰的运行，太阳王也可以加速和减缓地上果物的生长。

控制空间：安排布局

绝对君主是时间和空间的主人；他的想法是，凡尔赛宫的每一条通道形同他驾驭自然的模式，正式宴会也要有同样严格的规范特征。凡尔赛宫所在地原本是坡坡坎坎的烂泥地，建设的时候设置了层叠相连的平台、坡道和阶梯，减缓地面的高低不平。餐桌按照同样的精神，成为真正法国式花园，代替着自然和生命的本能喷发。在这种环境中，权力的表现特点是对称、清晰和平衡。君主是社会和谐的保障，他从宇宙和睦原则之中汲取音乐灵感，他的餐桌是这一切的写

---

1 希腊神，人身羊足。
2 公元前13世纪末，以色列领袖摩西亲自指定的接班人。

照。路易十四不只是一个喜欢音乐的国王，他也很喜欢舞蹈。他喜欢为侍者编排其专属舞蹈，这种节奏与韵律成为秩序井然的有效工具。

另外，还有了一种颠覆性的变革：菜品送到餐桌上以后，不再是胡乱摆放，而是摆出错落有致的好看样子。17世纪，音乐被视作一种科学，路易十四的餐桌和17世纪的音乐一样，随处可见细腻的平衡用心。在巴洛克饭菜夸张的背后，隐藏着以对称为主导思想的餐桌设计。餐桌的格局渐渐明确，其中心成为权力的几何中心。统共五道菜，每一道菜的数量和席上的宾客数量对应，餐桌方形，七八个宾客等距离就座。菜品按照色彩和内容的完美协调同时摆放，并根据宾客的重要性和等级区别，菜品先摆成方形，之后摆成菱形，最后摆成"人"字形，尾食甜点摆成金字塔形。菜单是圆环形的，分隔成格，并包含服务说明；我们知道的最早的菜单可能是舒瓦西（Choisy，1644～1724）的菜单。从那个时候起，摆桌的时尚兴起了。摆桌一定要摆放有序，每一个物件都有固定的位置（虽然直到17世纪餐具还是"竖立"在支架上）。17世纪最后几年，和宫廷渐趋稳定一样，餐厅也逐渐固定下来。房间的作用专属化，导致了餐厅的出现，但是一直到了18世纪，餐厅才真正成为固定的专用房间。国王正式用餐的时候，在侍卫厅摆放两张桌子，一张小桌子叫自助餐台，一张稍大的桌子叫成品餐台。冷餐台子上摆放细颈水瓶和酒瓶、酒杯、盘子、盘子盖和餐巾，每上一道菜，这些物件都要整个换一套。

上菜的时候，遵循一定的等级，这种等级表面上看不到，但是所有宾客都心知肚明。路易十四的第一侍从尼古拉·德博纳丰1654年写成的《乡村美食》对此有过描述。桌上的菜很丰盛，但不是所有的人都能分得到。1699年9月24日，国王在马尔利（Marly）摆了两桌饭菜，其中一桌有十八盘"肉菜"。理论上说，每一位宾客想吃什么就可以吃什么，但是，由于每一位客人的座位固定在一个位置，那么他就不会取每一样菜时都一样方便舒适：因为比较精致和贵重的菜都是摆放在中间，最不讲究的菜摆放在餐桌的两端。另外，很多宾客感觉宴会的时间太长了，等仆人上菜的时间也太长了。不管怎么说，等级分明，"国王"坐在中间任意决断，两旁的人只能完全服从。

	4	2	1	3	5	
6						8
7						9

国王正式晚餐座位图
1—国王；2—王太子；3—王太子妃；4—勃艮第大公；5—贝利大公；
6—亲王；7—亲王夫人；8—夏尔特尔大公；9—夏尔特尔大公夫人

宾客座位都是按照这样的几何方位安排，这样，既在内臣面前显示着王室家庭的团结，同时又定位了宾客之间微妙的等级差异。有了卡特琳·德·美第奇的教训以后，路易十四在宫廷里的形象既是朝政之主，又必须是一家之主。国王有王太子夫妇陪伴，王太子夫妇有他们的两个儿子陪伴。国王左右是王太子夫妇，王太子夫妇左右是他们的两个儿子。亲王夫妇的位置在国王右手的远端，其儿子和儿媳与他们面对面。帕拉蒂娜公主的通信录留下了关于这些座次[1]的准确信息，让我们知道了宫廷里规矩何等森严。

控制行动：炫耀

随着国王出巡的频率逐渐减少，国王只在一个近亲、近臣的小圈子里"显身露面"。国王的合法性已经不容置疑，他可以省掉在公众面前亮相的麻烦。他现在要做的是安排一个场面，最理想的方式是安

---

[1] 1719年10月15日的一封信描写了1683年和1690年晚餐的"标准"组织方式。——原注

排一顿饭,做给宫廷看,做给外国国王们或外国使团的代表们看。

餐桌因此有了政治意义,吃饭的目的不再是吃饭,参加宴会的人从来不知饥饿为何物,吃饭是在显示国王的权势,国王赐宴不过是一种象征,主要是为了构建人们对于权力的想象空间。如何分配食物和如何让宴会成为一种媒介,属于另外的谋略,前面已经有过表述。餐桌的政治战略要求君主表现出胃口好,甚至要夸张一些,表现出一个"饕餮国王"的形象,至少也是一个嘴壮的国王。社会学研究和人类学研究都很关心国王的身体形态在定义政权时候的重要性,身体力量是君主的标志,反映君主的德行,国家元首和食物的联系就是他和臣民关系的写照:为了表现自己的魁伟雄壮与自己的权力相称,国王就要好好吃饭,要吃很多。路易十三上了年纪以后,身体羸弱,食之不多,他出席宴会都是因为政治上考虑,不得不去,但是他给后人留下的印象却是能吃能喝,没有给谁省着的时候。路易十四如何馋嘴一直是街谈巷议的话题,不过一般的史学家喜欢过高地估计文学和画像的相关信息,把他看成是"养尊处优的老饕国王",就像"胖子"路易六世和之后的查理四世,有人说在1594年3月17日这一天,他"一口气吃了六枚鸡蛋,四分之一只羊羔,后来又吃了一整只肉鸡,把骨头都嚼碎吃了"。帕拉蒂娜公主提到"太阳王"的时候,说他吃相如虎狼,她故作诧异,添油加醋地说:"我见过国王吃饭,经常是一顿饭喝四盘子不一样的汤,吃一整只野鸡,一只山鹑,一大盘子生菜,一盘子原汁加蒜的羊肉块儿,两大块火腿,一满盘子甜点,外带水果和果酱。"今天看来,实在应该把政治宣传和国王的真实饮食状况分开来看了。在当时,国王的吃喝和他的统治是一体的,国王的"胃口"有好多特点:吃得多,吃肉多,吃土里长出来的东西多,这是不是说明了些什么呢?很多人很快看出了名堂,有人对国王的健康状况做了细心的研究,发现国王实际不是这样的吃法。国王每天到了很晚才开始喝烈酒,他的食量大,那主要是因为他有糖尿病,并且有绦虫。另外,吃饭简朴可能会被人看成是软弱的信号,国王只能每天摆出大吃大喝的样子,才能够驱除国家穷困的幽灵。国王的权力是无限的,这和他吃多少都没够的意思是一样的。摆上餐桌的饭菜也不是预备要全部吃完,剩下饭菜也是君主能够赐予"食邑"能力大小的体现。

在17世纪末的权力表现中,国王建立了一种新的仪式,其中餐桌是仪式的延长音。三百宫廷侍从操办一场宴会,以豪华的场面把国王的作用神圣化。从厨师到仆从,烹饪的"侍童们"把国王的形象放在"餐桌的祭坛"上崇拜。一切都是为了增加王权的荣耀:宫廷侍从极尽献媚之能事,在国王周围摆放蜗形香薰,安排拉朗德交响乐团的小提琴师奏响天使一般的妙音[1],公众对君主表现的热爱已经将权力的餐桌转变成为和宗教仪式一样的圣坛。国王面前的纯金"宝船"是桌面上非常重要的摆设,是国王崇拜的最高象征。至少从路易十五起,"宝船"装着君主专用的餐具:勺子、餐巾、盐罐、试毒角(犀牛角或者独角鲸的角)。另外一个"宝船"装有湿餐巾,代替中世纪时的水壶和水杯,餐具固定在一个托盘上,装在一个贵金属制成的小匣子里,外面加锁。和国王的床一样,"宝船"是一种礼器,周围的人很愿意将它比同圣体龛,同时也是王权象征,一种对王权的尊重,旁边永远有三个全副武装的卫士守护。哪怕国王不在场的情况下,见到"宝船",男人们也要脱帽,女人们也要行礼。到了路易十四的时候,"宝船"已经熔做火枪,但是,今天在凡尔赛宫的"丰收厅"仍然可以见到它的存在。和上帝一样,国王可以对信众赏赐、施与和宽恕。他同样可以惩罚不忠者,将他们排斥在餐桌以外,不让他们有目睹天颜的荣光。离开了国王的餐桌,就是被剥夺了见到奇幻般的国王

---

[1] 这些交响乐是专为国王的晚餐创作的。——原注

的眼福，就是被流放，简直就是被扔到地狱里去了，永远等待着被宽恕和召回。黎塞留公爵说过这样的话："让我两个月不见国王，毋宁去死。"

固定的摆设有条理地放在餐桌上，比以前更多了。中世纪遗留下来的宴会演出的重心转移到了君主身上，所有人的目光从此都要朝向国王。大型堆塑（原料为糖、杏仁，有时候用冰）成为必备之物。在烹饪的"法式花园"里，物品的美和物品的体积一样要紧。椅子漆成桌子一样的颜色，桌子上还摆有固定不动的"静盘"，只有装饰价值。17世纪末开始，桌子中间经常增加一些物件，比如什锦食盒，里头有高低错落的几个盘子和容器，盛放着生果酱、糖衣果仁和各色糖果，盒子上面有称为"桌沿灯"的烛台。什锦盒是18世纪高级宴会上的主要器物，并且从此成为照明的器具。1578年，亨利三世建立了"圣灵骑士团"，当年为这个骑士团举办的大型宴会清晰地反映了君主追求的效果。宴会上，布满了熠熠闪光的盘子（银质，有椭圆形缘饰，形制模仿鲁昂彩陶）、火盆、大碗大盘的菜，还有果盘，旁边是用杏仁泥做出的各种小建筑造型。用水果堆成的金字塔巨大，移入大厅的时候甚至碰到了门框。赛维尼夫人[1]惊叹："看样子要抬高门框了，要不然水果金字塔进不来。我们的父辈没有想到现在有这些个玩意儿，他们根本想象不到吃的东西能比门框子还要高。水果金字塔要进来了（这些金字塔太大，餐桌两边的宾客搭话，得写纸条子传递）。搭建金字塔用了20个瓷器，这些瓷器在进门的时候全部翻转过来，发出的声音让提琴手们停止了演奏。"宾客个人用的盘子非常考究，刀、叉、勺是金质的或者镀金和银质的。一个侍从把国王的专用盘子摆放在桌子上，然后摆上锁着的勺子和叉子（路易十四不用这些餐

---

[1] 赛维尼（Marie de Rabutin-Chantal Sévigné），侯爵夫人，法国女作家。

具,他进餐"老套",依然用手指头抓着吃),国王的餐刀用一块折叠的餐巾遮盖(今天的人还是这么说,"摆桌"的原意就是"摆遮盖")。其他宾客的"遮盖"摆放在盘子一侧。除了沿用中世纪末以来使用的餐具,餐桌上又出现了盐罐,有时候是金的,有时候是彩陶的,高脚,有的有盖儿,有的没有盖儿,做工非常精细。

餐桌的装饰华丽,细布铺陈,摆放烛台和花篮,有时候有用于降温的巨大的喷泉。酒杯不是预先摆放好,客人要了才有。大的容器和盘子或者有盖儿,或者没有盖儿,盛汤用钵,平底矮边的陶盆成双成对,一切都是为了实用,也是为了迎合法国的"新式"服务美学。为了表现权力的烹饪语言,餐巾折叠花样百出(计有二十七种花式),几百根蜡烛点燃的琉璃吊灯辉煌灿烂,映得餐桌和枝状烛台溢彩流光。照明用的火盆和花枝烛台衬托出 1689 年 12 月勒布朗[1]设计的银家具。墙上挂着提香、韦罗内塞、鲁本、拉斐尔、卡拉齐、凡·戴克等人的油画作品,也为宴会增色。大理石、拱形门框、墙裙、猎物标本、头盔、盾牌、叶簇、花环、镀金的青铜器、金丝和银丝织成的锦绣,所有这一切都在肯定国王的荣耀和"成就"。

国王的餐桌上就是这样渗透着路易十四古典主义风格统治下的标准格局,是通过几何形式来对权力进行抽象定义。国王的餐桌是君主统治的有效工具。

统治和目的达成

权力在扩张,凡尔赛宫也在扩张。每取得一次军事上的胜利,凡尔赛宫就要建造一座新的花园,或者修建一条新路。国王的权威

---

[1] 勒布朗(Le Brun,1619~1690),法国画家、设计师,法王路易十四的首席画师。

不仅在餐桌上，在建筑用的石头上也能反映出来，宴会厅的装饰也顺应一样的逻辑。王后原来的警卫室大厅改造为正餐厅的前厅，它表现了"战争国王"的威严：餐桌不仅仅是权力的象征，它是权力最牢固的一个支点。国王维护秩序，明确等级，统一贵族们的思想，制止僭越和离经叛道。利用餐桌，国王可以有意保持属下的对立和差别，刺激同僚竞争，控制社会群体的动态，这些社会群体并不像别人说的那样安分守己。

驯服贵族

亨利三世吸取了卡特琳·德·美第奇的教训，努力在宫廷的各个集团之间维持着脆弱的平衡，利用政治契约"满足"各个集团的利益，他特别注意约束这些人。君主和贵族之间要有距离，贵族之间也要保持距离，王族内部也不例外。1574年，在这样小心翼翼地行使权力的时候，亨利三世引起了宫廷内部的愤怒，因为他在餐桌上也设置了界线。他这样做，是要明确保证国王的尊严，不能有被公众视为过分亲热的表现。亨利三世的这个举动，是他要恢复胞族纪律整体部署的一部分，因为他认为内战破坏了胞族纪律。1585年1月1日，他印制了宫廷规章制度，发给了每一个宫廷成员。德图（De Thou）很不高兴，他说："国王带着自己喜欢的几个人，躲在一个油漆小船上，在索恩河（la Saône）上荡舟。陪他吃饭的只有木头栏杆，谁也不能靠近他。谁要是给他上提案，那得等他吃完了饭，他总是匆匆忙忙地接了就走。"

大家对君主的新习惯很不满意，他进餐的时候别人不能跟他说话，在他面前，大臣和仆从们只能戴着帽子，规规矩矩地站着。国王努力限制廷臣们的逢迎，限制他们出入自己的生活空间，但是在显示自己威严的同时，也让他们能够找得到自己。尽管亨利三世和贵族们拉开距离有些困难，但是他的统治时期还是标志着类似行会的王室关系的结束。至于"入城仪式"，因为受了1578年西班牙宫廷的影响有了新的程式，使得见国王一面更难了。这种缓慢的但是不可逆转的变化，使得君主可以不受原有的忠臣的束缚，转而面向来自中产贵族阶层的热情的臣属。这样一来，一小部分贵族会不会因为感觉受了羞辱，气不过，决定离开宫廷了呢？没准是的。这是不是一种构建绝对权力的明显信号呢？答案是绝对肯定的。

国王的财政大臣、年轻且富有的尼古拉·富凯被逮捕一事，常被说成是路易十四为了让贵族们服从自己而处治的一个替罪羊。富凯的失势其实是在沃子爵城堡（Vaux）举办的宴会上，犯了一个用饭菜拍国王马屁的错误。1661年夏初，马扎兰[1] 红衣大主教去世，枢密院内部角色重新分配，同时形成投石党之后政治格局的变化，富凯和柯尔贝尔的对抗公开化，富凯企图对路易十四施加影响。从1661年7月11日开始，富凯在国王不在的情况下，大摆排场，召见朝臣。他的另外一个更大的动作，是为取悦众人设计的一个小把戏。8月17日，富凯向沃子爵城堡发送了大量家具、桌布餐巾、挂毯和银餐具，准备宴会。宴会厅的环境田园化，让人耳目一新，摆设了塑像、喷泉，新栽了树，国王看了满心欢喜。内廷管事瓦泰尔[2]（Vatel）设置了八十张桌子，三十几个摆台，五百多个银盘，三十六个大盘子和整套的镀银餐具。莫里哀的大戏《讨厌鬼》[3]（*Les Fâcheux*）演完以后开席。托尔利（Torelli）指挥燃放大型焰火，旋射的焰火形成鸢尾花的形状。宾客们都以为晚会这么着就结束了，不想回到城堡里，在辉煌的穹顶照耀下，仆从们又呈上了以水果为主的晚点。富凯大臣的晚会获

---

1 马扎兰（Jules Mazarin，1602～1661），法国首相，枢机主教，原籍意大利。
2 他是管家，不是厨师！——原注
3 这个戏十五天创作完成，三天排演完毕，是一种全新的喜剧歌舞剧。

得了巨大成功。不料，这样盛大的宴会让路易十四觉得受到了侮辱，愤怒之下，他下令逮捕了富凯。富凯的宴会"过分"了，路易十四以此为借口惩罚下臣，以儆效尤。年轻的路易十四很快向外派出使者，向外界说明富凯被捕的情况，表明自己不想成为大贵族的玩偶，告诉大家他这样做，是明智之举，而不是专制。路易十四决心驯服贵族，餐桌是一种手段。富凯被抓了，但是富凯的宴会模式却被凡尔赛效仿。这以后，在盛大节日上大量举行的宴会开始了王权的壮观展示。1662年6月5～6日，路易十四借为王太子庆生（王太子实际出生于1661年的11月1日），在巴黎举办王室的骑马赛会，这种赛马会其实从1612年以后再没有办过。路易十四自己率领一个骑士方队，招摇而过，向全法兰西的贵族们展示权威。

国王正式晚餐的时候，要求所有廷臣在场，包括女人。平民仍有觐见国王的机会，但是从1660年国王不再出巡以后，这种可能性越来越小，这清楚地表明国王和下属之间的"身体"距离。宴会的公众色彩逐渐淡化，1662年杜伊勒利王宫花园举行的马会和1664年在凡尔赛宫举办的快乐岛节日马会，都仅仅是王室自娱自乐。这种君主的"距离感"也扩展到了需要并肩作战的战场上，亨利三世还可以称为"战斗国王"，路易十四则是几乎从来没有到过战场。这种距离感在凡尔赛宫的"大理石宫"里表现得最为露骨。人沿着古埃及风格的甬道，走近国王寝宫窗户的时候，路变得越来越窄。由于视觉的效果，从最外侧的象征王室领域的铁栅栏开始，空间在接近主场地的时候收紧，最后聚拢的一个点就是国王的寝室。国王餐桌的摆设和这样的层次感觉一样，按照王国的次序排列，先是公众（公众代表王国），再是宫廷、亲王，最后是国王。所有人面向国王围成半圆，欣赏国王的每日生活。

和周围的人保持距离，并不是17世纪君主们学到的唯一一本事。

统治的艺术同样是分化贵族，激起对立，维持一些看得见的和看不见的等级，即使在王室内部也要这样做。在下属还没有完全臣服的情况下，国王就要利用餐桌上的一些设计，削弱过于强盛的大贵族。亨利三世的时候，很注意限制吉斯家族在宫廷的势力，吉斯家族受到相当一部分贵族的支持。亨利三世的措施是设置了"典礼大总管"这样一个战略性的职位，任命以敌视神圣联盟[1]（la Ligue）出名的纪尧姆·波（Guillaume Pot）担当这个职务。波旁王朝时期，国王进餐时，廷臣们被安排在国王对面，也是基于这种考虑。国王和王后的位置在主桌主位，背朝壁炉，呈"U"字形。国王的席位在顶端，座位是一个高靠背椅子或一个软椅，扶手处有流苏；王后的座位也是一个高靠背椅子，要是圈椅的话，扶手上就没有流苏。在1687年年鉴里的一幅版画上，只有国王一个人脱帽，很容易辨认。王室成员围坐在国王两侧，公主们[2]面向国王，其他王子散坐在周围的凳子上。臣属们站着，有封号的女人有机会坐凳子，有凳子坐成了这一部分人热切的追求。公爵夫人可以有此殊荣，有时候她们甚至还可以享用折叠椅，这就更有面子了，但是还不到有靠背椅坐的光荣。公爵夫人有坐的特权，只有她们可以坐在第一排，面向王后，少数时间里她们在桌子两侧围成半圆。有这么个待遇是一件重要的事，路易十五曾经把沙托鲁（Châteauroux）公爵夫人的头衔授予了自己的一个情妇，以便赏赐的时候师出有名。按礼宾要求，贵宾席在靠近国王的地方。国王身后，依次有内侍长官、御林军队长、内廷总管、首席御医、首席外科医师和宫廷司祭。国王

1　16世纪的法国天主教联盟。
2　国王的女儿一出生就享有"夫人"的头衔（贵族的女儿一出生就有"小姐"的名分）。国王的弟弟称先生（Monsieur），其夫人称夫人（Madame）。国王的所有女儿都被称为"法兰西之女"，最年长的可得到"皇家夫人"（Madame Royale）的称号，直到嫁人为止。——原注

的一侧，有时候可以见到国王的弟弟[1]，不过他要受到国王的邀请才能入座。被邀请来的贵宾如果是教皇和欧洲其他国家的君主，要被请在"上手"，即国王的右手，这是贵宾席。国王的左手位置略低，称为"下手"。一般的来宾、看热闹的和过路的贵族挤在公爵夫人后头，或者待在大厅靠墙处。路易十四要强调和他密切的人与王室家族之间的不同，比如他不让直系王子和公主与他同桌进餐（除了一些大的场合，比如洗礼、加冕礼和国王入城仪式），借口是没那么多位置。国王借此强行设立了一个荣誉等级，故意让一部分人不高兴，同时激起另外一部分人的欲望。另外，他利用一切机会提醒大家，只有他一个人可以改变既定的规矩，比如允许波旁公爵夫人和孔蒂公爵夫人两个直系公主和他共进晚餐。邀请这一类人一起吃饭，多半是因为有些国王近臣撤回到了自己的私邸，腾出了几个空位子，要有人填补；虽然这样，这种待遇仍不失特殊意义，而且经常具有政治意义。上述两个公爵夫人是国王的私生女，邀请她们和国王同席，意在让王室承认她们。任何王室家族以外的成员，并不都是法定地可以和国王共进正餐。曼特农夫人（de Maintenon）不是公爵夫人，国王在用餐的时候，给她赐座，也是表明国王是唯一可以发出邀请的人，国王是主人。

亨利三世在其统治时期，早早地明白了为了管理内廷必须"驯服"贵族的意义。他允许在自己不在场的时候，大管事有给大侍从递送餐巾的"特权"，大管事也可以临时让血亲王子、红衣大主教和其他在场的王子充当。他同时允许他的九个膳食侍从中的两个，有为他呈送面包和红酒的"特权"。路易十四在这些十分细腻的礼数上面增加花样。在这些日常的展现权力的戏剧性场面中，贵族只有观看的份

---

[1] 加斯东·德·奥尔良是路易十三的弟弟，菲利普·德·奥尔良是路易十四的弟弟。——原注

儿，不管是诚心还是不诚心地，他们目瞪口呆地欣赏着国王狼吞虎咽。国王带着蔑视掌控贵族的表象之一，是路易十四为近臣中的每一个贵族成员都安排了明确的位子，拥有具体的职能。比如在国王非正式晚餐的时候，谁负责递送餐巾，谁就瞬间成了国王的"仆人"，不论是国王的弟弟还是其他贵族。

　　制约贵族的学问已经有了深刻变化，不能简单粗暴地排斥贵族，强硬的手段已经不是唯一，而是有了其他的方式，比如更重视契约关系，更重视相互间的利益，以及利用宫廷的吸引力。16世纪末，宫廷云谲波诡，变幻不定，大贵族们只是偶尔到场，他们更喜欢待在自己的地盘里不动，和自己的人在一起；但是，到了路易十四的时候，谁想要得到点儿什么，就得守在国王身边。1661年马扎兰死后，宰相制宣告结束，各种赏赐和酬劳的方式发生了深刻的变化，一同进餐开始有了决定性的意义。从亨利三世开始，对贵族的驯服也是通过是否和国王一起用餐、怎么和国王一起用餐来完成，饭后和国王见面谈话有了更多的分量。贵族挤在凡尔赛宫这么一个小天地里，和其他社会阶层（资产阶级、小贵族……）渐渐隔离，最后把自己封闭了起来。贵族要等着正式宴会的机会，才可能从君主那里获得一句褒奖、一个微笑、一个信号，或者是一个简单的眼神。吃饭是在进行统治，尤其是可以利用吃饭拔高自己的地位。

保住自己的地位

　　这段时期，餐桌比任何时候都是一个表示地位的符号，比任何时候都是个人的而不是集体的仕途爬升的有效手段。餐桌可以让任何人都变成有教养的人，让人明白自己的位置，安分守己，这就是我们常说的"新的餐桌礼仪导致的个人隐私的诞生"。新的餐桌礼仪改变了座次安排，16世纪中期以后，逐渐形成的分餐方式更加确定了座次的变化。

按照诺贝尔·埃利亚斯的说法，座次变化使宾客在宴席上的空间相对独立，但是，这种"文明化"远远没有改变宾客之间的关系，他们的野心一如既往。

"有教养的人"组成了宫廷核心，他们在 17 世纪发展出了一种特别的社交方式：人要通过自己的表现显示其社会地位，而职业活动、衣着打扮，以及其他任何什么样的标识[1]，都不能说明什么。这个人是不是能捞到一个凳子，是坐着还是站着，都能看出一个人在宫廷里的地位，宾客席位有着全部的等级意义。很多关于公开宴会的描述，除了说君主如何仁慈，也说到餐桌是一个等级社会。实行分餐制以后，"法国式的服务"把餐桌同时变成了私密的交往场所。宾客之间各自方便，和睦相处，以前的平等分配的宗旨依然存在，但是，宾客更多是要展现自己和周围人的不同。一起用餐已经不再是追求集体的团结，餐桌上开始出现激烈竞争，每个人要想好了如何进退。大家从此各自为政，个人主义风行。廷臣们在自己的座位上都是简单的观众，座位安排让他们朝向绝对君主，绝对君主是一切期待和一切目光的焦点。国王对宴席做巧妙安排，想要成为臣属们利益的唯一共同点，他要"分离"宾客，尽管宾客不会因此而被"孤立"。相反，每个人和旁边的宾客的关系有了新的社会政治内容，哪个人身边的宾客是国王安排的，就有了很多意义。怎么说话，尤其是在餐桌上怎么说话，勾勒出有教养的人、品位高尚的人的轮廓；该说的时候一定要说话，不该说的时候千万不要说话。

餐桌上必须要控制自己的行为和言语，对待食物也要如此。这时候的人都不再用手指接触食物了；1685 年的礼仪规定："如果您用自

---

1 此时，根据经济实力形成的社会等级已经不能全面代表荣誉的等级。——原注

己的勺子盛汤，放到嘴边喝了以后不擦净勺子，斯文的人就不愿意再喝这盆汤了"。和别人用过的食物拉开距离，与宾客之间形成距离的意思是一样的，都确立了餐桌行为的个体化。餐具的使用是这种变化的大力推动者，但是叉子造成了一些问题：叉子凸形，可以扎，这是它"自然"的用法，也可以盛，这显得有些违背自然。路易十四对叉子嗤之以鼻，拒绝让自己的儿女使用这么一种"女性化"的器具。不过路易十四的这些意见没能影响 17 世纪的风尚，这个时期要求人规范体形动作，挺直身板，荡涤人身上的动物性。这样一来，吃肉菜就不是平常的事情了，切肉的动作就是动物与食用者的区别，血淋淋的肉变成了美味菜肴。餐桌上的文明举止规范了饮食习惯，也消除了粗俗的行为表现。没有样子的大吃大喝要受到严厉批评，有教养的人一定是一个有品位的人，有品位的人在不断翻新的中世纪流传下来的礼仪典籍中汲取品位生活的规矩。

　　恪守本分也意味着维护荣誉。瓦泰尔谜一样的故事为餐桌荣誉与政治策略之间的关系提供了一个生动的例子。弗兰索瓦·瓦泰尔是孔代亲王的总管，他受主人之命，为将赴佛兰德的路易十四举办一个庆祝活动。孔代亲王的表兄波旁路易二世人称"大孔代"，这个人在投石党人闹事的时候曾经反叛，他希望能够重返朝廷，这一次吃喝搞得成功与否，决定了他的前途。富凯被逮捕以后，瓦泰尔没有到凡尔赛去，而是被孔代亲王任命为总管，负责在尚蒂伊（Chantilly）操办大型宴会。1671 年 4 月 23 日，"盛大宴会"在城堡的草坪上举行，进行了三天，来宾 2 000 人，国王、王室成员和贵宾们用了 25 张贵宾桌，每张桌子都装饰有高大的枝形烛台和用鲜花、水果堆成的金字塔，桌上摆有盘子和叉子，两位孔代亲王用的是银盘子。瓦泰尔在周四晚宴上碰到的第一个不顺的事，是国王的随从们就座的第二十五张桌子上竟然没有烤肉；之后，天上多云，焰火的效果完全没有显现出来。瓦泰尔禁不住长叹:"哎,我的脸面丢尽了。"他一夜没睡。周五早上,发现理应为他运来的大比目鱼、魟鱼、菱鲆、牡蛎和各种贝类的海鲜商没有赶到。早晨八时,瓦泰尔用象征自己责任的剑自杀。他的墓碑没有铭记,古维尔(Gourville)接替了他的职务。国王对孔代说,下次准备两个桌子和一顿简单的饭菜就够了;但是庆祝活动热火朝天地一直延续到了周六下午。过度紧张和疲惫,害怕撑不住场面,加上海鲜迟到,导致"这个完全可以完成职守的聪明人"[1]做出了极端的行为。不过也有人有过另外的解释,比如瓦泰尔可能是情场失意[2]或政治上的忧愤:瓦泰尔发现,这个宴会的目的,是孔代支持国王征伐荷兰的战争计划,而荷兰是瓦泰尔的故乡。

"绝对的"餐桌?

餐桌也是美化宣传国王活动的一部分。从查理九世到路易十四,王室动用了一切传播手段,报道国王入城仪式时的宴会。尤其在17世纪的史料里,有很多国王宴会的画面。通过挂毯和版画,1664年5月举行的"快乐岛"节日在欧洲的宫廷里变得很有名气。1671年尚蒂伊的节日在当时刊行的《公报》上广为报道。柯尔贝尔利用佩罗(Perrault)的版刻,另外出钱印刷拉丁文节日故事,向全欧洲宣传年轻君主的荣耀,这些节日故事涉及1668年国王的"大娱乐节"和1674年凡尔赛宫的"娱乐节"。阿尔努(Arnout)用版画记载了路易十四在1697年举办的"和平节",在法国巡回展览。德马雷兹(Desmaretz)1707年创作的一幅画作,描写公爵埃尔伯(Albe)为阿斯蒂里王子诞生在巴黎举行的庆祝活动。关于庆祝活动和宴会的叙述

---

1 见1661年4月24日塞维涅夫人的信。——原注
2 指和旺塔杜尔公爵夫人的恋情。——原注

详尽，甚至包括了菜单的细节。1687年在巴黎市政厅为路易十四举行晚宴，《公报》和《法兰西信使报》对这次活动都有宣传报道，莫热（Mauger）为此创制了一枚纪念章，尼古拉·德拉吉利埃（Nicolas de Largillière）以此为题创作了一幅画；第二年，出现了同样主题的一幅版画，表现节日里的国王，按斯塔尼斯·佩雷斯（Stanis Perez）的说法，国王像是"肉身显现在了《最后的晚餐》中那位神主的位上一样"。如果新创制的菜品里包含人的名字，那么这个菜的名声就大了，比如诺阿耶[1]煎蛋（里头有桃仁、牛肉和柠檬）就曾风靡全国。

食品分配作为一种政治表现形式被大做文章。16世纪，国王出巡的入城仪式上，城市精英大量奉献美酒，供大家畅饮。呈现大量吃喝又是一种比喻，国王在这种情况里，是一个有着超自然力量的君主，他走到哪儿，就能给大家带来好吃好喝。每逢王太子出生，必有一次壮观的狂欢：城市的公共广场要设置喷泉，要向老百姓发放面包。在这些场合，国王是善人和施主，他象征性地告诉大家，都别害怕，这个国家只要有我在，大家都饿不着。国王可以提供吃喝，他用行善的王权行为表示了一个意思，他希望有社会秩序和社会和谐。

反之，如果吃喝过程不再透明，就会引起对国王不利的流言蜚语，国王有可能要被说成是"放荡"。亨利三世曾经想和自己的廷臣拉开距离，由此引发了一些人的嫉妒，这些人的议论带有敌意，说国王"躲起来了"，这样一来，在公众眼里，国王的节日活动突然变成了放荡淫乱，遭到强烈谴责。1605年的《赫马佛洛狄忒斯诸神之岛》（Île des Hermaphrodites）追述了1577年5月15日在普莱西（Plessis）举行的异装舞会，舆论尤其抨击同年6月9日在舍农索（Chenonceaux）夜宴上的乖张行为，这次晚宴的服务人员是王宫里的年轻姑娘，她们都

---

1 Noailles，法兰西历史上的一大家族，其先世可以追溯到11世纪。

是"半裸，头发散乱，好像当天的新娘子"。更有甚者，亨利三世一身女人打扮，涂脂抹粉，烫发卷头，挂了一身首饰。巴黎的城市显要和新教徒对这些离经叛道的行为大加批评。诚不知亨利三世平时就是这么怪模怪样的一个人，扮个女人压根儿不是离奇的事。另外，在这场活动中，亨利三世要谋求安茹大公的支持，安茹大公是一派敌对势力的领袖，他对场面上的荒诞有偏好。

同样，关于路易十五小套间的夜宵有着最糟糕的传闻，历史学家很愿意把这个看成是王权非神圣化的开端。但是，至少是17世纪以后，这些情况变得更加复杂了。所有的国王的感觉都是一样的，公开宴席的仪式过于拘束，成天这么着在公众面前亮相的人，实在是愿意"退隐"到一个不那么正式的环境里踏踏实实地吃饭。亨利三世是一个最能编排礼仪的人，但是他很喜欢背叛自己订立的规矩，躲到自己在欧兰维尔（Ollainville）的住处，或者在巴黎的几个宅邸里举办私人晚会。皮埃尔·德雷图瓦勒（Pierre de L'Estoile）记述，"他知道那些地方有合适的人陪他，有他的嬖幸，有宫里的和城里的女士，他常去的地方有总管孔博（Combaud）的家，有沙托维兰（Châteauvillain）伯爵的家，有布朗库尔院长的家"。这些晚宴被认为太没有规矩，引起外界严厉的责难。但是，不管是亨利四世还是路易十三，都喜欢在这样亲密的气氛中吃饭，"勒贝亚恩"[1]亲自下厨操勺的时候也不少见。路易十四也喜欢躲到特里阿农宫[2]（Trianon）和少数几个人一起用餐，因为这里的气氛比在凡尔赛宫里轻松得多。当时的人认为，这些做法既不符合正式时间安排，也不合礼仪，虽然也有表面礼仪——比如国王过问礼宾安排，亲自选定邀请来玛丽城堡

1　勒贝亚恩（le Béarnais）是亨利四世的绰号。
2　凡尔赛公园内的王宫，分大特里阿农宫和小特里阿农宫，分别建于1687年和1762年。

(Marly)客人的"名单"。

路易十五的非正式晚宴其实没有什么特别之处,但是也受到了激烈责难,批评他的人说这些晚宴都是放荡的场所,特别是没有了国王与其臣属的距离,破坏了国王正式宴会要特意表现的家庭场面的传统。路易十五有个习惯,他在打完猎以后,经常留下几个朋友,在自己的房间或是办公室一起吃晚饭。在场的多半是贵妇,来的人都经过挑选,仆人也少,因此相当不引人注意。用的桌子或椭圆形或圆形,没有座次安排,说话比较自由方便。席间从来不讨论国家事务,都是一些轻松话题。另一方面,就餐的人少,厨师可以放手大胆创新。这种亲密和政权专制主义的定义水火不容,让很多朝臣感到难受,比如弗勒里(Fleury)和克鲁瓦(Croÿ)公爵就受不了。克鲁瓦公爵在回忆录中提到了晚上分享国王私密的这个"小集团"的常客,有拉瓦利埃(de la Vallière)公爵、苏比斯(de Soubise)亲王、肖夫兰(de Chauvelin)侯爵、利夫里(de Livry)侯爵夫人和米尔普瓦(de Mirepoix)元帅夫人。批评的人说,正式宴会没有"标准",一顿饭要吃两个多小时,很少有午夜两点钟以前睡觉的时候。瓷器的使用,尤其是1750年以后,使正式宴会的餐具焕然一新,菜式的变化更多的是迎合路易十五的胃口,而不是周全礼仪。尤其引人注意和引起最多议论的,是和国王在一个桌子上吃饭的宠臣,这些晚宴都有"伤风败俗"的坏名声,19世纪的文学更是推波助澜,这些坏名声在公众中几乎成了定论。国王不愿意老是"全身"地让公众盯着自己的私生活,他更愿意"退后一步",和他喜欢的少数人在一起。其他廷臣,或者因为嫉妒,或者因为疲惫,也愿意撤离凡尔赛宫回归自己的私人住处,宫廷开始失去以往的热闹。

但是,贝尔纳·乌尔(Bernard Hours)的看法不同,他认为和国王亲密仅仅是表面现象,礼宾仪式的弱化也是表面现象。国王好像是对表面的礼仪要求不那么严了，比较平易近人了，其实他仍然是整个场面的主宰，他和廷臣们之间仍然有着象征性的距离。国王从来没有受制于他邀请来的客人：他想邀请谁就邀请谁，这次邀请的是一拨人，下次邀请另外一拨人，还有，让你坐哪儿你就得坐哪儿，有时候，挨着你坐的是让你感觉特别难受的人。国王是"时代的主人"，他沿袭了座次安排的通常做法：国王到场之前，宾客们都要在客厅耐心等候，一直到礼宾官叫到自己的名字才能入场。国王有时候扮成大厨，表示平易近人，其实不过是做戏，这种做戏产生的效果都经过精心的设计。借着打猎之后形成的融洽，路易十五和来宾们假装亲热，这是一种迷惑人的不真实的骑士的豪爽，但是他再现了"贵族王政"，满足了一下贵族们和国王一起当主子的梦想。路易十五有意让廷臣们为争宠争风斗气，其中有些人甚至会感到受了伤害。国王用这种微妙的退隐，不但没有减弱自己的威严，反而通过实际的或者象征性的距离，加强了自己的威严，他像点菜一样选定和谁一起用餐，以此设定和廷臣的距离。这样的做法没有削弱王权，不过是顺应了当时宫廷的气氛而已，这时候的宫廷变得沉闷多了。路易十五模式和路易十四模式的区别不见得有多大，国王不过是在自己的权威不受影响的情况下，把礼宾的内容转移在别处，和公众视线进一步拉开距离，继续控制全局。这种权力的隐退完全可以通过这时期小内阁内部套间和门房的添置，看出端倪。

路易十四在任何情况下都是食物的施主，但是，到了世纪转折的时候，他的这种供养人的特点有些黯淡了。作为表现王权慷慨的"食物"的力量实际上遮掩了一件事："伟大的路易"的身体正在迅速退化，正在变成一个"伟大的病人"。国王的病痛和几个王室成员的亡故肯定是餐桌上袭来的冷风，国王的晚餐渐渐地退化成了简单的仪式。帕拉蒂娜公主在1707年写道："一年到头，我都是一个人吃晚饭，无聊，吃得很快，不愿意在饭桌上耽搁。一个人吃，周围二十几个人眼巴巴地看着你咀嚼，数着你吃了几口，实在是烦透了。因此我的晚餐就是扒拉几口，用不了半个小时完事。我和国王一起用晚饭，桌上一共五六个人，各人自顾吞咽，不说一句话，最多不过是跟邻座低声说一句什么，好像是在修道院里。"不少人见过这一时间国王晚餐的冷清。1690 年以后，国王连续失去了几位亲近的人，但是这并不是全部原因。[1] 餐桌上僵死的礼宾规矩越来越多，渐渐造成了国王身体和国王代表的政治形象与众人的距离，导致了国王形象的非人性化和不好亲近。国王的形象逐渐僵化成了一个等级的姿态，没有任何感情，几乎完全无动于衷，好像就是想要体现绝对主义，亚森特·里戈（Hyacinthe Rigaud）作的国王画像很好地说明了这点。梅嫩（Menin）要塞失守以后，市面上出现了很多小册子，说大部分城市不是被攻占的，而是花钱买下来的，说是打了胜仗，其实根本不是那么一回事。1696 年，桑德拉斯的加蒂安·德库迪兹（Gatien de Coutilz de Sandras）匿名出了一本广受欢迎的著作《失落的阿尔坎达》（*Le Grand Alcandre*）。在书中他"披露"，路易十四阳刚不足，不是什么好情人。另外的一些著述则说路易十四的情妇不计其数，他根本不能一一照顾到，有时候，他乾坤倒转，干脆变成人家的"玩具"了。国王沉湎于女色，不能自拔，而这些女人控制国王的欲望和她们的野心一样大。

  坊间流传的小册子一会儿说路易十四性无能，一会儿说他性欲无度。这在有关食品的文学里也有呼应：路易十四一会儿没胃口，一会儿食欲旺盛。这样说的目的，是说国王的身体异常，他已经无法控

---

[1] 王室这一时间里有几个人去世：1683 年王后薨，1690 年太子妃女殁，太子的三个孩子年弱，尚不能和国王一起用膳。——原注

制自己。健康问题渐渐导致国王食欲下降，周围的人忧心忡忡，也生出了各种闲言碎语，国王被迫要在正式晚餐上露面，遮掩其身体的困倦。英国人预言路易十四来日不多，为了堵住英国人的嘴，圣西门说他看到的路易十四"努力能吃多少就吃多少，让人看到他胃口甚健"。但是，老国王已经无法严格按照仪式行事了，他老了，不再有往日的光辉。1715年6月，晚餐彻底成为"纯仪式"，到9月，国王连喝酒的气力都没了。廷臣们一方面担心国王老迈，眼看着国王脸上少了光泽，盘子里多了剩菜，另一方面也担心自己从此没了这样的饭菜和吃饭时的娱乐。国王衰老的事实已经不是政治手段所能遮掩得了的了，国家要继续运行，要继续为国王摆设宴席，但是国王已经吃不动喝不动了。路易十四时期所设计的餐桌的政治意义已经结束了。

小　结

　　法国有了美食国家的名声，这个名声不是偷来的抢来的，完全是现代君主们的意愿。15世纪和16世纪的交替时间，意大利战事造成了断裂以后，尤其是亨利三世以后，餐桌成了文化的最佳表现方式，也是政治生活的最佳体现。被伏尔泰称为"具神性的人"的厨师[1]走出幕后，成了各种仪式的主人，成了名人。路易十四以后，政权恢复了传统语言。宴会的设计要通过餐桌的平衡和对称，体现政权的地点、时间和行动的统一。

　　宴会形式标志着最高权力，这种标志不仅仅是象征性的。17世纪末发生的动乱打乱了社会分层，餐桌重新确定了社会等级划分，同

---

[1] 吕利（Jean-Baptiste de Lully，1632～1687，音乐家，被认为是法国风格的巴洛克音乐领袖，一直为路易十四效力）曾经在大郡主（la Grande Mademoiselle，蒙庞西埃公爵夫人，路易十三加斯东·德奥尔良之女）的厨房里当过学徒。——原注

时表现了最高权力的荣耀。控制餐桌的人因餐桌而具有了强大的威力，有这样的威力才能够治理好国家。普罗斯伯·蒙泰涅（Prosper Montagné）说了这样的话："如果一个君主上了年岁，仍然可以维持体面的生活，有精力应对所有的朝政，而且不冷落宫闱之事，就是因为他的胃口好，需要的时候，一个好胃总能够给他补充力量。"

第四章

在秩序与混乱之间
18 世纪和 19 世纪

前　言

路易十五时期（1715～1776），路易十四遗留下来的复杂仪式有了一些变化，吃饭的人有了更多亲密的时间，比如精美的夜宵，举办正式晚餐的时候越来越少了，到了路易十六时期，只有节日和周日才有正式晚餐。用餐到了最后，王室成员尤其放松和随便一些，亲密化改变了"绝对的餐桌"，王权也开始走下神坛。18 世纪末，漫画和各种针砭时弊的小册子多了，王室人物也不能幸免，路易十六有时候被说成是"饿鬼王"，有时候被称作"肥猪王"。餐桌已经不仅是在表现权力，也成了攻击人物的话题。凡尔赛和外省贵族在寻找确认自己地位的新途径，这一回，他们在军队和胞族里找不到自己要的东西了，他们要在消费活动中找到。1789年8月，在贵族特权将要被废除前夜，贵族精英们感到了资产阶级的嚣张和威胁，尤其感到了从未有过的身份危机，而餐桌可以甄别身份，是对他们的地位的肯定。

法国大革命虽然吹散了王朝所有的做法和象征，但是大革命没有破坏用餐的传统，而是转为己用。旧制度[1]的传统节日把社会分成三六九等，革命者的聚餐却是要建立同属于一个国家的共同感情。在全法国那些动荡的年月里，公众聚餐成为独立的、有政治意义的形制。公众聚餐是重大革命节日中不可或缺的部分，因此被看成是团结与和谐的象征。1879年，朱勒·米舍莱（Jules Michelet）出版《宴会》一书，把公共宴会和标准的节日等同看待。然而，宴会的自身意义却模糊不清，可能是自发的行为，可能是纯粹的仪式，也可以是一种收纳或者排斥的工具。"革命的宴会"也有着人为赋予的政治诠释，是一种鼓动人心和展现政治标准的有效策略。这些宴会是一面镜子，反映了各种政治流派和它们之间的争斗，这些宴会反映着政治变化，以及变或未变的社会关系，宴会还反映了一个自诩平等的群体，实则社会的等级悬殊。

拿破仑时期（1804~1815）和后来的王朝复辟时期（1815~1848），可以称作一个"食物反动"时期，当时的人太想恢复旧制度宴会的大场面了。美食家格里莫·德拉雷尼耶尔（Grimod de la Reynière）为之击掌喝彩，他奋笔疾书，认为这是伟大厨艺的回归，同时借机大骂大革命："美食艺术正要出现一个新的飞跃的时候，革命突然来了，革命不单是遏止了厨艺的发展，封冻了进步的萌芽，并且以骇人的速度大踏步后退。要是那些汪达尔人的统治再长命一些，恐怕我们连一锅杂烩菜也做不出来了。三年以来，

---

[1] Ancien Régime，指法国1789年前的王朝。

雅各宾党人和督政府[1]让我们节制饮食，谢天谢地，他们没有把事情办好，否则我们何止要少吃几口，我们简直要闹大饥荒了。"不过，冷静下来细想，我们并不知道大革命给餐桌带来了什么。实际上，在吃喝的具体做法上，传统的传承要远远超出断裂带来的影响。

王室餐饮的非神圣化

礼仪的结束

1715年，路易十四去世，凡尔赛宫人去楼空。9月9日，"伟大路易"的遗体还没有运到圣但尼（Saint-Denis）大教堂，摄政王奥尔良公爵已经带着王室和一部分内臣离开了凡尔赛宫，回到他在巴黎王宫的住处。有史以来第一次，宫廷分为两处，凡尔赛宫只剩下总管建筑、马厩和子弟学校，以至于在1715～1718年担任财务大臣的诺阿耶都想拆除凡尔赛宫，因为这些建筑和故去的路易十四的形象联系得太密切了。1722年，路易十五回到凡尔赛，几个月后登基，年仅十三岁。但是，他的归来，并不意味着要恢复1715年以前的复杂仪式，这一时间的晚餐依然是凑合事儿。摄政王深刻地动摇了宴会礼仪，比如废除了与国王一起进餐时必须戴帽子的规定，比如固定了圆桌子的形式，代表民主、没有座次安排的圆桌子从此成为定例。路易十五接受了这些新做法，自己订了小型晚餐的规矩，每餐必备香槟地区的酒；有一部分内臣对这种晚餐有意见，因为国王经常不在凡尔赛，凡尔赛不如从前有意思了。即使这

---

[1] 1795～1799年由五个人组成的政府。

样，公布和国王一起进晚餐的人名单仍然是王室生活的重要时刻。路易十五经常离开凡尔赛宫，有时候因为要打仗，比如奥地利王位战争（1744~1747），但又不都是为了打仗，1750年全年路易十五在凡尔赛宫一共住了五十天。国王不再像过去那样容易"连通"臣属的诉请了，得到国王恩宠的方式已经变化，臣下们已经看不到来凡尔赛能干什么，尤其是过不了多久，他们在凡尔赛宫里就找不到吃的了。

"在宫里用饭"，是所有想要升迁的内臣的一致诉求，为此宫里每天要摆上四张荣誉桌子，大家按照地位、职务和性别围坐四周。比较引人注意的是专门为高层人士设置的"大侍从餐桌"、接待贵族和外交官的"侍从长餐桌"，还有为王后和王太子设置的"管事餐桌"。其他的餐桌每天可以摆到十二张，按照法兰西贵胄子女教师或者侍奉王后的贵妇享用的品级开设。贵宾席上撤下来的饭菜要留给下一个级别的席面食用，餐桌等级保持着下对上的依存关系。比如，大侍从餐桌上的剩菜要留给御厨房，以此类推。由此可见，国王在有意驯服贵族，让他们明白自己的生活要仰仗国王的仁慈。餐桌设置和餐厅安排一样，都要遵循严格的等级制度，吃饭的时候都要集体行动，男女分开以后，家庭不能独处，有姻亲关系的人群也不得独处。这样一来，国王打破了天然的联系，逼迫贵族只能在他的麾下结合在一起。但是，路易十四后期，这些限制越来越不得民心。1722年，贵族内部的埋怨多了，从厨房到桌子，要走过很长一段距离，用餐的人动刀叉的时候，饭菜都凉了。18世纪初，大家纷纷要求开单独的厨房，但是没有得到路易十四的批准。1724年，路易十五采取果断措施，彻底取消了贵宾席，这意味着每天胞族的集体进餐就此结束了，只剩了大侍从餐桌和侍从长餐桌，这两个餐桌也只是正餐的时候才有，晚餐从不设置。贵宾席位的消失也伴随着室内建筑格局革命性的变化。

如同 1715～1722 年摄政时期的政权一样，随着奥尔良大公提出的各部会议制的模式，餐桌开始分裂。摄政王喜欢不事声张的晚饭，有时候自己下厨房。这个世纪的主导精神是私密，凡尔赛宫住房的个人化进程也在加速。宫廷的整体性开始动摇，内臣们纷纷办起私人厨房，和家人或者亲朋好友一起吃饭。凡尔赛宫的走廊和角落里，随处都可以方便地支一个炉子，安排一个简单的厨房，不过这么一来，宫里的气味越来越糟糕。当时的房间里出现了盥洗小间和厕所，但是好在大家这时候已经不再在房间里吃饭了，18 世纪的时候，吃饭有了专门的地方，即"餐厅"。"餐厅"两个字始见于于米埃尔（Humières）元帅死后的财产清单，于米埃尔当过佛兰德总督，死于 1694 年。第一次出现在图纸上的餐厅，是 1784 年在尚蒂伊的一处建筑。1735 年的时候路易十五有两个餐厅，一个夏天用，一个冬天用，冬季餐厅里有一个机械桌子，机械的意思就是可以拆卸，和舒瓦西的情况一样。18 世纪的时候，在几个国王的住所里仍然可以见到用架子支撑的桌子。有了专设的餐厅以后，以前搬来搬去的国王餐桌也终于固定了下来，达尼埃尔·罗什（Daniel Roche）把这个变化称为"私密的建设"，其典型的例子是 1752 年路易十五命令拆除宫里的"大使阶梯"，给几个公主的房间让路。另外，权力的餐桌既然是秘密交易和政治决策的场所，就要尽可能有些隐秘性，于是"法兰西服务"里一定要有的仆人，此时没有了，饭菜可以用冰镇木桶送，也可以外叫菜，让人把整个席面送到家里来，比如当年波尔多的卡斯特拉（Castera）和巴迪诺（Bardineau）就是两个送餐的有名字号。

路易十六登基以后，沿用了前辈的饮食方式，疏远宫廷，照顾亲近自己的人。他进餐的时候，经常有王后陪同，国王的弟弟和弟媳也经常在场。大餐会越来越少，玛丽－安托瓦内特[1]公开表示自己厌烦这样的场合。路易十六每周只有两次公开进餐，在王后房间的门厅举行，王后作陪。正餐已经没有内臣参加，玛丽－安托瓦内特只有周日才公开露面，她在国王房间的第一间门厅里参加国王的正餐，以后国王的正餐就固定在这里举行了。这时期，国王餐桌和之前相比，没有任何逊色之处，仍然以绚丽的排场让来宾感叹，仍然一次次表现君主"供养"国民的美德。为了给宫廷的生活增光添彩，路易十六和玛丽－安托瓦内特创立了"社交宴会"，来参加宴会的四十几个宾客里头，不是富贾，便是贤达，都是社会名人。"小套间"的大餐厅轮换使用两套餐具，一套是银的，一套是塞夫勒的瓷器。有了错视画以后，餐桌中心的装饰到了夸张的地步，有镜子，有花色大理石，有糖堆的树林，有玻璃丝团，有中国瓷器和萨克森（Saxe）瓷器雕塑，有机械小人物，有玻璃鸭子，有圆白菜汤钵，有假蓟菜和假榛子。路易十六的餐桌上，茶壶代替了"茶罐"，1720年以后出现的四齿叉子成为餐桌上的必备，波希米亚的水晶器皿和1764年以后的巴卡拉的水晶器皿，都给餐桌上增添了光彩。在餐桌上切菜分菜的艺术得以保留，开始有了印制的菜单。1760年，德韦德尔（de Vedel）先生为圣樊尚夫人（Madame Saint-Vincent）举行的宴会菜单上写有："虾茸浓汤、普罗旺斯乳鸭、乳鸽、芥末蒜泥鳗鱼、三文鱼头、多宝鱼、科城母鸡、香槟香菌、芦笋、蓟菜和苹果酱拼吐司。"路易十六打仗的时候需要钱，把很多珍贵金属制成的餐具回炉补贴军需，餐桌上好看的餐具少了。但是，陶器的发展，尤其是这个时期鲁昂陶瓷产品的发展，代替了原来的贵金属餐具。

---

[1] 玛丽－安托瓦内特（Marie-Antoinette，1755～1793），法王路易十六的王后，神圣罗马帝国皇帝弗朗西斯一世之女。

玛丽-安托瓦内特不想老是被礼宾规矩束缚,有机会就跑到凡尔赛来,在小特里农宫招待她的"熟人"。虽然在凡尔赛宫居住的人逐渐少了,但是周日的时候却要来宫里给王后问安。贵族重新有了"独立性",一定要在国王跟前一起吃饭的规矩渐渐地消失了。奥利维耶(Olivier)在1766年创作了一幅油画,名为《在殿堂晚餐的孔蒂王子》(*Le Souper du Prince de Conti au Temple*),描绘了一种非正式的、更加"亲密"的餐桌追求,油画上有一位来宾表演竖琴,周围卧着几条狗,气氛亲切。国王的餐桌还有"剩菜"的习惯,把多余的饭菜分给侍从和下级官员。1780年,国库面临崩溃,为了节约,国王取消了专为内臣设置的餐桌。王后不愿意这么做,一直到了1787年才得以执行。国王的意愿可嘉,但是效果不怎么好,对于那些没了席位的宾客,国王给予补偿,给钱或者配发实物,比如面包、酒、肉、鱼、黄油和植物油,这些实物后来有了固定的称呼,叫"吃食"(des nourritures)。在工作餐桌取消之前,宫廷侍从每人每天可以拿到一到三个利弗,工作餐桌取消以后,他们每人每天可以拿到五个利弗,这样一来,国家财政的负担反而更重了。改革不仅没有带来什么财政上的收益,宫廷反而没有了以往的威风和整体性。

国王的非神化:国王施舍食物的时代结束了吗?

18世纪经历了多次大的生存危机,每当这个时候,法国人就想,国家上层肯定有人搞阴谋诡计,老百姓才挨饿。这种想法日益加深,因为每逢经济危机,领导人就犹豫不决,人民的期望他们全不当回事儿。公众中传说,有钱人和朝廷有一个"饥饿约定",故意造成粮食短缺,投机赚钱;还有人说,凡尔赛宫的地下室是囤积居奇的仓库,更有极端的说法,说食物里有人下毒,或者谁家的孩子被当饭吃了。

尽管这些说法有些耸人听闻,但国王的形象肯定受到了影响,国王与其臣民如同父子一般的关系逐渐消失;不过这个时候,还没到不可逆转的程度。经济情况可以解释为供应不足,但是,国王发布的一系列敕令却让原本困难的经济雪上加霜。1774年9月15日,杜尔哥[1]法令发布以后,粮食贸易自由化。1773~1774年逢大灾,粮食歉收,粮食价格和面包价格疯涨,全国饥荒;到了1775年,巴黎到处暴乱,这些暴乱后来被称为"面粉战争",一些武装团伙袭击磨坊和面包坊,强迫面包降价,5月初动乱在国内呈蔓延之势,国王答应帮助民众,接济最困难的几个省,强迫有储备粮的人按规定价格出售粮食。国家恢复了平静,但是国王传统的供养民众的形象从此蒙上了浓重的阴影。

危难之中,还盛传玛丽-安托瓦内特说过这样一句话:"他们没白面包吃啦?那他们怎么不吃甜面包呢?"这成了玛丽愚蠢、傲慢和歹毒的写照。其实细想想,不难发觉这句话不过是革命党人为了从根本上否定这个"奥地利女人",在处决她的前后编织的一个谎言,这样的话是反抗者的通用指控。这种诋毁语言能够流行开来,主要是有人认为妇女阶层(反对当权精英的)不了解情况。到了英国,同样的意思同样的话,甜面包换成了奶油蛋糕:"王后说农民们没有面包了,那就让他们吃奶油蛋糕呗。"让玛丽-安托瓦内特和"甜面包"搅和在一起,变成了反对当局的政治武器,也为社会情绪找到了一个发泄渠道。在这种经济和政治的紧张气氛中,说谁让老百姓挨饿,或者说谁明知道老百姓挨饿而无动于衷,不仅可以用来指责国王夫妇,也可以用来反复地攻击王权的代表。例如,据说第戎的军事总督拉图迪潘伯爵(La Tour du Pin)对农民说过这样没脑子的话:"草已经长出来

---

[1] 杜尔哥(Turgot,1727~1781),法国政治家和经济学家,曾担任法国财政总监。

了,去吃草吧。"最出名的例子是一个叫福隆(Foulon)的财界人物,据传他曾经说过:"他们要是饿了,就去吃草好了,着什么急呀!让我当大臣吧,我要是当了大臣,我就让他们都去吃干草,我的马都吃干草……"他的话还有另外的版本:"我让他们吃五个苏[1]一磅的面包,或者让他们吃干草。"1789年7月12日,福隆出任财政总监,路易十六罢免内克[2],福隆在事件当中代表着王权的为所欲为,并承受了财界的愤怒。他因为想要使巴黎人民"饥饿",于是要"为自己的罪行付出代价";更糟糕的是,他的女婿贝尔介(Berthier)当时正是巴黎的地方长官。"饥饿阴谋"被充分渲染,几乎成了二人唯一的罪名。在处决这两个人的时候,人们有意策划了象征性的一幕:两个人被吊死以后,头颅被割下来示众,福隆嘴里被塞满了干草,以示对投机商人的惩罚。

1789年秋,我们又见到了针对国王夫妇的"饥饿阴谋"。10月初,巴黎传遍了一个消息:国王、王后和忠于王室的几个人在凡尔赛的一次宴会上为国王夫妇干杯,辱骂革命党人,还把共和三角帽踩在脚下。消息一传出,巴黎到处出现大标语,一群妇女冲击市政厅要面包。在几个巴黎政治俱乐部成员的煽动下,这些妇女离开巴黎,前往凡尔赛。国王出面做了一些承诺,但是因为妇女的队伍中加入了一些动乱分子,情况已经有所改变,他们一定要和国王一起回巴黎。于是,他们口中的"面包铺老板""面包铺老板娘"和"小伙计"[3]被强行带回巴黎。大家希望他们回来了,饥荒也就应该随之结束了。1789年的秋天,法国人仍然十分相信,只要国王在,大家就都有的吃。但

---

[1] 法国旧货币名,约合后来新法郎的5生丁。
[2] 内克(Necker,1732~1804),法国银行家、政治家,路易十六时期的财政大臣。
[3] 这分别是1789年10月5日饥民们到凡尔赛宫找国王时,对国王、王后和王太子的称呼。

是国王回到巴黎以后,并没有能够让民众平静。马拉[1]和埃贝尔[2]的檄文里,经常以"饥饿阴谋"为武器,抨击执政者,也抨击立法大会的领导人,说他们对于"投机商"过于仁慈。1792年8月以后,几个更为极端的政治派别再次使用了"饥饿阴谋"的概念,在国民公会上,他们用这个说法攻击在国民公会里占多数的投石党和山岳党。在督政府时期,国民公会的牧月[3]会议上,巴黎人民"饥饿"的谈论又甚嚣尘上。

18世纪末,大量小册子和漫画有意把路易十六和玛丽-安托瓦内特捆绑在一起,国王夫妇的形象越来越差。路易十六和食物的关系,尤其是玛丽-安托瓦内特在饮食方面带给民众的联想,表现了王权在公众舆论中不可逆转的衰落。批评首先是针对王后,含有一定的排外情绪,到了一定的时候,矛头也会转向国王,降低国王的威望。在国王的大婚典礼上,玛丽-安托瓦内特没怎么动自己盘子里的菜,她不明白这个细节就让她和民众大大地拉开了距离,从此有了不好亲近的形象,也有了以后的"外国王后"的形象,大家嘲笑她和奥地利人一样,就会早上喝咖啡和吃杏仁糕。

"奥地利"女人变成了一个爱花钱的王后,宫廷花销增加,对王室的怨言越来越多,法国此时经常面对物质匮乏的局面,各种宴会的费用变得越来越难以承受。宫里的账目当然难以估算,但是,可以猜得出哪些花销最大。1780年年初,御膳房的开支超过了360万利弗,尤其让人震惊的是,尽管国王不住在凡尔赛宫,但是凡尔赛宫列支的

---

[1] 马拉(Jean Paul Marat,1743~1793),法国大革命时期雅各宾派领导人之一,国民公会代表,建立雅各宾专政,后被刺杀。

[2] 埃贝尔(Jacques René Hébert,1757~1794),法国大革命时期的政治家、记者、埃贝尔派领袖,在雅各宾专政时期密谋起事,被捕处死。

[3] 法国共和历的第九个月,即公历5月20日到6月8日。

国王餐费与国王在凡尔赛宫的时候一样多；而且前文说过，每一个王子的家庭都希望有自己的厨房，于是造成了翻倍的内务开支。不过虽然有这样那样的批评，对于宫廷食品消耗的指责都是适可而止，因为大家认为，有一些开销也是维护王室门面的需要，王室应该维护自己的形象。

路易十六一向是"人民的父亲"，是养活人民的人和自己也活得好的人，在1780年革命预热的气氛中，他的这种形象发生了急剧的变化。王权中的舆论负责人还是在说，国王身体好，继承了几位先王的胃口，大婚那天国王吃得太多，几乎是撑坏了；但这终究挡不住潮涌般的嘲讽，很多人说国王就是个饕餮之徒，后来在瓦雷纳（Varennes）发生的事更让人觉得国王是个纯粹的吃货。1791年6月21日，在大革命的风潮中，路易十六一家仓皇出逃，投奔德布耶侯爵（de Bouillé）的部队，走到瓦雷纳时被逮捕。从瓦雷纳传来的消息说，国王是在一家饭馆里被抓的，因为他贪吃，吃起来没完没了，耽搁了行程，被抓住的时候一脸尴尬。

讽刺漫画的变化也让我们看到，很大一部分的舆论后来被极端化了，舆论认为国王"背叛"了革命事业。在瓦雷纳之前，最激烈的批评不过是说路易十六有多少恶习，但是并没有涉及他的长相。瓦雷纳之后，路易十六的漫画形象"动物化"了，变成了一头猪。国王不再是神，变成猪，这个变化意义重大；这意味着，国王的问题不再只是他个人的问题了，国王如果是猪，那么整个王室亦如是。1791年夏天，路易十六下台，此时的考虑，已经不再是起用他家中另一个成员替换他，而是考虑建立一个没有国王的法国了：国王形象的非神化将导致国王的消亡。到了1792年夏初，立法大会内外部的各种政治势力立场强硬，对国王"猪"的攻击愈加强烈。对外军事失利，巴黎城直接受到威胁，无短裤党人无法忍受国王一再地行使否决权，于是逼迫路易十六戴上弗利吉亚帽[1]，还粗暴地灌了他酒。这个行动彻底抹杀了国王和臣民们的距离。虽然外省均对此事感到震惊，但是王权威风扫地已经不可逆转。

大革命前夕的贵族餐桌

18世纪的最后几年，贵族内部空气紧张，一方面，经济和社会的变动给他们的生活造成困难；另一方面，他们面临着身份问题。这种危机由来已久，但是1780年前后更加明朗化了，因为这一时间里，出生人口的下降和贵族人数的减少都促使贵族精英大力地甚至是粗鲁地向社会重新显示自己存在的意义。贵族的这种意愿在文化层面，尤其在政治层面有诸多表现方式，餐桌不过是其中的一种，想要唤起整体的感觉，在酒菜之间唤起力量。至少是两百年以来，贵族已经不是上战场冲锋陷阵的唯一人群，骑士精神已经不是与贵族共存的精神了，贵族要在其他领域里找到自己的存在价值。很快，食品消费成为贵族区别自己的手段。米歇尔·菲雅克（Michel Figeac）在分析法国西南地区的贵族账目时，特别注意到了伙食费用和服饰费用的比例。

桌上的酒菜丰盛，等于就是自己的强盛，这也是显示地位的一种方式。中世纪和文艺复兴时期，骑士的食物词汇当中以肉为主，到了18世纪，贵族们也把肉菜放在重要位置。肉菜多不单是迎合谁的口味，照顾谁爱吃什么，而是有别的意思：贵族生活的特点之一，是他们独享狩猎的权利。贵族还有一些其他专属特权，比如在小猎物和打鱼上面的一些方便。他们喜欢肉鸡、绵羊、母鸡、羊

---

[1] 一种红色锥形高帽，流行于法国大革命时期。

羔,尤其喜欢小牛,但是,只有珍贵和稀有的食品才能显出与众不同。在一些过世的贵族财产清单上,列举了大量炊具,用于制作果汁冰糕、蜂窝饼、冰冻奶酪和带馅儿的炸糕。这个时期,糖的生产和消费增加,牛轧糖、果酱、三角糖、糖衣杏仁、糖浆等已非稀罕之物,糕点师们大胆创新,争相献艺。在"孔代农舍"(du Hameau des Condé)的午后点心上,大家对一直没有弄清楚出处的"尚蒂伊鲜奶油"称赞有加。1754年,克罗伊公爵吃了"尚蒂伊鲜奶油",高兴得不知道说什么好;1784年,奥贝兰(Oberlinch)公爵夫人称赞说"很好的鲜奶油,做得好,让人胃口大开"。享受茶、咖啡和巧克力等"异国"产品的时候,使用的工具和器皿亦不一样,需要时间和懂操作的仆人,因此有很大的社会局限性。咖啡有苦味,要加糖或者香草,但是这两样物品都很贵,都要从安的列斯群岛运过来;巧克力价格不菲,制作工艺复杂,是社会精英属性的一种标识,贵族的生活需要很多仆人服侍,巧克力煮锅是贵重的金银制品,主人把它呈现在来宾们面前,也是一种有社会意义的举动。品尝巧克力本身就变成一种社会仪式:冷饮和热饮的交替"为上流社会的春夏秋冬划出节律"。尼古拉·皮埃尔·德·皮沙尔(Nicolas Pierre de Pichard,1734~1794)曾经担任波尔多议会的第一任议长,是拉菲城堡(Lafite Château)的产权所有人,他至少有14个咖啡机和8个茶壶。

然而,并非所有人都钟爱这些"殖民地"的饮料,帕拉蒂娜公主甚至认为这些东西不"健康":"我觉得茶有股子草料和发霉的干草味儿,咖啡的味儿烟熏火燎的,和羽扇豆差不多,巧克力没什么味道。但是我很愿意吃一道做得很好的比朗布罗[1](birambrot)或者

---

[1] 旧时的一款汤,里面有啤酒、糖、豆蔻、黄油和面包渣。

一道很好的啤酒汤,这几样东西不伤胃。"[1]在这个"启蒙时代",贵族热情地迷恋一切技术创新,他们做实验种植各种水果和蔬菜,如果有可能,他们会同时把四季果实骄傲地摆到饭桌上。贵族把餐桌看成文明的一部分,喜欢餐桌的时尚和进步。英国时尚此时风靡法国,法国贵族的餐桌上出现了烤牛排,每逢宴会,必有肥肝酱和根据马耶纳公爵(Mayenne)的创意制成的蛋黄酱。此时一些大家族的账本上,有意被形容成田园特色的产品如黄瓜、菠菜、芹菜、生菜、洋芫荽、葱头、圆白菜、栗子等增加了,这说明地方风味产品有所回升,特别是民众的口味已经渐成精英们的口味。1736年发表了《现代厨师》(*Le Cuisinier moderne*)的樊尚·拉沙佩尔(Vincent La Chapelle)、1755年出版的《百变厨艺》(*sa Culina Mutata*)的作者 M. G. 奥斯特曼(M. G. Ostermann),主导了关于传统厨艺和现代厨艺的争论,争论的中心是:鼓励复杂和"新潮"的厨艺,还是倡导乡土厨艺,伏尔泰反对前者。餐厅的家具也发生了变化:餐桌可以拆装,桌面呈圆形或者椭圆形,有时候可以加长,都是硬木家具中的绝佳精品,故意不铺桌布,桌面裸着呈现给宾客。这些餐桌称之为"英国桌子",风行于18世纪,这种桌子越来越招人喜欢,其中原因当然有当时迷恋英伦风尚的缘故,更主要也是因为这种桌子有一种灵便的滑动小装置,可以很容易地拉长。

宴席要考虑来宾的家境、出身和文化程度,但不可以清晰地表现座位的等级,不过席位之争仍然屡见不鲜。1713年,在阿尔布雷公爵夫人(Albret)的晚宴上,埃斯特雷公爵(Estrées)和阿尔古伯爵(Harcourt)几乎为了座位打了起来。外省贵族仿照路易十五小夜宵的模式,强调精英聚餐首先是为了加强宾客之间的联系,发

---

[1] 1711年12月8日致罗格拉伏·露易丝(Raugrave Louise)的信。

展贵族的社会交往。有些暴发户捐官，置地，买城堡，举行豪华宴会，贵族们对此内心凛凛，骂不绝口；17世纪，莫里哀的《贵人迷》(Le Bourgeois gentilhomme)和《可笑的女才子》(Les Précieuses ridicules)，还有菲尔蒂埃（Antoine Furetière，1619～1688）笔下的《滑稽罗马》(Le Roman comique)，都在嘲讽这些模仿贵族的人物。路易十五执政时期，蓬巴杜侯爵夫人[1]对于贵族的讥讽更为刻薄，因为有人粗鲁地拿她的家族名字做文章——她的家族名叫"Poisson"，是和鱼有关系的一个平民词源。虽然还有着诸多的阻碍，资产阶级的上升对贵族的权力和习惯形成了颠覆性的质疑。

"品位"成了贵族的武器，用来维护自己的地位，在自己和资产阶级之间建立微妙的等级差别。餐桌的相关礼仪越来越复杂，弄得资产阶级受不了，贵族也就不再请资产阶级一起吃饭了。贵族嫌资产阶级不会安排饭菜，上的菜太土、太多。与资产阶级不同，贵族偏重餐桌的整体式样和席间的谈话。贵族认为有些菜式都是平民的家常菜，比如肉上面撒洋芫荽和面包屑，还有淡味高汤和羊羔肉酱，登不得大雅之堂。

大革命前夕，贵族精英们在餐桌上的表现，让我们看到了一个社会阶层的紧张情绪，贵族竭尽全力封闭自己，抵御发展势头越来越猛的资产阶级。但是，此时的食物风尚也让我们想见得到，贵族的品位正在受着大众文化的渗透，比如一向被看成是"土产"的焖肉、松茸，还有蒸菜的烹饪手法，在这一时间里"贵族化"了；再有，凡尔赛宫廷模式感染外省烹饪习惯也不完全是单向的了，很多产品，比如本土产的萝卜，在凡尔赛宫里也很受欢迎。

---

[1] 蓬巴杜侯爵夫人（Pompadour，1721～1764），原名Jeanne Antoinette Poisson，路易十五的情妇，保护了一批艺术家和百科全书作家。

革命宴会的诞生

颠覆的餐桌

如果说国王的正式宴会是王权外在的标识，那么餐桌也可以是反对党的论坛。18世纪，咖啡馆和沙龙成了标志性的场所，在这些场所，客人们至少表面上没有座次安排，大家在吃喝间交流着有时候是反政府的言论。在这个意义上，咖啡馆有了新的功用，成为言论场所。创建于1686年的"普科普咖啡馆"（Procope）里有了新的常客，他们是伏尔泰、马蒙泰尔（Marmontel）、卢梭和蒙克里夫（Montcrif），以后马拉、丹东和德穆兰（Desmoulins）也经常出入这里。摄政时期，巴黎大约有两百家咖啡馆，里面坐着阅读《法兰西信使》和《公报》的人们。1740年，百科全书派的人也习惯在这里聚会。这种妇女免进的咖啡馆发展了一种新型的社会关系，人在快乐的气氛里讨论和争论。"白绵羊""王宫"和1718年创建的罗伯斯庇尔（Robespierre）常去的"摄政"等几个咖啡馆都是这样的典型场所。

1760年前后，餐馆整个白天不间断营业，很快聚集了政治人物、学者和艺术家。1784年，奥贝托（Aubertot）在王宫拱廊开办了沙特尔咖啡馆（le café de Chartres），这是大维福尔咖啡馆（Grand Véfour）的前身，其常客反映了当时主导政治势力的变化。最早来这里的是德穆兰、巴拉（Barras）和塔里安（Tallien），以后是雅各宾党人；1794年以后，来的多的是保皇党人。大革命中飞快地产生了不少餐馆，尤其是在首都巴黎，大户人家外逃以后，他们的管家都没了事做，正好进入餐饮业。以前给孔代掌勺的梅奥（Méot）在瓦鲁瓦街开了一家饭馆，他的常客是丹东一类的人物和很多山岳党的领导人。格里莫·德拉雷尼耶尔在他编撰的《饕餮年鉴》上说:"大革命让所有的有钱人挨饿的同时,把所有的优秀厨师都扫地出门,他们流落街头,靠手艺谋生,于是都成了美馔佳肴的商人,其名字就是餐馆老板。1789年以前,这样的餐馆有上百家,以后增加了五六倍。梅奥家、罗贝尔家(les Robert)、罗兹家(les Roze)和韦里家(les Very)几家饭馆都是这个时候有的,昔日的小伙计今天成了百万富翁。"

18世纪的沙龙好像也成了发表反政府言论的场所,很多"开明"思想家在这里大谈政治体制改革的必要性。女人参加晚餐显示着当时政治生活的交际性。在圣多米尼克大街(rue Saint-Dominique)德莱斯皮纳斯小姐(Lespinasse)举办的沙龙上,经常可以见到很多百科全书派的人士;圣奥诺雷大街(rue Saint-Honoré)若弗兰夫人(Madame Geoffrin)举办的沙龙更多见资产阶级人物,其贵宾里有德阿朗贝尔(d'Alembert)。这两个是人气最旺的沙龙。我们并不完全认为大革命的根源是知识分子,因为沙龙首先是文学界或者政界的人士向上爬的必由之路。这个时候的沙龙,仍然是一个因循守旧的社会交往环境,但是因为其中的友好气氛,固有的等级、差别和名号好像暂时淡化了。沙龙一般是在晚上举行,大家围绕着文学和饮食的乐趣,可以建立或者解除关系。来沙龙吃饭的人未必都是明确地"受邀请"的,座席左右的客人可能社会地位悬殊,不过都有着相当的思想水平。但是,保持距离仍然是必要的注意事项,若弗兰夫人在一张扑克牌背后写过这样几个字:"为了自己方便,大老爷们儿经常是和别人挺随便的样子,但是他们还是在乎自己的尊严,不愿意别人和他们随随便便。"沙龙可以造就一个人的名声,也可以破坏一个人的名声。内克为了巩固自己在路易十四面前的地位,催着老婆多办几次这样的沙龙招待会,请的客人五花八门,从笃信宗教的教徒,到无神论的哲学家,什么样的人都有,无非是想给自己多一些门路。奥贝吉施公爵夫人（Oberkirch）在自己的《回忆录》里，记述了这些表演性的"节目"，尤其是那些扮演宴会东道主的金融家们，还有那些带着仆人来的客人，他们的仆人跟着来，不过就是为赚几杯酒喝。法式的伺酒服务非常麻烦，桌子上没有酒杯，要喝酒，需要招呼仆人，这种服务遭到了大多数最"开明的"思想家的激烈批评。路易十六当政时期，出现了一些有品位的社团，他们善于把具有政治颠覆意义的集会掩盖在宴会的传统社交功能之下。1780年，格里莫·德·拉雷尼耶尔创立了"星期三大肚子名人社团"，参加宴会的每个人都取了个和吃有关的名字。三年以后，这个人又举办了一次很有气氛的"葬礼宴会"：食物都染成了黑色，讣告代替了请柬，桌子上甚至设有追思台。

也是在18世纪，共济会创立了一种有模有样的仪式，象征共济会"新"的兄弟情谊，仪式最后大家一起进餐。1765年法国的共济会分部里，等级被取消，聚餐提倡兄弟式的、平等的社团关系，反对森严等级和家长制，反对类似国王之于臣民的"君为父"的关系。这些被写进了1723年的安德森宪章（les Constitutions d'Anderson），这个宪章是在伦敦的共济会总部的行动指南。每次共济会年会都要有一次"会员宴会"，只有共济会的"兄弟"可以参加。宴会上发表的祝酒词主要是政治性的，涉及王权和民众平等，但是即使会员在讲演里鼓吹从根本上推翻权势，他们最后的要求仍然是秩序和节制。宴会有很多规矩，提醒会员注意仪表，不要在宴会上胡作非为。宴会餐桌摆成弯弓似的半圆形，这继承了"圆桌"的"平等"传统，但是等级也是有的：桌子由最后入门的会员摆放，会首主持宴会，服务员由学徒承担。这个世纪的后五十年雨后春笋般出现的大量餐厅，给共济会的各个分部举行聚会活动提供了不引人注意但是实用的"隐蔽场所"。

1780年巴达维亚革命的时候，在作为法国大革命宴会先声的荷兰大革命共济会宴会上，荷兰执政官为"自由"和"共和"举杯，公开了反对奥兰治[1]（Orange）家族的政治态度。法国和合众省[2]（les Provinces-Unies）1785年11月10日签订联盟合约以后，于1786年4月24日在鹿特丹举行了一次宴会，宴会装饰包括理想化的荷兰花园，这一时期柑橘树让位给了"政治和管理科学"之树。整个宴会大厅表现的就是这样一个花园，在显要位置可以看到老牌的反奥兰治的英雄：布雷德罗德（Brederode）、奥尔登巴尔内维尔德（Oldenbarneveldt）、格罗迪乌斯（Grotius）和德·威特（De Witt）。餐桌上有多种以"大革命"为主题的装饰，譬如自由之神的圣殿、恢复外省权力和外省特权，以及法兰西的繁荣。但是，宴会有强烈的封闭性，主要集合了一些反奥兰治的摄政成员，只有在宴会结束的时候，公众才得以近前，观看餐桌周围象征性的装饰。等级得以维护，群众被隔离在相当远的地方。1786～1787年之间产生的新的市政议会，将私人宴会改成了露天的"面向公众"的聚餐，在市中心临时搭建的一个自由之神神殿里举行，观众们只是宴会被动的看客。1787年，奥兰治家族的纪尧姆五世重新掌权，大革命的宴会又成了公开的宴会；1795年的第二次巴达维亚革命标志着大革命宴会的回归，"自由树"代替了柑橘树。

革命的宴会

  法国大革命仿照巴达维亚的样子，把宴会变成了新型的政治社交的表现地点和表现形式。1789年7月18日，维莱特侯爵（Villette）

---

[1] 欧洲贵族世家，自1815年以来成为荷兰王室。
[2] 1579～1795年荷兰北部的称呼。

倡议举行公开宴会，庆祝全国性的国家节日，他说："我希望可爱的巴黎城的所有市民都在公开场所架起桌子，在各自的家门口用餐。富人和穷人不再分贫富，所有的阶层都融合成为一体……首都巴黎从南到北，从西到东，成为一个大家庭。我们会看到一百万人坐在同一个桌子周围。每当教堂的钟敲响的时候，随着礼炮鸣响一百次和枪声齐鸣，就有多少人举杯敬酒。这一天，整个国家都将沉浸在盛大的宴会当中。"

1790年7月14日，在联盟节日上，公民宴会恢复了一些启蒙时期流行的、以后在共济会里沿用的聚餐社交形式，这些形式汲取了1789年夏天公开宴会上产生的一些新的元素。随着国王代表的王权向代表民权的立宪大会转移，公民宴会也要反映法国这种权力根本性的变化。公民宴会利用一起吃饭的餐桌激发大家的热情，开创了公民融入国家的新的程式。在巴黎三月广场和静园（Parc de la Muette）举行的聚会上，几千联盟战士簇拥在一起，开始的几次宴会都是自发的，这让我们看到了民族的团结。有时候，这种自发性有编排和作假之嫌，但却也显示着政治宣传工作日臻成熟。餐桌的形式在人的思想中植入了崭新的观念：宴会离开了城堡的金碧辉煌，来到了"开放"的空间，来到了露天的地方，比如大街上和普通的居民区，也来到了具有"大革命"意义的场所，比如地方政权的办公场所和市镇办公大厅，总之是来到了过去没有来过的地方。1790年7月，联盟的国民卫队选择在巴黎三月广场和正规军一起举行仪式，这并非偶然：三月广场含义丰富，它让聚会的参加者分享大革命的热烈气氛，庆祝全体人们的团结。1790年11月，蒂勒（Tulle）雅各宾俱乐部仿效这次聚会，倡导"邀请所有公民都来参加大革命的舞会，这是重新建立团结的最好办法"。在这些洋溢着兄弟般友好气氛的宴会的初期，外省几个大城市在1789年夏已经举办过类似活动，外省的显贵要代表现代的思想意识，有意成为现代政治的代表，进一步巩固自己的政治和社会地位。把活动地点选择在老百姓常去的地方，不断举行聚会，不断发出政治宣言，重新设计宴会主席席位和宾客席位，改换菜谱，编写祝酒词和歌词，一切都是为着构建一种新型的政治文化，这种新型的政治文化不仅要触及城里的大户人家，也很快触及了农村，虽然力度稍弱了一些。

利用宴会形成兄弟般的友好关系，是革命统战工作的标志性工具，这和女历史学家莫纳·奥祖夫（Mona Ozouf）研究的舞会有异曲同工之处。但是，思想是不会自动行走的。雅各宾党人早就注意到："长期以来，城市处于分裂状态，也弄不清楚到底出于什么原因；一个建议在长时间的认真讨论以后，才得以通过。"开放式的聚餐可以消除隔膜，即便设想的宴会活动模式和现实中的社会紧张有很大差距。对此的批评意见也很多，美食家格里莫·德·拉雷尼耶尔不喜欢"这些在每一条街巷之间举办的兄弟聚餐，同时在所有的建筑上，还招摇地显示着该隐[1]和亚伯的形象"。1790 年，人们说得多的是"团结饭"，吃饭的时候，不争论。这些聚餐成为经常性的革命仪式，吃饭的时候，有新规矩，也有老传统，两者明显地掺和在一起，正如米歇尔·沃韦勒（Michel Vovelle）说的那样："新式的聚餐，总体上还是在固有的宗教或者民俗的框架里。"宴会和舞会是聚餐活动的终曲，这样保证了集体的团结一致，同时意味着等级的结束：聚餐具有强烈的家庭色彩，女人和儿童参加聚餐，意味着他们也加入了政治阵营。不管有没有特殊待遇，来宾们都是按照新的社团形式围坐在餐桌周围，互致问候，互相拥抱，亲如兄弟，这一边有人发表祝酒词，那一边合唱起了革命歌曲。贵族们也出席这样的宴会，他们甚至仿效奥尔

---

[1] 亚当与夏娃之长子，杀其弟亚伯。

良公爵菲利普二世[1]和拉斐德[2]，解囊资助。在欧什（Auch）举行"理性节日宴会"的时候，想要办成一次真正的"斯巴达式的会餐"，每个来宾吃到嘴里的菜都一样。不能参加会餐的人也没有被忘记，席上撤下来的菜都分给了最需要的人。

1792年7月26日和8月9日举行的"巴黎宴会"，汇集了联盟派和圣安托万（Saint-Antoine）镇上的居民，在丹东的鼓动之下，这两次宴会对公社政变和之后的杜伊勒利宫政变起了推波助澜的作用。大革命的宴会，以及宴会上的演讲、祝词和歌曲，都表现着一种不曾有过的政治态度，任何人都可以感觉得到。这种政治态度甚至反映在吃饭用的盘子的图案上，比如这一时期大量出现的共济会的图案：水平仪和天平、束棒、手持束棒斧头的共和国侍卫，还有法律、国王和民族的一体象征……这些装饰图案是第一次按照"英国佬波特"（l'Anglais Potter）的办法在尚蒂伊的一个工厂里制作的。一时间除了代表旧制度的塞夫勒瓷器以外，全国所有的类似陶瓷和珐琅制品上都加上了共和国纹章及革命小红帽标志。

国民议会辩论形成的新的政治方式也改变了餐桌上的习惯。从18世纪开始，贵族精英们一天吃三顿饭：早上六时到八时吃早饭，正午前后吃正餐，晚上九时以后吃夜宵。而现在，在这个"言论重于膳食"的时代，什么时间吃饭取决于议员们的工作时间，议员们工作的时间为早上八时到下午五时，这样，三顿饭的时间都错后了：早上简单的饭食移到了中午，还有个名字，叫"持叉早午餐"，以示和午餐的区别；正餐的时间推后到了晚上六时；"夜宵"的称谓和贵族的

---

1 奥尔良的菲利普二世（Philippe d'Orléans，1747～1793），法国波旁王朝亲王，支持法国大革命，投票赞成处死路易十六，因其子叛投奥军，被送上断头台。
2 拉斐德（Lafayette，1757～1834），法国君主立宪派将军，巴黎国民自卫军司令，屠杀反王政群众，以参加美国革命闻名。

习俗有关，大革命期间已经不再使用。

同心革命的终结：狂热的宴会

1792 年，法国陷入战争，再加上王朝崩溃，兄弟般友好会餐的理想形式和国民公会[1]（la Convention）形成鲜明的对照。有政治倾向的观察家路易·塞巴斯蒂安·马歇（Louis Sébastien Mercier）在 1800 年出版的《新巴黎》中，讥讽民众阶层的"新"宴会："每个人都有可能受到怀疑，都可能被宣判成为平等的敌人。他们带着自己的家人来吃饭，旁边的人可能是自己厌恶和瞧不起的人。富人尽量让桌上的饭菜简单，穷人为了掩盖穷困几乎倾家荡产。当穷人为了争面子一下子消费整整一周的食品的时候，比起无短裤党人的'一无所有'，他那所谓简单的饭食也让自己脸红。一边是嫉妒，一边是昏天黑地的大吃大喝，这两种状态在喧闹声中改变了这些所谓的兄弟般的晚饭。"

宴会成了搞政治教育的场所，其目的既不是为了民族的思想统一，也不是为了教育，而是让来宾成为革命的战士。虽然组织者们仍然在大说平等的套话，先前奉行的"平行的兄弟关系"已经让位给了雅各宾党人"纵向的兄弟关系"宴会。在很多场合，穷人被禁止坐在中心位置，他们经常被安排在桌子两头儿。1793 年 10 月，在图卢兹（Toulouse）平定了联盟派起义以后，城里的大街小巷到处架起了饭桌，一位担任国民公会雅各宾派议员的城中显要大骂无短裤党人端上席的饭菜是"猪狗食"，与其身份不符。这个小事件说明，此时的宴会已经不再具有其一直标榜的平等了。

更严重的是，1793 年到 1794 年间，一直到热月[2]九日罗伯斯庇尔

---

[1] 于 1792～1795 年法国大革命时期召开。
[2] Thermidor，指法兰西共和历的第十一个月，相当于公历 7 月 19～20 日至 8 月 17～18 日。

倒台，大革命的宴会成了各种敌对派系打架的场所。大家或许还在讲同一论调的话，但是掩盖不了会场上暴露的剑拔弩张和破裂的事实，特别是国民公会派和亲近巴黎革命委员会（1792~1794）的无短裤党之间的冲突，后者一直在觊觎前者的实际权力。民众的会餐有时候会在不包容和狂热中支离破碎：巴黎革命委员会的人大声声讨想要"独占平等带来的所有甜头"的"革命权贵们"。宴会上原有的彬彬有礼不见了，被"疯人派"的演讲刺激以后，大家放任自己与"文化破坏主义"同流合污，语言暴力和行为暴力出现了，甚至吃饭吃到最后，在场的人刀枪相见。

从1793年开始，公开会餐有了新的意义，成为政治运动的工具，有些政治派别，如"反革命派"，很懂得这种工具的重要性。公开会餐不单单是政治武器，在最狂热的国民公会的人眼里，公开会餐还有着稀释大革命精神的危险。巴雷尔（Barère）警告"一切守法公民、本分的匠人和忠于共和的人"，参加会餐是政治阵线"模糊"，因为"在大革命时期，在有着共同利益的革命党人之间，兄弟情义应该集中"。到了1794年春末，巴黎革命委员会更进了一步，甚至禁止了这些"不明不白"的宴会，在"真正的"革命者眼里，这些宴会都有问题。

但是，宴会的"兄弟情义"并没有就此消失，在国民公会期间，民族团结一直是最经常的梦想。1793年，让-路易·达维德（Jacques-Louis David）在三月广场宣布举行"粗茶淡饭宴会"，想要再现一种露天会餐的乌托邦，"在广场四周搭起帐篷，大家兄弟般地围坐在一起，和兄弟们分享各自带来的食品"。这里使用了宗教语言，宴会程式把分享饭菜和领圣体并列一起，差不多成了一种宗教典礼，由此加强宾客之间"神秘的团结"的意愿。不过，作为政治教育打出的团结幌子此时成了空想，兄弟情义会餐在1794年夏天消失，让位于演说家们的普通讲坛。

在几次拥护共和的宴会上,发生了这样的事:焚烧带有鸢尾花徽的旗帜,打烂摆放在桌子上的鸢尾花,摧毁了王权的象征,然后大家合唱《马赛曲》。一直到1798年,还举办过几次群众宴会;不管是雅各宾派、热月派,还是保皇党,他们举办的群众宴会都有鲜明的政治倾向。在这些宴会上,或讨论国家大事,或颂扬某某人,或是在投票表决之前下达指令。祝酒词是赞颂主人,也是希望得到来宾们的支持。有时候宴会也会受到搅扰,比如1797年7月共和党人聚餐,纪念否决果月[1]保皇党选举胜利的选举结果,保皇党人企图阻止共和党人在宴会上讲话,这时候参加宴会的所有人都起身反对保皇党。如果不是这样的一致,如果餐桌上出现了分歧,那就是表示政治生活中出现了新的多元化的态势。

大革命改变了餐桌的功能,使其成为发表政治态度的场所。进入"恐怖时期"[2]以后,很多厨师的主人流亡,厨师为谋生计走向社会经营饭馆,还有一些厨师被其他欧洲王室收留,法国的厨艺从而得以延续。不久以后,拿破仑上台执政,他将力主把王朝时期餐桌政治的方式方法拉回主流舞台。

权力餐桌的延续和断裂

帝国的餐桌

雾月[3]18日政变决定了法国大革命的命运。不管说拿破仑是大革命的掘墓人,还是大革命的继承人,总之,他建立了崭新的政治方

---

1 Fructidor,指法兰西共和历的第十二个月,相当于公历8月18～19日至9月16～17日。
2 la Terreur,指法国大革命从1793年5月到1794年7月的阶段。
3 Brumaire,法兰西共和历的第二个月,相当于公历10月22～23日至11月21～23日。

式,在整个欧洲大陆范围实行帝国政治,餐桌又一次成为拿破仑新政治生活的写照。拿破仑确实没有推翻大革命的基本成果,比如主张公民平等和保护私人财产等,他却为了自身利益,恢复了1789年以前王室的做法。他在"革命"和"王朝"两者之间的摇摆不定也反映在宴饮之中。通过塔列朗[1]的高妙策划,拿破仑虽然对吃不怎么感兴趣,却把餐桌变成了一个真正的政治和外交工具。

拿破仑身体有问题,他也很担心长胖,所以对好吃的没兴趣,只是在想吃的时候才吃几口,吃一顿饭用不了五分钟,当了执政官以后,一顿饭吃十五分钟,当了皇帝以后,一顿饭吃半个小时。什么时候想吃就什么时候吃,吃饭时间比较灵活,只是苦了厨房人员,他们要时刻准备着。国家元首要服从严格的仪式要求,但是拿破仑军事领袖的形象更为重要。传说在意大利和埃及战场上,拿破仑为了省时间经常站着吃饭,而且一直有个坏毛病,喜欢随便擦手指头,不是在桌布上擦就是往自己的衣服上抹。除了星期天吃饭时间长一些以外,平日里拿破仑吃饭简单,他信奉简朴,同时也想建立亲近下属的形象——据说在一次野营的时候,他和士兵一起分吃一个土豆。1796年3月27日,他大声疾呼:"士兵们,你们吃不上,穿不上,政府亏欠你们太多了,暂时给不了你们什么。"这些故事完全是宣传手段,想把拿破仑说成是一个战士,而不是一个成天坐在酒菜面前的政治家。勃艮第(Bourgogne)中士在《回忆录》中写了1812年对俄战争期间部队抵达别列津诺(Bérézina)时的情况:"到了地方,我们看见勇敢的架桥兵正在为我们的通道架桥,我的一个朋友说他亲眼见到了皇上在分给大家酒喝呢。"专为拿破仑举办的宴会或者"赏赐荣誉

---

[1] 塔列朗(Charles Maurice de Talleyrand-Périgord,1754~1838),法国政界人士,曾任外长、外交大臣、驻英大使等职。

勋章"仪式宴会,如1796年米兰的圣稣尔比斯(Saint-Sulpice)宴会和1797年大礼堂(la Grande Galerie)宴会,主要都是为了加强战士们之间的团结,同时借机会宣扬他的战功,告诉大家皇上又打了胜仗。第一帝政时期,每逢打了胜仗,就会在卢森堡公园举行庆祝宴会。拿破仑也逃不脱漫画家们的挖苦和戏弄,英国人尤其把他画成一个欲壑难填的吃人魔怪,想要一口"吞掉"整个欧洲。在詹姆斯·吉尔瑞(James Gillray)的一幅彩色版画上,这位法国将军的样子好像是巴比伦最后一位国王,和他的家人,还有一些不要脸的女人,正在彻夜无耻地狂欢作乐。作为背景的乌云上,印刻着《旧约·但以理书》里的一句话:"数数,算算,看看有几多重,看看怎么分。"餐桌上放着盛有象征英国的各种标志的盘子,拿破仑在一旁垂涎欲滴。

连年战争也把食物变成了可怕的武器。为了绕开英国人的海上封锁,拿破仑鼓励法国农民种植一些替代作物,比如在法国南方种植大葡萄,替代蔗糖,在北部种植菊苣,替代咖啡。1801年,德莱塞尔(Delessert)在德国种的甜菜中提炼出了糖。

拿破仑让康巴塞雷斯[1]和塔列朗代替自己行使主人义务,希望他们把餐桌变成一种有效的外交工具,他说:"把饭菜弄得像样一些,你们要挣一个花两个,不够了去借,我最后结账。"这种政治上的盘算,与大革命以后餐饮厨艺的蓬勃向上同时发展。名气很大的大厨马力·安托万·卡雷姆(Marie Antoine Carême)认为,大革命伤害了法国的厨艺,而精英们很希望充分享用饮食之美,因而从第一执政的时候开始,他们加大了吃喝的力度。很明显,法国希望在欧洲再次成为高级厨艺的典范,杜伊勒利王宫要成为欧洲的食都。

执政官康巴塞雷斯审时度势,很快明白了餐桌在政治和外交关

---

[1] 康巴塞雷斯(Cambacérès,1753~1824),法国政治家、法学家。

系中的作用（在国民公会期间，康巴塞雷斯负责操办公安委员会的会餐）。这时候这位原国民公会的议员摇身一变，成了帕尔马公爵（Parme），皇上命令他"以法兰西的名义"，"好好款待客人"，他领圣命，每周二和周六在巴黎的圣多米尼克街（Saint-Dominique）举办堂皇的宴会，周六的来宾都是高层客人。这位帝国的王公甚至在出行的时候也带着必要之物，以备见到了外交官，随时可以奉献不辱国家体面的各种礼物。塔列朗也是一样的做法，拿破仑嘱咐他："你要请人吃饭，每个星期请四次，每次多请一些人，把法国有价值的人，把所有的外国朋友都请来。"早年当过欧坦（Autun）主教的塔列朗是一个手腕灵活的外交家，他在对外关系宫办过一次48人的宴会，得了一些好处，后来，他1808年在马提尼翁宫[1]请客，再后来在圣佛罗伦萨大街（Saint-Florentin）招待欧洲的政治显要和艺术名人。请吃饭，要有好厨子，于是塔列朗遍访名厨。1800年，坐落在巴黎维维恩大街（Vivienne）的巴伊（Bailly）糕点店店主出面，为波拿巴和塔列朗的官邸提供华丽的食品。塔列朗还招募到了布歇（Boucher）和罗贝尔（Robert）两位名厨。罗贝尔原本服务于孔代家，孔代家人被流放以后，罗贝尔1791年在瓦鲁瓦大街（Valois）开了一家餐馆。这些大厨里最有名的仍然是1804年开始为贝内旺亲王（Bénévent）工作的卡雷姆，他被称为"国王的厨子，厨子的国王"。卡雷姆的名字从此和帝国的兴亡联系在了一起。塔列朗说："往后不再是卡雷姆能够世出的时代了。"卡雷姆是拿破仑的狂热追随者，意图把法国时尚强加给欧洲各个宫廷，他在1815年出版的《巴黎皇家糕点制法》一书中，讲述了他对冷餐桌上的食物设计。有一次晚餐，仆人端上来一条极大的三文鱼，到桌子近前时不小心掀翻了盘子，鱼掉在了地上，众

---

[1] 马提尼翁宫（Matignon），建于1721年，1935年成为法国总理府。

人愕然，塔列朗却不动声色，叫人端上来一条一模一样的三文鱼，也是硕大无朋。这个"事故"像是精心安排好了的，为的就是让人看到亲王的实力。在这个时期里，鱼是高级宴会的重头菜，另外必选的同一级别的菜有松露、禽类、牡蛎、肥肝和芦笋。这位外交官还要出风头，他保持了现场切割的传统，精心安排每一个程序。在餐桌上搞政治是一种艺术，塔列朗关心这种艺术的方方面面，经常在厨房里待上一个小时，处理宴会的各种细节，他从专用的酒窖里选酒，甚至关心食物的贮藏和烹饪时间。一些厨师的名声大振未必是一件好事，格里莫·德·拉雷尼耶尔在蒙奥尔戈伊大街（Montorgueil）上的餐厅吸引了当时最重要的政治人物，这让塔列朗大为光火。塔列朗愤怒地看到，他的宿敌康巴塞雷斯成了"品鉴评委会"的主席，而这个评委会是他在1809年创立的。皇室也没有忽视堂皇的宴会作为政治工具的意义，一些皇子的家里，比如几个元帅的家里，都有自己专用的大厨：朱诺（Junot）用着里绍（Richaut）；奥尔唐斯·德·博阿尔内（Hortense de Beauharnais）的府上有马西诺（Massino）；拉吉皮埃尔（Laguipière）原本在御厨房供事，后来到了缪拉（Murat）家里，他1812年追随主人到了俄罗斯，最后冻死在战场上。滑铁卢战役失败前后，这些大厨星散到各个宫廷，成为法国烹饪统治欧洲的开端。

　　从路易十四以后，君主们都有了个习惯，喜欢有一些比较私密的会餐。拿破仑也是一样，他经常抽出时间，在石竹宫（la Malmaison）举办宴会，和艺术家、科学家见面，这些人能享受到这种殊荣，主要是因为他们的优秀，而不是因为他们的地位。但是很快，这位新的国家强人意识到，他要屈尊服从正式宴会的规矩。从1800年开始，拿破仑迁入杜伊勒利宫，周围都是军政显赫的人物，拿破仑的家人也搬进了宫：杜洛克（Duroc）成为宫内总管，皮埃尔·贝内泽什（Pierre Benezech）被任命为庆典管事。从1801年起，石竹宫的豪华宴会也

第四章　在秩序与混乱之间　　145

开始接待王室成员，但是到了1802年，王室成员又把圣－克鲁城堡变成了吃饭聚会的场所。1804年，拿破仑登基，要马上恢复前朝遗留的典礼章程，重启旧制度的名号，为母亲和几个重臣设立了好几个家族名号。他对旧制度贵族的一些人物委以重任，以图和旧贵族联系在一起：塔列朗和孟德斯鸠－福曾萨克（Montesquiou-Fezensac）先后担任负责招待活动的侍从长，路易－菲利普－塞居尔（Louis-Philippe de Ségur）成为典礼大总管，屈西（Cussy）侯爵也成了管事。塞居尔伯爵还写过一本书，名为《皇宫典礼》，后人有时候管这本书叫《王宫》。

皇宫原则上恢复了节日和周日举行正式宴会的常规，同时保持了非正式宴会和内宫住处的食膳方便。这些"皇帝用膳"的频率受着战事的影响。拿破仑的御厨总管提升了皇宫的名望：他们中间比较出色的，是拉吉皮埃尔和杜南（Dunand）。杜南原来为孔代工作，以后被流放，他进入拿破仑皇帝的御厨房以后，给后人留下了马伦哥炖鸡（poulet Marengo）这道名菜。和其他强盛的王朝一样，每逢生日或者结婚，皇宫都要举办盛大的宴会，比如"罗马国王"诞生和1807年热罗姆·波拿巴（Jérôme Bonaparte）与威尔登伯格（Wurtemberg）公主成亲的两场活动上，由卡雷姆、拉吉皮埃尔和里凯特（Riquette）几位大厨指挥，让法国烹饪风光地表现了一番。1807年11月30日设立帝国贵族，加速了宫廷服务的发展，尤其是加快了厨房的发展，给宴会增加了不少程式。拿破仑内心里实际上不喜欢在餐桌上摆弄权力，但是不得不这么做，在正式宴会的餐桌上，他要见很多客人。这些鱼贯而入的客人，有文官，有武将，有宗教人士，有世俗人士，有新贵族，也有旧贵族，他们聚合在一起，似乎表明了忠实于皇帝的各类精英拼合在一起是成功的。餐桌和座位的摆设让我们看到了宫廷内部的等级：拿破仑皇帝和皇后吃饭是在一个座台上，上面撑着华盖，另外，只有皇太后和皇室成员可以享用软椅，其他宾客都只有硬椅子；在巴黎市政厅举行的宴会上，朝臣们站着，或者坐在阶梯上。在正式宴会上，重要人物和旧时一样，有一些特别的现场职能，比如侍从官的一个任务就是给拿破仑递送餐巾。

1810年4月2日，皇上和玛丽－路易丝（Marie-Louise）结婚，在杜伊勒利宫的演出大厅举行正式宴会，这是拿破仑势力在欧洲的巅峰时期，所以要有一些相应的显示。宴会必定无疑地要有宫廷特色：主宾席的形式为"U"形即马蹄形，客人们可以看见皇上面前摆放了镀金的"宝船"，这是巴黎市送的礼物，上面有餐具盒、盐瓶和油瓶。还有拿破仑自用的无釉陶器、镀金银餐具、水晶器，以及枝形大烛台、桌布和绣花的餐巾。宾客们坐在桌子的一面，可以看到眼前仆人忙忙碌碌。在巴黎市为皇帝皇后举行的舞会上，来宾三千人，主厨是卡雷姆和托马森·波利蒂克（Thomassin Politiques）。

中心位置摆放着大型甜点，其主题是歌颂拿破仑的光荣事迹——这也是一种政治形式，如执政时期罗伯（Lobeau）制作的糕点，让人想起意大利战事的胜利。餐桌首先是拿破仑政治的表演舞台，比如餐馆老板迪瓦尔（Duval）用杏仁粉、糖浆重现了拿破仑和亚历山大一世在涅曼河会晤的场景。

拿破仑恢复了旧制度时期正式宴会的一些做法，并且要求餐具的使用要符合身份。为了充实杜伊勒利宫、枫丹白露、贡比涅和石竹宫等几处的设施，国家订购了不少物资，促进了餐桌艺术的发展。学者们对埃及战事中的古艺术进行了研究，考古学家夏尔·佩西耶（Charles Percier）在意大利屈拉纳姆（Herculanum）重要的发掘工作给了人很多启示，餐桌艺术从中受益匪浅。约瑟芬（Joséphine）一直在石竹宫居住，离婚以后也没有离开那里，石竹宫庄园里餐桌的装饰和陈设至今还有上述影响的痕迹。让－巴蒂斯特·奥迪奥（Jean-Baptiste Odiot）和马丁－纪尧姆·比耶奈（Martin-Guillaume Biennais）

是这一艺术流派的杰出代表：前者在 1800 年完成了一个新古典主义风格的盐罐，后者在 1809 年雕了一套镀金的银茶具，上面有表现古代故事的图案。受东方风格影响的银匠亨利·奥古斯特（Henri Auguste）和画家普吕东（Prud'hon），按照特罗绍（Trochot）省长和公爵的意思，为巴黎市制作了一套 1069 件的"大镀金银器"，进献给拿破仑的加冕仪式；1807 年，为了庆祝苏维埃茨克（Tilsitt）和平，进献给沙皇亚历山大一套刻有希腊图案的餐具。1808 年制作的"埃及餐具"上面，有汤迪里斯（Tentiris）和伊德富（Edfou）几处神庙的图案，还有方尖碑和公羊路的图案。桌子中央，一般放置一个大的瓷质的或者银质的器皿，十分引人注意，这也被看成是法国权力的一幅图像。塞夫勒工场的产品名扬四方：1811 年，塞夫勒工场制作了几个冰桶，于 1812 年送给奥地利皇帝弗朗索瓦二世（François Ⅱ），上面雕有皇宫，这些"冰桶"的两耳仿佛大象的头，增加了一些异域特色。帝国时期的符号性装饰是国家历史的汇总，把罗马帝国的元素和各个朝代的元素都结合了起来。这些符号有：鹰、面罩和剑、托加[1]、桂树枝叶、宝座、长着双翼的胜利女神、墨洛温王朝的蜜蜂、加洛林王朝的王冠和权杖……这样做，是想在公众舆论中提升和巩固新朝的地位，把新朝嵌入历史，但是这种企图并没有多少实际效果：毕竟日常家具可不像那些可以随时"被革命"的餐盘，还没来得及被打上帝国的烙印。

在执政期后期，每当拿破仑打完一仗回来，王室都要庆祝胜利，在公开场合发放食物、钱和酒。但是，民众不能参加军队的宴会，即便是一些较大规模的场合，民众的参加也是有限的。1810 年皇上结婚，大吃大喝，成千上万的巴黎百姓眼巴巴地看着，也只能眼馋而

---

1 托加（la toge），古罗马社会上层人士穿的长袍。

已。尽管拿破仑的宫内做了多种努力，但是已经无法用宫廷礼仪的需要来解释宴会的靡费，很多人谴责婚礼的骄奢淫逸，仪式烦琐不堪，有时候好像是在超级豪华的环境中观看军队的表演。过去的老贵族可能喜欢皇上的形象，杜伊勒利宫的宫廷生活对他们也可能形成诱惑，但要是让他们和制度站在一起，他们还是犹豫，只有五分之一的人最终接受了拿破仑的新制度，他们除了真的相信之外，投机主义的心机成分只怕足以平分秋色。

恢复旧制度的餐饮习惯

1814年莱比锡战败和1815年滑铁卢战败，标志着帝国历史的结束。波旁家族虽然重新掌握政权，但是不能去除大革命形成的原则，这些原则大部分在《1814宪法》里有所体现。路易十八和查理十世都希望恢复旧王朝时期的庆典政治办法，拿破仑一世和他的宫廷其实大量地借用了这些办法。1815年，维也纳大会聚集了战胜拿破仑的各个王朝代表。这次会议之所以著名，当然是因为它为法国将近一个世纪的命运打上耻辱的烙印。但是，这次会议同时也让法国的代表塔列朗露了脸，他展示了壮观的法国厨艺，捞了一把政治资本。会议谈判中间，香槟酒敞开供应，也成就了大会的名声。

1814年，路易十八回到杜伊勒利宫，立即命人恢复大革命之前的御厨房。在拿破仑的战争中，礼仪不整，宫廷生活几乎陷于停顿，路易十八复辟之后，宫廷礼仪重放光彩。作为时代的标志，旧制度的机构名称和官职头衔都得以恢复：典礼处、银餐具处、国王寝宫事务局、家具处、总管，等等。这些机构开支庞大，路易十八任命一些高层人物管理这些机构。这样，1789年前负责国王礼宾招待事务的德德勒-布雷泽侯爵（de Dreux-Brézé），此时以庆典大总管的身份掌管典礼处，就不是什么奇怪的事了。奥蒙公爵（Aumont）、弗雷里公爵

(Fleury)、迪拉公爵（Duras）和黎塞留公爵（Richelieu），都恢复了之前的职务，在国王寝宫担任一等侍从，阿弗莱城和铁蝶堡的后人则是接替了大革命中被杀的各自父辈的差事。恢复王室典礼也包括恢复一些过国王的庆祝活动，例如国王入城仪式（路易十八在1814年隆重的入城仪式），重要的宗教节日（四大瞻礼），还有波旁家族殉道纪念日（路易十六和玛丽-安托瓦内特死难日）和可以把王朝永远载入史册的事件（路易十三的祝词）。而在重大事件时，比如波尔多公爵的洗礼或者查理十世的加冕礼，巴黎市政厅都多次为国王和其家族举办过宴会。

从1815年开始，正式宴会恢复，王室家族、各部大臣和内廷属臣又有了在正式场合一起就座的机会，宫廷得以恢复了一些社会凝聚力。太阳王时期对公众开放的一些城堡，比如爱丽舍宫、罗斯尼（Rosny）、圣克卢和巴加泰勒（Bagatelle）等处的行宫，也都恢复了王室森严与世隔绝的旧貌。通往国王宴会的通道漫长且艰难，好不容易得了一份邀请，你要准备好在皇宫寒冷的走廊里站立几个小时，完成等待引见的仪式。进了宴会厅，等着见国王，郁闷且烦躁。后来当上了法国儿童教育总监的贡托公爵夫人（Gontaut）回忆了她参加贝里公爵（Berry）婚礼的情形："我必须承认，正式宴会美丽而壮观，但是我也必须小声告诉大家，那么热的天，必须这么硬挺着站着看一个小时，站得人烦心，旁边的乐队黑压压的一大片，不知道有多少人，弄出的声音震耳欲聋，再没有比这个更难受的事了。"这些宴会的意义在于廷臣们和国王的交流，但是却遮掩不住深层次的敌对情绪。杜拉公爵夫人（Duras）和夸尼公爵夫人（Coigny）不接受入宫的请柬，说她们"在那里无所求，也不想在那里干什么"。很多贵族为了躲避杜伊勒利宫的沉闷气氛，宁可参加奥尔良家族在巴黎王宫举办的宴会，或者参加贝里公爵举办的宴会，因为那边的气氛相对要宽松一些。

新贵们在公开宴会上得到的位子很少；不论是在王宫，还是在杜伊勒利宫，旧制度下的贵族获得新任命的人数还是最多。在国王宴会的邀请名单中可以看到：1814 年 8 月 29 日宴会，国王餐桌上的夫人共 34 位，按历史时期划分，其中 29 位属于"旧制度"，5 位属于"帝国"，只有 5 位是没有 1789 年前廷臣家族血统的。一直到 19 世纪 20 年代，宴会大多数宾客是国王的熟人，邀请什么人来参加宴会，最要紧的还是名号和职务。新旧两种精英远没有融合在一起，比如在查理十世加冕礼上，有帝国的元帅出席，却完全不见大资产阶级的踪影。

国王的想法，主要是把波旁家族合法化，并加以美化，让大家忘记外国军队占领巴黎的不愉快的记忆。在路易十八加冕仪式上，宴会大厅进行了特别的装饰，意在让朝廷上下放心：在查理·佩西耶[1]的影响下，再现了前朝几位君王的形象，以此强调新君主代表着王朝的延续。查理十世的加冕典礼在兰斯（Reims）举行，典礼的宴会上，王室几个人身着大礼服，周围摆放鸢尾花。典礼大厅的布置甚至参照了古代和中世纪一些民间的记载："封闭"形的方桌和当时时兴的中世纪传统形制完全一致，而桌子上摆设的庙堂模型又象征着帝国时期新古典主义风格建筑。夏多布里昂[2]看破了这些形形色色的花样："这些背后有皇上的脸孔。我们经过的低潮岁月在他鹰隼般的目光下纷纷掩卷而逝。"波旁家族的心思不是要创建一个什么新风格，而是通过装饰宴会厅和宴会桌，借助联系古代和哥特时代，把自己的历史写入国家的历史。另一方面，"新"制度首先要重新建立政权与教会和军队之间的传统关系，查理十世加冕礼的时候，在前排就座的有法国教

---

[1] 查理·佩西耶（Charles Percier，1764~1838），法国新古典主义建筑家。
[2] 夏多布里昂（Chateaubriand，1768~1848），法国早期浪漫主义作家，波旁王朝复辟以后，当过外交大臣和驻外使节。

会的领袖和军队的精英代表，这就体现了在政权上层恢复了这种联盟。这已经不是显示旧制度宴会豪华的时代了：装饰简单，娱乐"有节制"。这样的简朴让弗雷尼利公爵（Frénilly）不高兴，他认为这是在削弱王朝的形象，光顾着节省，害怕招惹舆论批评，全然不顾任何政治上的考虑。

在这些宴会的场面设计里，人民终于有了一席之地。路易十八在公众面前的几次露面，都有民众参与，比如在巴黎圣母院举行的加冕礼，还有他的几次"入城仪式"上。"入城仪式"象征着国王和"欢迎驾到"的东道城市的一次会面。与国王的餐桌前面默默走过的人群一样，这些仪式的观众也被拦在栏杆后面，只能遥望坐在马车里一闪而过的国王。每逢王室有什么大事，或者有什么外事活动，王室就大量发送酒和食物，以示博施济众。在巴黎的香榭丽舍大街，摆放着大型条桌，桌子上放满了香肠和酒，招惹得老百姓争抢。发送食物的过程可能导致斗殴，所以整个过程受到当局的严密看管。政府也密切注意着巴黎4000个咖啡馆的动向，因为反对党雅各宾派的人隐匿在其间。在咖啡馆里可能有人策划阴谋，也有人散布反政府的言论，说政府做了多少坏事，比如说发送的食物不好，食品变质，酒里头掺假，毒害百姓，这只不过是利用皇室恩典反过来攻击其自身的一种谋略而已。1830年，思想家傅立叶[1]在设想乌托邦社会的时候，构想过这样的形式：以"法郎吉"（集体住宅）为基础，组织大家一起吃饭，男人和女人平等地围坐在一起。但是，在傅立叶的丧礼宴会上，空想社会主义者的继承人却已经急急忙忙地放弃了傅立叶的思想，宴会没了妇女，沿用了旧礼仪，做法上与其奠基人鼓吹的普遍主义和博爱完全相反。在七月王朝时期（1830~1848），虽然对公共集会有着控制

---

[1] 傅立叶（Charles Fourier，1772~1873），法国空想社会主义者。

和监视，反对派仍然举行了一些谋反的宴会，比如1831年5月9日在贝尔维尔"勃艮第葡萄汇"餐厅举行的宴会上，埃瓦利斯特·伽罗瓦[1]还发表了一次著名讲演，直接呼吁刺杀路易-菲利浦国王。这次具有重要影响的宴会并不是1789年兄弟式的友好宴会的翻版，因为来参加午宴的200多位共和党人都是应邀而来，但是这顿饭确实是第一次"公开"呼吁取一个君主的性命。尽管是在王朝时期，这些颇具政治色彩的餐桌丝毫没有丧失其颠覆的意义。

餐桌上的新老精英们

虽然有过大革命这么一个时期，但放眼大家族的长期历史，可以看到从18世纪中期到1850年这上百年的时间里，精英们表现了强烈的文化稳定性。餐桌是其中十分动人的例证，餐桌规范继续体现了这些新老精英们的能量，他们用一致的进餐和宴会的方式，巩固着自己的整体性。烹饪经过了各种改革和变化，已经提升到国家艺术的高度，自然要对社会的变化有所呼应，也对权力的变化做出了微妙的解读。但是，纯技术层面的革新其实不多，变化最大的，是餐桌上的习惯和桌面上的艺术。

法国大革命基本没有触动贵族自身的价值体系，多多少少保留了其文化财富的精粹部分。至少到了19世纪最后三分之一的时间里，贵族仍然占据着最有影响的政治职位。贵族的世界内部有很多不同的情况，显得纷繁复杂，特别是在掺入了帝国时代的新贵以后更是如此。但是，捍卫自己的血统世系和生活方式，是所有贵族的共同点。不过，贵族正在面对着社会地位下滑的危险，尤其是面对着资产阶级竞争的威胁。新的名人显贵也在模仿，他们学习旧贵族的聚餐习惯，

---

[1] 埃瓦利斯特·伽罗瓦（Évariste Galois，1811~1832），法国数学家。

把别人的习惯变成自己的习惯。这个过程预示并且伴随着资产阶级在 19 世纪谋求政治权位。大资产阶级为了爬升，企图把以前贵族独具的礼仪揽到手里，成为自己所有的一部分。1815 年以后，相关主题的著述大量出现，为餐桌上的种种讲究转移到整个社会各个阶层提供了方便。1808 年，美食家格里莫·德·拉雷尼耶尔出版的《东道主手册》(*Manuel des Amphitryons*)，获得很大成功，多次再版。这表明新生的精英们想要掌握餐桌艺术。在这个世纪里，这些出版物也记载了一些新情况，比如鱼刀等新餐具的出现，还有餐桌新礼仪的发展带来的一些变化。资产阶级一方面学习贵族的行为习惯，一方面也在创造属于自己的一些形式，贵族对此并不介意，也愿意反过来借鉴和吸收资产阶级的这些形式。贵族谨慎地展现自己的价值，意图恢复它所失去的道德权威，资产阶级面对这样状态的贵族，则是大大方方地炫耀自己阶级的成果。卡雷姆 1833 年写道：“当贵族中的美食家称赞饭菜好的时候，已经致富的成功人士的虚荣心得到了满足。"19 世纪初，曾经体现贵族的满怀豪情、被贵族深深眷恋的夜宵渐渐地少了，让利斯夫人 (Madame de Genlis) 对此深有遗憾，她认为这种衰落的主要原因是工作和商务活动少了。1825 年的时候，夜宵有一些小的恢复，一般是看完了戏吃夜宵，时间在 23 时到 0 时之间，而老百姓的用餐时间没有什么变化，仍然和 18 世纪末一样。

作为资产阶级生活方式的象征，宴会朝着讲求效率的方向发展，并日趋合理化。其中大的创新，是"俄国式"的服务，即每一次宴会为所有的参加者提供相同的菜色，这种服务的最终模式是格里莫·德·拉雷尼耶尔和他的品鉴评委们确定的。这个做法和名字来源于亚历山大一世在法国的代表、俄国王子波利索维奇·库拉金尼 (Borissovitch Kourakine)，俄国在 1810 年也实行了同样的做法。

上菜的顺序没有打乱，但是菜的数量由五道菜减少到了三道，只剩了头盘、烤肉和甜食。多年以来，厨师们一直在呼吁这样的"瘦身"；瘦虽瘦了，但是老习惯仍然保留着，在第一道菜和第二道菜之间，为客人敬上一杯酒，这杯酒有时候是冰镇的。在俄式服务里，每一道热菜都是送到客人的左侧，由客人自己取用。如果席面上的人的等级区分不再通过客人盘子里的菜的数量和质量，而是上菜的先后顺序。俄式服务另一个与法国不同的地方，是只有作为尾食的甜点可以在整个宴会过程中一直放在桌面上。以往的服务方式没有马上消失，一直等到了第二帝国的时候，新的方式才成了规矩。资产阶级基于自己的观念，对晚餐仪式提出质疑——原来的晚餐仪式是要增进权力餐桌的庄严性，资产阶级要清除这些"旧制度"的糟粕。餐桌上面和餐桌周围的装饰进一步简化，去掉了一些浮华之物，仅仅是为了表现菜肴的品质。在资产阶级的餐厅里，宾客所有的注意力都集中在盘子里的菜式上，不可以被花里胡哨的东西分心。新的烹饪风格渐渐地形成了，即讲究味道，无节制的奢侈受到谴责。我们在古费（Gouffé）的著述里，还是能读到这样的话（名门望族的大厨们都承认）："在合适的豪华和辉煌之中，摆放漂亮的大件冷食物，会在餐桌上产生最好的效果。"另外，切肉分盘变成在厨房里完成，或者是在餐厅里的橱柜上完成，而不是在餐桌上当着客人的面切割了。宴会风格讲究简约，达罗尤（Dalloyau）和勒诺特（Lenôtre）家族请客的时候，虽然还在供应冰镇小蛋糕、熟肉和奶酪，多数人更经常食用咸的。原先品酒的规矩也少了一些排场，自此以后，所有的宾客吃的都是一样的菜，喝的都是同一种酒。

　　吃饭的平等使人想起了大革命时期革命者的平等梦想，以民主化的宴会服务代替宾客之间的等级森严。在这种新型的宴会形式里，所有客人面前都有着一样的菜单，最漂亮的菜单上头有时候写着一段名人语录，有时候画着纹章和旗帜。同样出于追求效率的考虑，资产阶级努力固化一些礼节形式，减少午饭的时间。大型晚宴的一切相关事宜都要计算，从进餐的时间、宾客座位之间的距离、桌子的尺寸、椅子的高度，一直到餐厅的温度都要事先弄清楚。为了避免拥挤和混乱，每位来宾手里都有一张小纸片，上面有名字，指示来宾的座位。这种实用主义也影响到餐桌的装饰：过去的装饰重点是鲜花和灯烛，现在的重点是每个人面前的餐具，每个人的盘子从一个变成了两个，甚至叠成了三个，盘子前头是几个杯子。我们在古斯塔夫·卡耶博特（Gustave Caillebotte）的《午餐》（Le déjeuner）一书中可以看到这一点。在奥斯曼风格的套房里，餐厅变成了一个专设的房间，沙蒂永-普莱西（Chatillon-Plessis）1894年在《19世纪晚期的饮食生活——现代烹饪学的实用理论和历史》（La vie à table à la fin du XIXe siècle, Théorie pratique et historique de la gastronomie moderne）中写道："餐厅是一个剧场，厨房是后台，餐桌是舞台。"这种餐厅宽敞，少装饰，但是摆放着考究的家具。沙蒂永-普莱西说："一个剧场要有布置，一个舞台要有装饰，一个厨房要有机关。"在餐厅里，可以见到桃花心木的桌子，桌子可以拉长，还有和桌子匹配的坐椅、大大小小的餐具桌，还有三到五层的低橱柜。

　　资产阶级继承了卡雷姆的烹饪知识，日渐丰富自己，并且汲取了这个理性时代的科学技术创新，这一点在布里亚-萨瓦兰（Brillat-Savarin）的著作《味道的生理学》（La Physiologie du goût）里多有记述。现代厨艺使用了现代的贮存和运输方式——尼古拉·阿佩尔（Nicolas Appert）在19世纪初研制成功罐头，人可以不分季节地吃上水果和蔬菜，也可以吃上罐头装的沙丁鱼了。19世纪中期，加斯特斯·冯莱比格（Justus von Leibig）发明了人工婴儿奶，另外在贮存鲜肉的研究上也有进展。好多公司进入了食品工业产品的销售行业，比如雀巢公司（Nestlé）从1867年起开始销售人造奶粉，1856年在南特创建的卡塞格林公司（Cassegrain）专门加工蔬菜，克诺尔公司（Knorr）则是在1873年以销售汤料获得了成功。另一方面，来自殖民地的异国产品从此也摆上了最高档次的餐桌。厨师是真正的艺术家，他们逐渐地独立了起来。厨师们的创作元素一方面来自中世纪和当下时尚，另一方面来自外国。厨师们尤其喜欢仿照弗雷德里克（Frédéric）的"银塔"（la Tour d'Argent）或者"普罗旺斯的让-巴蒂斯特·勒布"（Provençal Jean-Baptiste Rebou）的样子，不断地创新。比如冰激凌糖水桃子的创始人埃斯科菲耶（Escoffier）在伦敦的卡尔顿饭店推出了芦笋罐头，并且从那里带回来了用薄荷和辣根菜做的浇汁。

炫耀财富免不了受到贵族的讥讽，贵族嘲弄暴发户的吃相和穿着的坏品位。巴尔扎克在《金眼姑娘》一书中揭了这些"征服者资产阶级"的底细，说这些人在显摆富有的时候，却往往希望大家减少消费。他在《时髦》一书里再次告诉大家，在宴会上最有派头的人，实际上是吃得最少的人。巴尔扎克建议晚宴的组织者重交谈，轻吃喝，他说："不要再吃牡蛎了！牡蛎带着市侩气味和小酒馆的气味。体面的人要是特别喜欢牡蛎，他们自然会离开巴黎，到诺曼底去。我们不是有这么多好吃的吗？你要给他们肥肝酱、猪腰子，或者用一些香槟酒和松露烧猪蹄……这些才和他们的皮鞋相衬。只有那些花1200个法郎（旧法郎）雇来的用人们，或者圣歌队的队员、教堂执事和看戏挤在最后面的人，反正都是吃不上饭的人，只有他们这样一些人混一起，才能那么着吃饭。"

沙龙的数量持续减少，欧仁·斯皮莱（Eugène Spuller）说咖啡馆是"无沙龙人的沙龙"，保守派说咖啡馆只不过是一个讲几句平等的空话的地方罢了。奥古斯特·勒帕热（Auguste Lepage）在1882年出版了《巴黎的艺术文学咖啡馆》，书中谴责咖啡馆"掺和政治，分裂国家",他又说:"每一个圈子都有属于自己的咖啡馆,大家都知道在哪个咖啡馆里可以找到现实民主主义者,在哪个咖啡馆里能遇见反动派。什么样的人是反动派?反动派其实是对一切美的事物都没有偏见、真诚欣赏的人。"对于雅各宾言论的拥护者来说,咖啡馆不可替代,1841年出版的《巴黎咖啡状况》中这样说:咖啡馆"照亮了人的思想,融化了社会阶层,让人民的意愿最大限度地得以表现"。伊波利托·卡斯蒂耶(Hippolyte Castille)热情洋溢地说:"咖啡馆,就是民主的沙龙。"但是,很多政治领袖一旦成名,就不再在这些咖啡馆里露面了。比如莱昂·甘必大[1],他在1868年博丹诉讼案以后出了名,之后便离开了他常去的普罗科匹厄斯咖啡馆(le Procope)。还有阿道夫·梯也尔(Adolphe Thiers),他成了部长以后,也不再光顾托尔托尼咖啡馆(le Tortoni)了。一方面,咖啡馆横遭褒贬;另一方面,餐厅继承了皇宫里的厨艺,成为19世纪大资产阶级最好的政治交际场所,是大资产阶级显示力量的最佳舞台,也是谋求职事、建立名声的必由之路。在餐厅里举行的大型晚宴有着自己的规矩和传统,是一个有效的整合仪式,宾客们通过自行加聘自行议选的方式,将少数的、几乎是清一色的男性宾客,融入一个特别的团队,和当时改良主义者举办的宴会风格迥然不同。这种团队的一致表现,是大家经常坐在一起,在和气融融中品尝好吃的饭菜,每上一道菜,每上一杯开胃酒,直到最后在吸烟室里送上一杯烈酒,都是客人们谈论时事和政治的机会。在这个世纪的后半部分,交际圈子和俱乐部越来越多,成为资产阶级社交新形式的特征。从1856年开始,著名的比克西尤[2]

---

[1] 莱昂·甘必大(Léon Gambetta,1838~1882),曾任法国总理,为法国第三共和国奠基人之一。

[2] 比克西尤(Jacques Alexandre Bixio,1808~1865),医生、农学家、政治家,1853年经常举办有学者和文人参加的宴会。

的晚宴推动了政界、经济界和文学界人士的交往，1862年开始有的马尼（Magny）晚宴，让一些更小范围的人士经常见面。从蒙特盖伊大街（la rue Montorgueil）的康卡尔罗彻（Au Rocher du Cancale）餐厅到王宫地段的"维福"（Véfour），最好的餐馆一个挨一个，彼此竞争，竞争促生了大量的相关文学，奠定了大厨们的光荣。

精英们放弃了繁复的礼仪，但是最高政权不放弃，用餐始终保留着壮观的场面，不管其政治内涵有了什么变化。拿破仑·波拿巴成了国王以后，力图吸引名人显士，想把旧制度的贵族和帝国的贵族纠合在一起。1852年1月，为了满足贵族们对名号的要求，路易-拿破仑·波拿巴恢复了第二共和国取消的贵族名号，但是也没有给他们新增加权力。拿破仑三世收用了古费家的长子朱勒（Jules），派在御厨房里，要他举办一些豪华宴会，吸引国家经济界的英才。同一时间，莫尔尼公爵（Morny）也经常张灯结彩，在拉赛公馆（Lassay）举行晚宴，他的宴会大量使用"塞夫勒"瓷器和"克里斯托夫勒"[1]的银器，这两个品牌是新旧精英政治联合最完美的象征。怎么安排座位这时升级成为一件国家大事，每个来宾都是忐忑不安地找桌子上写有自己名字的卡片，生怕邻座是一个让人难受的人。虽然礼宾教科书上要求避免文学对立和政治对立的人接近，但共和党人、波拿巴分子和正统主义派的人经常会你挨我我挨你地挤在一起。帝国宫廷在这个礼宾细节上要求并不严格：在贡比涅举行宴会的时候，当贵宾们在皇帝左右就座以后，其他客人喜欢坐在哪里就坐在哪里。另外，坐在小圆桌子旁边的客人可以走动，换桌子，说话更为方便，1867年皇帝在杜伊勒利宫剧场举行夜宴的情况就是这样。阿道夫·门采尔（Adolph

---

[1] 克里斯托夫勒（Charles Christofle，1805~1863）是法国工业家，1841年从英国引入电镀金银技术，创立以自己的名字命名的品牌。

Menzel，1815～1905）在1878年出版的《柏林宫廷夜宴舞会》一书中描写了主要由贵族组成的德国上流社会，说这些人站着吃饭，一边吃，一边在各个桌子之间游走。

这样不顾传统，想怎么着就怎么着的自由方式，并不是精英宴会习惯的全部。伊迪丝·沃顿（Edith Warton）的作品《纯真年代》（*The Age of Innocence*）于1920年完成，就是一幅反映19世纪末纽约上流社会的油画。祖上是英国人、德国人或者荷兰人的大家族，借用了"旧欧洲"的规矩和礼节，举办了一些用意颇多的宴会，既要炫耀自己的财富和人际关系网络的强大，又要谈论政事，同时通过邀请谁和不邀请谁的小手段，告诉众人哪个人已经被排除在了圈子之外。

小　结

格里莫·德·拉雷尼耶尔认为，法国大革命造成的烹饪历史的断裂是显而易见的："一方面，美食家们在相当长的一段时间里无事可做；另一方面，社会财富的归属发生了大换手，新的财富转移到了一些新人手里，而这些新人对怎么使用这些财富和怎么有尊贵感地享受这些财富都还不明白。这两方面使宴会的东道主和宾客的行为习惯发生了几乎是全面性的变化。要办的事差不多还是一样的，但是办事的已经不是原来的人了。"然而，帝国时期和王朝复辟时期权力人群的聚餐习惯体现了社会政治的一些常态，这种常态贯穿了19世纪的始终。

当然，法国大革命给餐桌的政治表现形式带来了新规矩，同时也从"光明世纪"的社会交往中，获得了属于自己的兄弟情谊宴会的构思。政治关系随着制度的更替而变化，今天是立宪王朝，明天是短暂的共和，再过了一天又是帝国的合成物。在政权摇曳的复杂变化中，吃饭的政治意义淡化了。路易十五以后的君主逐渐地放弃了正式宴会的豪华场面，更愿意几个人亲密地在小规模的夜宴上小饮浅酌，拿破仑恢复了宝船和专用餐具盒，公开地告诉世人，他是前世君主的继承人。权力餐桌还在发生作用，它要在公众舆论中，固化新朝的合法性。

18世纪以来，我们看到了政治宴会的"民主化进程"，政治宴会不仅和宫廷、国王有关，也从此和精英们有了关系，名人、贵族和资产阶级都在仿效君主们的习惯和做法。外省的餐桌上也在谈论政治，也学巴黎大宴会的样子，也把菜式和宴会的礼仪弄成了勾勒新的政治力量关系的手段。宴会的服务形式有了变化，厨师的地位上升，餐桌也正式成了国家行政工具。国宴依然是表现政治的特殊形式，但是在比较私密的聚餐上，才能进行秘密谈判和策划。比如在让－克洛德·布里斯维尔（Jean-Claude Brisville）的《夜宴》中，塔列朗和富歇（Fouché）谈了整整一夜才达成协议，同意波旁王朝复辟。从这种精心安排的夜宴中，可以看到路易十五统治初期建立的外交宴会传统的恢复。

精英们用精美的宴会构建了新的联盟，巩固了旧有的人际关系网。显贵们恢复了王朝宴会的传统，主要是要确认他们的政治地位。资产阶级摇摆不定，又想学贵族的样子，又想表现自己的事业成功，想有特立独行的宴饮风格。餐桌艺术没有多少改变，不过是世俗化了一些，从耆宿精英，到贵族精英和资产阶级精英，再到全社会，逐渐成为"全民的"烹饪艺术。

第五章

政治想象和食物认同
19 世纪到 20 世纪

一个社会的厨艺，是社会下意识地表现自身结构的一种语言，又或者，它不情愿地揭露了自身的矛盾。

——克洛德·列维－斯特劳斯

前　言

餐桌和政治行为之间的关系，并不是只限于炫示赐宴的实力这么单纯。19 世纪，民族的概念开始显现，餐桌变成了一种民族特性的表达，无论是盘子里的菜式还是进餐的方式。安东尼·斯密特（Anthony Smith）在 1931 年出版的《民族特性》（*National Identity*）一书中说："一个特定人群的成员，穿着打扮一样，吃饭的样子相像，而且讲一样的语言。"食物作为一种工具，同样被那些处于征战中的国家用于实现其战略意图。在这种情况下，放弃一种可有可无的食品，既和食品匮乏因而要考虑如何保障供应的限制有关，也和战争中的政治和文化的选择有关。在"食品的"诸多谜团中，有 1905 年波将金（Potemkine）战列舰给水兵们提供变质的食物，终于酿成起义的故事。这个故事很好地说明了食物问题和建立民族理想密切相关，我们以后会看到，这种理想首先锚定在一个地区，我们甚至可以说，是锚定在一个很小的地区。另外，"供养"人民的问题是政权定义和政权合法化的中心问题，这个问题有利于"新人"（l'Homme nouveau）的专制计划，新人的品位需要引导，新人对丰盛的观念需要引导，而在苏联的情况中，则是需要对付物质匮乏。

法国的公众宴会在 1876 年前后，视时局分别采取秘密阶段和公开阶段，恢复了共和国元年兄弟般夜宴的回忆，成了共和分子交往的重要场合。我们在朱勒·米舍莱（Jules Michelet）举行的宴会上，看到了他对博爱和平等的追求。在同等意义上，米勒（Mille）在 1948 年举办的宴会虽然说是非常右倾，其实与 1848 年改革派的宴会形制相当吻合。

菜碟之间的疆界

建立饮食归属感

"告诉我你成天吃什么，我就知道你是干什么的。"这是 19 世纪布里亚-萨瓦兰（Brillat-Savarin）的一句名言，现在的人还经常这么说。用这句话形容吃与人的关系应该最合适不过了。

19 世纪关于民族主义发展的历史里，多有奇奇怪怪的关于吃的故事。比如，"拿破仑"是一种很难消化的立陶宛千层饼式的糕点。当时的人们用它比喻拿破仑在当地推行的司法改革的复杂性，层儿多是讥讽《民法典》太厚呢，还是形容法国对立陶宛的压迫呢？

还有一种食物,威斯特伐利亚的一种黑麦面包(Pumpernickel,读作潘坡尼可)。据说拿破仑曾说过,这种黑麦面包,只有他的老马尼可才能吞咽,言其过硬,这当然是传说。这种面包在大百科全书里这样记载:"这是威斯特伐利亚地方食品,黑、硬、皮极厚,要用斧头才能砍开。荷兰多数地区目前生产类似的面包。面包味道不错,但是真的难以消化,吃起来不轻松。"

有几种食物意义深远,或者连着一个战役,或者和一个国家联系在一起。比如"拿波里比萨饼",本来不过是面粉加盐加酵母做成的一种家常烙饼,在19世纪末意大利统一的进程加速的时候,它却成了"国家食品"。1889年,意大利的新君主亨伯特一世(Humbert Ⅰ)和玛格丽塔王后(Margherita)要和拿波里的人讲和,在王家城堡请客,当时最有名的比萨饼师傅拉斐尔·埃斯库斯托(Rafaele Escusito)到场,在御前推荐了几种比萨饼。王后最后迷上了一种用莫扎里拉(mozzarella)奶酪、西红柿和罗勒制作的比萨饼,这种饼有着和意大利国旗一样的颜色(罗勒绿、奶酪白和西红柿红)。王后欢喜得不得了,干脆给了个名字:"拿波里比萨饼"。20世纪初,这款比萨饼被隆巴尔迪(Lombardi)家族引入纽约,从此它举世闻名。

英国布丁也表现了与国家形象的关联,其渊源和它的成分一样模糊不清。19世纪中期,在英国人的食物里,布丁不可或缺,尤其是圣诞节前后,几乎家家都在吃布丁。布丁的形状和用料这些年也趋于稳定:面粉、面包渣、牛肾、牛油、红糖、葡萄干、李子干、鸡蛋和啤酒(或者干邑),把这些料用豆包布包起来煮,煮到最后呈球状。布丁和另外一种"国家食品"——烤牛肉一样,是英国人炫耀民族精神的资本,还有各种王室的冠名,比如"维多利亚布丁""王子布丁"……老百姓喜欢布丁,有时候甚至吃之前祷告一番,给了布丁一些信仰上的意义。英国殖民地纷杂,各地制作布丁用料不同,很多史学家认为，布丁反映了大英帝国文化的多重性和英国社会的和谐。

比利时也是这样一个例子（虽然它到了 1830 年才有了今天的国家面貌），尽管瓦隆人和弗拉芒人关系微妙，比利时的国家建设和其烹饪历史却是密切相关的。一直到 20 世纪初，也许是因为流亡布鲁塞尔的法国人太多，法国深刻地影响了比利时的饮食。1870～1900 年间比利时王室的一些宴会菜谱记载，比利时上流社会很能接受法国菜，菜的名字暴露了一切，比如"斯特拉斯堡肉酱"或者"巴黎焗龙虾"，还有"波尔多红酒牛里脊"，尽管也有和法国没什么关系的"罗马沙拉"和"荷兰汁"。第一次世界大战前夕，爱国主义成为国家主旋律，不论是达官贵人还是平民百姓，比利时人的"比利时食品意识"渐浓。芦笋必定是梅赫伦[1]（Mechelen）的芦笋，烤鸡必定是"鲁本式"[2]的烤鸡，巧克力必定是列日（Liege）产的巧克力，连牡蛎的身份也变了，一夜之间一定要吃奥斯坦德（Oostende）附近出的牡蛎了。1910 年布鲁塞尔世博会后，比利时饭菜大行其道。"新厨艺"的热情在战后有增无减，受爱国主义情绪的鼓动，不管是上流社会还是普通百姓都热衷于此，而法国或者巴黎的厨艺逐渐淡化。旅游指南类的刊物里，法国菜名没有了，一些地方菜品升级成为"国家食品"。"炖牛下水"本来是一道平常不过的地方菜，此时被"国有化"，升格为"比利时菜"。苦苣、弗拉芒瓦特佐伊（奶油乱炖鱼羹）、炸薯条、华夫饼、啤酒和精制巧克力摇身一变，都有了"国家级待遇"。当然，比利时也有无可争议的地方菜品，比如艾登地区的火腿，弗拉芒的炭烤肉；不过，布鲁塞尔和列日两个城市，为华夫饼到底出自谁之手一直吵到了今天。

---

1 梅赫伦以及下文提到的列日、奥斯坦德均为比利时城市。
2 鲁本（Pierre Paul Rubens，1577～1640），弗拉芒画家。

建立"国家菜品"并不容易，海鲜饭就是一个例子。海鲜饭最早成型于19世纪初西班牙的巴伦西亚（Valence），原本是一道农家午饭，富裕人家用料讲究些，多添几个虾，平常人家用料简单些，多几个淡菜，渐渐地可以从中看出人所属的社会阶层。海鲜饭传至各地，不同的地区有不同的用料和烹制方法。巴伦西亚和阿利坎特（Alicante）两地的海鲜饭风格迥异，主要是米的做法不同，另外，离海岸线近的地方用鱼多，反之火腿多。不管海鲜饭有多少变异，权威美食文学还是将巴伦西亚作为菜系的标识，在整个伊比利亚半岛，只要说海鲜饭，只能是巴伦西亚海鲜饭。19世纪末海鲜饭风靡安达卢西亚，直到1950年才被巴斯克地区[1]所接受，到了1960年，在佛朗哥政权旅游政策的强推之下，西班牙全境的海鲜饭完成了统一。大力推举巴伦西亚海鲜饭造成了菜谱的多样化，在原来的基础上又添加了鸡腿、青蛙腿和猪排。但是，这种对原始菜谱的"稀释"让巴伦西亚居民愤愤不平，他们创立了针对"西班牙海鲜饭"的"巴伦西亚海鲜饭"，在当地的餐馆，店主听到你说"西班牙海鲜饭"，会客气地纠正你：是"巴伦西亚海鲜饭"。在19世纪中期，欧洲通过美食文献正式认识了海鲜饭，这种情况下，"国家食品"和"地方菜"的对立情绪已经显得无关紧要。法国菜谱里对海鲜饭的解释，主要是强调其"外国特色"，对于菜的味道形容不多。"二战"前后，大批西班牙人移民法国，这一道"西班牙菜"才真正融入了法国人的日常饮食。

有时候，有的菜品已经成了"国家食品"，但是菜品的原产地并不这样以为，"自家"的菜一不留神成了"别人家"的菜。匈牙利烩牛肉（goulasch）如今是匈牙利国家的招牌菜，其实早在1870年，这种菜在奥地利普通人家的桌上经常见到。匈牙利还有"酸菜肉"

---

[1] 欧洲地区名，现分属法国和西班牙。

(la sauerkraut)，用发酵变酸的圆白菜切丝配熟肉，这道菜虽然是整个中欧的家常菜，其实是生活在当地的德国人的创造。匈牙利人把这道菜视为匈牙利的象征和骄傲，而且提高到一个相当的高度，地位甚至在语言和宗教之上。

实践饮食归属感

无论烹饪的"国有化"是不是实际存在，却是一种真正的政治工具，当权者一来利用这个政治工具唤起民众的觉悟，二来也是想要把一个人群团结在共同的价值周围，这些共同的价值不仅局限于语言、服饰和历史。而对饮食的共同记忆是政治工具的体现，甚至成为关键因素。19世纪，很多欧洲国家获得了独立，这同时是一个产生大量烹饪文献的世纪，转瞬之间涌现出了很多用地方语言写成的关于吃的刊物和菜谱，让人嗟叹。这样写吃、做吃的极大热情，只能在民族兴奋的大环境中才能被人理解，这个大环境要把食品当成最要紧的文化武器，从生理角度直接触及每一个人，也从象征层面触及整个社会。1800年在爱尔兰，1828年在雅典，1831年在挪威，1834年在芬兰，1841年在罗马尼亚，1870年在斯洛伐克，都能看到大量的类似出版物。

大量烹饪美食类书籍的出现，促进了对于"民族"语言和"民族"习惯的承认，同时也使得将整个社会拉入正在崛起的民族主义的野心成为可能。在众人的想象里，农村是民族性的象征，而精英们却只想着过一种差不多相似的都会生活。这种思潮在中东欧国家尤为活跃。匈牙利餐馆老板李伯特·斯卡勒卡兹（Lipót Schalkhaz）在著述中抬高农民的作用，贬抑贵族，认为贵族们陷在法兰西帝国的宫廷厨艺里不能自拔。不过他承认，不管是在国内还是在国外，德国和法国的烹饪很有影响力，匈牙利的烹饪不过是德国烹饪惨淡的映照。斯卡勒卡兹疾呼匈牙利不能成为"奥地利"，他建议推广大多数人都能接受的菜式，反对专属于一个阶层的少数餐厅的"烹饪"；这个阶层的人成天沉湎于大都会的享乐，而他们完全可以满足于一种简单的"民族的"饭菜。

这种反对精英人群痴迷于现代食品，主张继承传统、以民为本的思想，到了 20 世纪仍然是烹饪文化属性的话语体系，在法国尤其是这样。食谱成了建设国家特性的一个组成部分，把之前只有在豪华宴会上才得以一见的饭菜推广到一般人的生活里。在这场"战斗"中，妇女们有着重要的地位。斯卡勒卡兹和《火炉旁的妇女》（*Femmes auprès du feu*）的匈牙利作者莫尔·若开（Mor Jokai）都看得很清楚，知道把他们的著作献给家中主持"圣坛"的女主人们。在很长的时间里，相关的史学家都认为，19 世纪民族性形成的过程中唤醒民族性只是男人的贡献，而忽略了这也是女人的贡献。

1878 年罗马尼亚独立，宣布罗马尼亚人独立的人是历史学家科伽勒尼西阿奴（Kogalniceanu），此人同时也是几部烹饪书籍的作者，早在 1841 年他就出版了包括 200 个菜谱的烹饪专著，虽然只介绍了一些德国菜和法国菜，但是却号召建立"民族菜谱"的标杆。要成为民族思想的卫道士，却又在鼓吹欧陆时尚，这样暧昧的态度远不止在他一个人身上表现出来。斯洛伐克最早的烹饪论著是用当地语言写成的，1870 年出版，作者是让·巴比隆（Jan Babilon）。此书一方面推崇"民族菜"，把"民族菜"当作从布达佩斯的影响里解放出来的自由象征，更重要的是，另一方面，此书使用了斯洛伐克语。1867 年缔结了"奥匈协议"以后，这本书更是真正成为斯洛伐克解放的工具。匈牙利的"酸菜肉"之所以变成一道"国家菜"，这本菜谱起到了决定性的作用。斯卡勒卡兹呼吁"在资产阶级厨艺的国家道路上实行改革"，这个改革就是要通过大量写作、印刷和散布这些关于写吃的书来完成。

挪威 1814 年从丹麦独立,但是一直到 1905 年仍然和瑞典并为一体,挪威在"国家厨房"的问题上,是一个有意思但是相当复杂的例子。19 世纪的挪威,出现了大量有关历史和烹饪的书籍,一时间有风起云涌之势。在挪威新社会的部分人群中,我们仍然可以感觉得到丹麦习俗的分量,不过一些精英仍在寻求抬高纯粹"地方性"的方式。为达此目的,他们招聘了一些熟谙地方传统饭菜的大厨,陆续出版了一些烹饪新书,比如皮约·阿斯卓森(Pioe Asbjornsen)用挪威语写成的几本书,就反对有丹麦来头的菜谱,提倡他所谓的"真正的挪威厨艺"。他在表现民族热情的同时,也没忘了吹捧一个叫朱斯托斯·冯·利艾比格(Justus von Liebig)的德国化学家的"厨房本事"。丹麦的饭菜影响确实仍然存在,我们在他的著作里,可以看到对维京时代和 12 世纪、13 世纪菜谱的借鉴,纯粹的丹麦菜终究是少不了的。

然而也有别的情况。比如希腊人,他们面对着土耳其人,更愿意和西方人站在一起:1828 年,他们翻译了意大利食谱,1840 年,他们又翻译了法国食谱,但是不怎么愿意提高希腊乡土饮食的地位,因为希腊的饭菜广泛地有着土耳其的印记。

一个国家的影响力也隐藏在厨艺之中,因为美食可以成为一种出口产品。在这上面,法国饮食表现出色,从 17 世纪末法式大餐全面盖过腓特烈二世(Frédéric II)的宫廷,到由依波利特·古费(Hippolyte Gouffé)主厨的圣彼得堡斯库瓦洛夫伯爵(Schouvaloff)的宅第,再到德谢斯代尔菲尔德伯爵(de Chesterfield)处,法国饮食被交口称赞。克卢艾(Clouet)、拉沙佩尔(La Chapelle)、阿方斯·古费(Alphonse Gouffé)几位大厨在英国王宫让法国的烹饪大放光彩。1867 年 6 月 7 日,拿破仑三世在"银楼"[1]为沙皇亚历山大二世

---

[1] 巴黎拉丁区一家高级餐馆。

和普鲁士亲王纪尧姆一世举行三皇宴会，展示了法国人吃喝的本事。这次宴会的管事是都德（Daudet），他安排的菜式里有鲁昂乳鸭和巴黎龙虾。古费的菜式，尤其是顾氏羊羔、图卢兹鸡胸和帝王糕点，闻名整个欧洲，甚至一直传到了阿卜杜拉·哈麦德（Abdul-Hamid）苏丹的餐桌上。法国大厨讨人喜欢，随着其社会地位的上升，他们出入的社交圈子里可以看见左拉、福楼拜、勒南和龚古尔兄弟的身影。烹制食品的技术手段不断进步，有了电和天然气，但是并没有让大厨失去烹饪艺术家的地位，他们的威望没有受到任何削减，他们的名声响遍了欧洲所有的重要宴会。大家简直就是在公开争抢大厨，把享受他们的手艺视为自己的人生幸事：1830年在英国、意大利和俄国，1868年以后日本，甚至美国的纽约和盐湖城都加入了争抢的行列，19世纪中期以后，贝尔纳（Bernard）一直在盐湖城效力。时尚的高级俱乐部也在招大厨：古费家族中有一位在英国赛马总会[1]（Jockey Club），路易－厄斯塔什·于德（Louis-Eustache Ude）在克罗克福德俱乐部[2]（Crockford's Club），亚力克西·苏瓦耶（Alexis Soyer）在伦敦的改革俱乐部[3]（Reform Club），这些场所的菜单都是用法语印制，直到"二战"都没有变过。在整个世纪，大厨们一直是名人，与之相关的人脉、刊物和烹饪学校都推动了法国厨艺在整个世界的传播。1889年9月，在《法国和外国的厨艺》上，我们看到这样的话："厨艺是一种艺术，它甚至是一种双重意义的、极其法国化的艺术……在世界上的任何地方，厨艺都没有像在瓦泰尔和布里亚－萨瓦兰的祖国一样，被研究到如此细腻的程度；几乎在任何地方（当然是指在文明国家），权杖都是掌握在大将军手里，而大将军却是被法国人的手控

1　英国主管马赛和培育良种马的最高机构，1750年成立。
2　英国伦敦一家著名的赌博俱乐部，1827年成立。
3　成立于1832年英国改革法案的年代。

制着。"

　　厨艺是形成国家的决定性因素，它和餐桌礼仪结合在一起，可以加强围绕"国菜"的共同情感。法国的义务兵役制是从 1872 年开始的，义务兵役制把来自迥异的社会阶层的人、来自完全不同地域的人掺和在了一起，由此发展出了一些不甚为人所知的菜式。军人吃饭，不可能顾及地区和社会阶层，入乡随俗，到了一个地方就要顺从那里的饮食习惯，也是外来人融入新的社会团体的显著标志。欧洲人对这个过程最有感触，俄国人、德国人，尤其是意大利人，他们刚到美国的时候，都坚守着原来国家的饮食习惯，最先放弃这些习惯的人几乎成了仿效学习的榜样。

　　法国大革命之后不久，诞生于中世纪的德国学生社团开始描绘德国民族国家的雏形，在国民的教育和整合中起到了主要的作用。这其中最有名的，是"学生联谊会"（les Korps）和"男大学生社团"（la Burschenschaft），它们有很浓的军事色彩，为职场提供方便的同时，也在宣扬爱国的政治口号。在这个学生世界的仪式和习惯之中，"酒吧聚会"（la Kneipe）是整合过程中的关键时刻，还有周日 11 时到 15 时举行的"午前酒会"（Frühschoppe）。酒吧聚会启用了中世纪的传统，按照严格的等级，分享含有酒精的饮料。聚会的主席称作"Prases"，只有他能够下令，允许谁离开桌子，只有他能够下令惩罚"犯规的人"。从《大学生歌曲集》里摘选的爱国歌曲自然也要呼吁学生勿忘国家。1813 年阿恩特（Arndt）写了《德意志的家乡是哪里？》，歌中有这样的回答："我们的祖国是德国的全部，还有那些一看就不应该是法国的地方。"

　　这种把自己的特性锚定在什么上面的愿望并不是田园牧歌式的家国情怀，它使得经常四处游走的德国学生在自己的社团里找到了归属。酒吧聚会上发表祝酒词、听着命令喝酒以及按规矩"着装"，都有着浓烈的军事色彩。海因里希斯·曼（Heinrich Mann）在《臣民》中对此有很好的记述："在这家'老德国'咖啡馆里，迪德里希（Diederich）感觉美好，他被保护着。墙上挂了一排帽子，一圈人都张着大嘴，唱一样的歌，喝一样的酒，环境里是啤酒的味道，人的身体在潮湿的环境里也散发着同样的啤酒的味道。……他是一个人了，他有了自尊，有了自己的光荣，因为他是这个社团的成员之一。"这些聚会重现了神秘的、可以保证团结的中世纪的气氛，启发了对于民族性的觉悟，也成为德国人民族和解的一种象征，其中啤酒是最好的媒介；1904年，德国宣布抵制捷克啤酒。19世纪出现的美国或者英国的一些俱乐部待客的历史，可以找到同样的方式，这些社交圈子举办的宴会上经常谈到政治，并且，这些交际圈子包括了所有的职业阶层：高级官员、大学院的学生、银行家、企业家……1914年志愿兵的数量之多，是一个让史学家们困惑不解的现象，这个谜一样的现象可以有一个初步的解释，那就是大学生俱乐部和知识分子俱乐部之间的竞争，以至于在1914年8月到1916年初的这段时间里，将近两百万志愿兵在法国的国土上作战。

饮食归属感的疆界

"烹饪"空间的定义是靠不住的；划分好了国界，才能说这里是地区，这里是国家，而疆界是动态的，可以随着时间而变化。烹饪的问题有助于建立食品的地域性，也引发了一些对立和争议，尤其是在激活了所有的经济和政治因素的时候。

原产地命名审批制度（AOC）就是政治利益之间互动和提升地方品牌的一个引人注意的事件。1901年7月1日通过的法律要把原产地命名作为斗争的武器，让一个特定食品得到一个准确的称谓，打击挪用滥用这一特定食品成分的现象。这件事的意义超出了表面上简单的经济法律，政客们马上对此反应，要保卫他们所在地区的烹饪身份。19世纪真正的祸害是欺诈和作假，围绕着怎么和这些祸害作斗争形成的争论，最后总会被引到关于大革命和帝国时期遗留下的不合理的行政区划的政治论战。在法国第三共和国时期，反对当时制度的当选人经常回到这个问题上，诛伐政府的相关政策。另一方面，机械化和经济自由化颠覆了农村的结构，农村在加速变革，葡萄酒业自然也在其中，葡萄酒业在1860～1870年间遭灾，受到葡萄根瘤蚜虫的侵害，在1894～1897年和1910～1902年两个时段销量锐减。在这种困难的情况下，利用法律手段确定葡萄产地变得急迫起来。但是，对此采用一个什么标准呢？是以地理界线为标准呢，还是不管种在哪里，而是根据酿酒的方法和葡萄种苗的不同而定呢？在地方民选官员和葡萄农的压力下，1905年8月1日颁布新法，针对各种不法行为加强了1901年的法令，但是，酒农们并不满意，他们觉得新法主要是为了保护消费者。气氛相当紧张，1907年在蒙波利埃（Montpellier）发生的游行就是一个例子，游行者拒绝缴税，要求承认植根于地域的文化。关于原产地命名的争论最后导致了1908年8月5日的法令的制订，法令规定"独享产品原产地名称的地区的界定，应该以当地的日常习惯为基础"。但是，问题远远没有得到解决：地方民选官员和农民在波尔多酒的名称上达不成一致意见，最后把这个名称归入了吉伦特省（la Gironde），科尼亚克（Cognac）和阿马尼亚克（Armagnac）两种烈酒的名字授予了相关行政区域以外的产品。1908年12月17日通过的香槟酒所在区域的界定，包括马恩省（la Marne）和埃纳省（l'Aisne）的几个区，但是不包括埃纳省，闹得埃纳省到法国行政法院告状。在其他地区，发生过一些动乱，群众要求众议院的议员重新审议1911年的法律条文。第一次世界大战爆发，辩论中断，1930年得以恢复。到了1935年和1936年，在尖锐激烈的政治斗争之后，波尔多酒和香槟酒的原产地命名才最后分别得以通过。

围绕原产地命名的斗争和19世纪末的一个重要题目有关，即地方特色和地方民粹的问题；这个重要题目在1920～1930年变得更加重要了。烹饪的爱国主义是什么呢？像是鼓吹自己的烹饪优势，宣传消费故乡的产品，有形地把爱国主义裹在自己身上——到了比利时，喝一杯当地的啤酒，意味着您正在"消受"生产啤酒的修道院。这种本质的偏移，让很多决策者使劲抬高一个地方、一个地区乃至一个国家的品质，甚至不顾伤害邻居或者一些竞争者。类似的想法让1930年陷入危机的一些国家有了自给自足的愿望，尤其在专制体制的欧洲国家里有了响应。墨索里尼发动的"小麦大战"既是应对国家的经济困难，也是围绕亚平宁岛食品优越感的题目做文章，动员意大利民众。德国的希特勒政权也试图弘扬传统，特佩尔（Tepel）是德国经济部的餐饮业和旅馆业的带头人，他强调"爱国主义"，要求餐馆突出"传统"框架，其中最为典型的例子包括纽伦堡市布拉特沃斯特格劳克莱恩餐厅的哥特式门楣以及莱比锡市奥尔巴赫·凯勒餐厅的拱状回廊，康斯坦茨市英瑟尔旅店的巨型壁画都是可以借鉴的典范。特佩尔认为，使用诸如莱茵三文鱼、黑森林鳟鱼和威斯特伐利亚火腿等地方产品，是建立更广泛的日耳曼食品文化的一部分。

这种本质主义的论调同样充斥着法国政坛，右派和左派的想法差不多。到了19世纪和20世纪之交，这种思想受到民族主义思潮的影响而发生了变化，随着出版物的大幅增加，出现了很多烹饪书籍，比如沙蒂永-普莱西的《烹饪艺术》（*L'Art culinaim*）、《普罗旺斯饕餮》（*la Provence gourmande*）和《埃尤利—卡布雷托—阿尔萨斯美食》（*l'Aioli, La Cabreto ou l'Alsace gourmande*）。在这些地区刊物涌现的同时，也不期然地多了一些对外国厨艺的了解，原因是有了殖民地政策。有了殖民地，却害怕殖民地的竞争，法国人努力称赞法国气候和土地资源的优点，夸奖法国的物产丰富多样，告诉大家法国食品的高级之处。法国的土地被说成是"永恒之地"，这种神意主义的论说，为19世纪末的史学家和作家提供了不少素材。儒勒·米舍莱（Jules Michelet）的著述和维达尔·白兰士（Vidal de la Blache）的《法兰西地图与地理》都是自然主义完整倾向的体现：烹饪是民族历史的产物，几乎与时间无关，它的特征，就是对一块土地的记忆。在两次世界大战期间，和烹饪有关的出版物和俱乐部日见增多，要把烹饪变成典型的法国"科学"，变成可以向全世界传播的独一无二的生活品位。在1931年8月举行的巴黎殖民博览会上，《巴黎正午报》（*Paris Midi*）的主笔写道："我看可以打赌，几位殖民博览会的参加者在品尝了欧洲的饭菜以后，就不怎么愿意再吃水煮的大米和玉米了。将来谁去到丛林里，迷了路，当地人若拿出一顿炒兔肉和棕榈树芽配炭烤山鹑，也不是没有可能的事。"

保皇党人亦步亦趋地紧跟这种烹饪的"民族主义"，嘴里面不断冒出莱昂·都德（Léon Daudet）每周出版的《法国行动》里的警句格言。莱昂·都德看过不少布里亚-萨瓦兰的文章，这个人的妻子是马尔特·阿拉尔（Marthe Allard），人称"流苏"（Pampille），1927年出版过《法国的好菜》。据1931年4月的一则报道，一位保皇党论战者认为，民族厨艺只能是永恒的和自然的，任何企图改变民族厨艺的想法，乃至任何企图改进民族厨艺的想法，对承载厨艺的文明都将构成犯罪。"请大家使用自然的食品和老菜谱。大菜一般都是好几种菜的总结，但是味道简单直率：比如炖菜、什锦砂锅等。"《巴黎晚报》的专栏作家莫里斯-埃德蒙·萨杨（Maurice-Edmond Sailland），人称"库尔农斯基"（Curnonsky），他也是烹饪主体主义的代表，对技术进步有同样的怀疑，他特别强调，烹饪的美国化可能构成危险。和莫里斯-埃德蒙·萨杨持一样看法的人还有乔治·迪阿梅尔（Georges Duhamel），他在《未来生活场面》（Scènes de la vie future）一书中说："我对机器的无限制蔓延抱非常谨慎的态度。"关于烹饪身份的理论不仅仅局限于民族主义者的人群，也波及了其他的政治流派，譬如极端主义者也抛出了一堆排外的说辞[1]。反对这些理论的有社会党杂志《创作》专栏作家乔治·德拉富沙迪埃（Georges de la Fouchardière），还有写过很多专栏文章的普罗斯佩尔·蒙塔涅，这个人很重视异国厨艺。和库尔农斯基正相反，普罗斯佩尔·蒙塔涅对突然"地区化"的菜式，或者"由于时尚的原因国有化"的菜式有怀疑。在1939年1月18日发表的一篇文章里，他认为什锦炖锅"不过是720年阿拉伯人在加尔加塞斯（Carcassès）让当地居民见识的白豆炖羊肉的一个变种"。蒙塔涅在法国厨艺上的观点被左派和右派同时摒弃，至少要到"二战"以后才重新引起重视。

但是，构建烹饪的身份有时候会遇到一些障碍，比如要使用外来的食材。自己的菜式、地方的菜式，其实是逆向推理、重新塑造"唤醒民众的人"的结果。这些人试图把民族理论嵌入一种想象的厨艺中。这样一来，阿尔萨斯的菜谱虽然不过是人为编造的，却成了凭吊纪念的对象。酸菜熟肉的产生是一个长时间的演化过程，德国人向我们传授了这个菜的做法，而菜里头的土豆则来自美洲。另外，在阿尔萨斯关于食物的理论是，公众要认为象征性地"收复"了一种食物的吃法，而这种吃法应该只拥有这个"伤痕累累"的地区的文化特点。

---

1 见吉利·克拉夫兰（Kyri Claflin）的《论极端主义》和洛·托利艾尔的《论意大利移民和法国农民1920—1944》，米莱伊大学出版社，2002，第63～69页。——原注

烹饪的冲突：当厨房打仗的时候

他者的厨艺

建立民族的菜式不过是饮食身份诸方面中的一个方面；饮食的疆界很脆弱，理论上的模式和烹饪的实际完全不相容，无论是哪个社会阶层，人们一定都是关注菜品的味道怎么样，要花多少钱，而不是在吃上面一个劲儿想着国家利益。

"他者的厨艺"于是成了一种参照物，可以用来模仿，也可以尽量规避。

法国和英国的对立也反映在间接的烹饪对立上，18世纪以后，很多英国餐厅都拒绝把法国菜品写在自己的菜单上。法国宫廷烹饪无疑深刻地影响了英国贵族的饮食习惯[1]，而所谓的"家庭烹饪"对法国影响实在的"反击"也不能忽视。1842年，雅克·阿拉贡（Jacques Arago）出版《在巴黎用餐》（*Comme on dine à Paris*），说到餐馆和大众餐厅，其言辞刻薄无以复加，但当提到坐落在巴斯-杜-蓝帕尔大街2号的法英餐厅的时候，却把法国菜和英国菜分开说，法国菜真的很好吃，英国菜实在难以下咽。1844年10月，经济学家欧居斯特·布兰奇（Auguste Blanqui）应邀参加伦敦鱼商大楼（Fishmongers-Hall）的一次宴会，虽然他看到英国欣欣向荣的工业和经济制度后，为现代化欢欣鼓舞，但却把英国饭菜着实地数落了一番，他认为和精细的法国菜相比，英国菜"过于夸张"，显得"奇奇怪怪的"。匈牙利民族主义者拿德国人的习惯开刀，说德国人的习惯过于"日耳曼化"，在吃饭上面表现得最厉害：偏爱油腻的菜式，菜量极大，还边吃边看书，这都是对马扎尔人生活的巨大伤害。奥地利的排犹情绪甚至蔓延到

---

[1] 斯蒂芬·莫奈尔指出英法两国由于社会和政治的结构不同，两个国家的厨艺也不相同。——原注

了烹饪空间，1872 年，维也纳学生会（la Burschenschaft Libertas de Vienne）建立了第一个日耳曼酒吧，禁止任何犹太学生和他们合用一张桌子，犹太学生不能和日耳曼学生一起喝啤酒。

其他一些社团仿照维也纳学生会的样子，也有这样的歧视行为。"他者"的理论，也把食品和某个人群的道德（更多的时候是该人群的缺陷）联系在了一起。法国的"栗子文化"就很能说明问题。栗子本身没有任何特殊的意义，但是从 18 世纪以后，栗子渐渐地和种植者的懒惰连在了一起。科学家沙普塔勒（Chaptal）说"栗子园不需要人照管"；1863 年，噶斯帕兰（Gasparin）在其著作《农业教程》（*Cours d'agriculture*）中宣称："仅仅依靠一棵树上的果子养活自己的人群，必定在生活中停滞不前"；到了 1898 年，德莫兰（Demolins）又往前进了一大步，说种栗子压制了创造精神，甚至削弱了阳刚之气，因为"收栗子，每天剥栗子皮，女人、老人和小孩儿干的活儿和成年男人一个样，这个工作根本不费什么力气"。类似的批评越来越多，有人抨击利穆赞地区（Limousin）农民所谓的闲散，又有人数落科西嘉的农民。1905 年，让·洛兰（Jean Lorrain）措辞激烈地说："栗子是科西嘉的小麦；这和科西嘉农民的穷酸与懒惰正好搭配。"噶斯帕兰比较爽快，干脆把栗子说成是蛊惑人心："天上掉馅饼，果实从树上掉下来，上头掉着，下面拾着，这难道不是社会党人梦寐以求的黄金国吗？"他要传递的政治信息十分清楚："栗子文化"可以滋生懒惰，保不准也会滋生反叛和动乱思想。按照这位农学家的观点，"手里老是有吃的，会让从事艰苦劳作的人感到恶心；这样的人喜欢干的事情是打猎；打猎者的特点是乖戾和粗野，狂暴充斥着这些人的心灵，家族之间因为谁多得了一些好处而互相嫉妒，同时也会产生仇恨，仇恨把家族孤立了起来……"说到这里，不禁令人想起 18 世纪舍瓦索勒大臣（Choiseul）的提案，他建议把这些栗子树都砍了，还科西嘉以和平……

政治的危机是食品现象的极端化，那些被视作入侵者的人已经不是简单的对手了，而是要来摧毁我们文明的敌人。"他者"厨艺从此变成了战争文化的典型用词，纳入了爱国主义的范畴：吃了敌人的饭食，就有可能吸收敌人的优点和缺点。第一次世界大战期间，禁止吃德国人的菜，如果实在躲不开、不吃就没的吃了，也要改了菜名再吃。这种"烹饪强奸"逼迫政府对已经变成寻常之物的消费品做出反应：如果不得不使用一些外国产品，就要完成一次派生词的革命。1918年，酸菜熟肉（choucroute、sauerkraut）、8字形松饼（bretzel）加法兰克福小香肠（frankfurter）从美国的商店和餐馆里消失了，变成了"自由酸菜"（Liberty cabbage）和"热狗"（hotdogs），汉堡包的名字也变成了"自由三明治"（Liberty sandwich）。大部分改了名字的食物在战争后都恢复了原来的名字，唯有代替法兰克福小香肠的热狗例外。

战争中，交战双方经常指责对方是吃人野兽，这种说法并不鲜见，希罗多德就曾经用这个办法攻击波斯人寡廉鲜耻，16世纪宗教战争时，几个城市被围困，天主教和新教也互相攻击对方是吃人野兽。第一次世界大战也没有脱离这个窠臼，"吃人野兽"成为敌人的象征，"敌人"是一个和西方文明基本价值对立的野蛮人。当时的一些文章痛斥德国人禽兽不如，说在法国北部和东部的德国占领区，德国人犯下了吃人的罪行，成为日耳曼人胃口牺牲品的儿童和妇女更加锁定了德国人的野蛮形象。在一张著名的明信片上，一个非洲食人部落和德国人的野蛮行径交错在一起：德国士兵在杀害一位妇女，并且正准备砍一个小孩儿的头。投毒也经常是攻击敌人的一个习惯手段，在两次世界大战中，军队里经常可以听到井被投毒的故事。

在德国，意大利厨艺从1920年"异国食品"的地位转化到了1930年的"可以接受"的地位，因为这两个国家地缘接近，而且这两个法西斯国家意识形态相同。但是，总体上说，这个时期大家不喜欢外国饭菜，《贝德克尔》(*Baedeker*) 导游手册里很注意避免提及做外国菜的餐厅，说到大城市的时候也是一样，当然也能看见一两处意大利招牌，比如在德累斯顿、维也纳或者柏林。这本导游书最愿意抬举的是豪华旅馆，比如慕尼黑和汉堡的"四季饭店"(Vier Jahreszeiten)，德累斯顿的"美观饭店"(le Bellevue)，柏林的"安德龙饭店"(l'Adlon) 和"皇宫"(le Kaiserhof)。1938年，在"德国首都"一章中，这本导游手册只有一次提到了一家中国餐馆和一家日本餐馆，一次也没有提到法国餐馆，而在柏林的法国餐馆其实相当多！至于俄国饭菜，整个德国只提供了一家俄国餐厅的地址……

有全球影响力的饭菜，是纯粹地方主义者的眼中钉。在汉堡包出现之前很久，法国饭菜就被说成是帝国主义了，法国饭菜阴险，它悄悄地，但却很成功地控制了所有的"民族"饭菜。于是，反对法国成为新生的民族身份的催化剂：西班牙人穆罗 (Muro) 要把烹饪的法语词汇变成西班牙语；匈牙利要建立自己的烹饪体系，摆脱法国的，尤其要摆脱德国的影响；烹饪匈牙利化的努力得到了斯卡勒卡兹 (Schalkhaz) 以及阿凯（Agai）和科勒古斯（Greguss）几位作家的鼎力支持。1896年，在德国国庆活动上，菜单上"国际性"的菜品受到了批评，这包括梅特涅[1]布丁和荷兰汁莱茵河三文鱼。

英国的情况差不多，尽管英国人承认在高级宴会上法国菜仍然是首选。如果不是把一款实在的菜品强行置于一种特别的意识形态之中，没有一个菜式是属于"民族的"。匈牙利饭菜很说明问题：匈牙利人不想否定英法菜式和匈牙利菜式的传承关系，但就是不能和捷

---

[1] 梅特涅（Metternich，1773~1859），奥地利外交大臣、首相，曾镇压奥地利和德意志民主运动。

克、德国有什么关系。这种对德国饭菜的"深恶痛绝",是要建立匈牙利饭菜身份,同时促进在匈牙利生活的多个民族之间的融合。针对维也纳的"厨师手册",匈牙利菜谱上列出的匈牙利菜有葱头烩牛肉、浓味蔬菜炖肉块、甜辣椒烩鸡和白菜包肉。

从19世纪到20世纪初,饭菜的国家主义不可避免地引发了对于"他者"厨艺的思考,每当关系到外来人口携入了某些烹饪传统时,就要对"他者"厨艺有一通激烈的说辞。19世纪,意大利人在洛林就有过这样的遭遇,那儿的人说意大利饭菜"粗制滥造、臭烘烘的"。20世纪70年代,日本开设第一家麦当劳餐厅的时候引起民众普遍忧虑,这些忧虑多有夸张和想象的成分,后来西方对"中国饭馆"也有同样的反应。个中原因都是一样的,"他者"厨艺让人害怕,尤其是当它把"声音和味道"掺和在一起的时候。拒绝向"民族饭菜"低头,其实是拒绝和全民族同呼吸共命运。包容需要通过食物来完成。在美国,对于那些坚守欧洲烹饪传统,对周围人不屑一顾的意大利人,各种批判像雨点一样砸过去,尽管他们非常想做出正宗的比萨。早年,美国人对隆巴蒂家族(Lombardi)不满意,因为他们在纽约意大利城的每一所学校门口都开设了比萨的摊子,卖25美分一份;天主教家庭的小学生周五的饭菜不能有肉,意大利人在这一天供应不加肉的比萨,让孩子们成为比萨的忠诚消费群。

不论是移民的厨艺还是外国的烹饪,"民族"问题的根源永远是担心代表身份的厨艺文化被瓦解和稀释,这种厨艺文化的表达方式有着民族主义性质,就是坚决反对"他者"的厨艺。反美主义是这种文化的重要组成部分。1931年6月27日,有"美食家公推美食王子"之誉的古尔农斯基为《笑报》(*Le Rire*)写了一篇文章,文中刻薄地挖苦美国的饭菜,虽然他本人从未去过美国:"入座以后,就是为了吃喝。实在是不能用语言来形容美国餐厅的可怕了,好像在电影上经常看到的画面一样，身体露了一多半儿的女孩儿玩着空中飞人，身上油亮的黑小子们甩弄着七扭八歪的萨克斯管，发出切分音的音乐，宾客们向周围的桌子上抛掷彩带，还有吃剩的香肠皮，不管卫不卫生……总之感觉不到自己是在吃饭！看到这样的情况，不禁对我们法国的餐厅和旅馆有了几分真诚的尊重，我们的地方还没有受到这些喧嚣的侵袭。好好过我们的日子吧！"《笑报》这一期特刊还有一段反犹的连环画，其中的内容对比不同人在餐桌上的表现，暗示"法国人"的形象和"犹太人"完全对立，犹太人自然是他者。《丁丁历险记》的作者埃尔热（Hergé）也不客气，在写到美洲的时候，他对不知用什么原料制成的罐头嗤之以鼻——实际他是在不加掩饰地影射芝加哥投毒案件，国际新闻界对这个案件都有详尽的报道。

丰盛是主题

本质主义的论调超越了地域的标准。在两次世界大战期间，很多国家的领导人笃信自己拥有世界上独一无二的土地，这是获得了"神明与造物的恩宠"的土地，他们凭借这种优势，吹嘘自己的政权可以自给自足。民主政权也好，专制政权也好，竞相在这个题目上树立形象，发表言论，力图在舆论中锚定自给自足的神话。

意大利是鼓吹丰盛的一个例子。意大利法西斯政权玩弄食品这根神经，要意大利人分担意大利国家命运。每一个意大利人都被要求加紧生产，防止一切扼杀亚平宁半岛经济的企图。艺术也被动员起来，歌颂墨索里尼政权的农业财富，把这些财富与古罗马的辉煌和悠久的历史相媲美。纳粹德国和苏维埃俄国实行的是国家艺术，法西斯意大利还不致如此，但是，有很多类如乡愁派（Strapaese）的文学流派和绘画流派，利用农村题材，吹嘘农民如何有能力保障国家供应。《原野报》（*Il Selvaggio*）等一些报纸，大肆宣传新的国家集体活动，比如"小麦的战事",以及与葡萄收获相关的仪式。

德国的情况没有什么不同。《贝德克尔》导游手册的发行迎合了法西斯政权的心思,德国被形容成为一个丰饶的小岛,希特勒政权希望吸引更多的旅游者和生意人到德国来。特佩尔非常明白在旅馆和餐厅接待工作的政治意义,他在1937年出版的一个小册子里,对来访德国的宾客重申:"德国不仅仅是一个美丽的国度,也是一个好客的、有着姹紫嫣红般丰富色彩的饮食文化的国家。"他直白地说,要把这些旅游者变成"民族社会主义的朋友",他要把德国的豪华旅馆变成纳粹意识形态的阵地。纳粹的宣传机器玩弄这种富裕经济的把戏,为的是造成德国繁荣的形象,在世界经济危机的大环境中让外国捉摸不透,加强德国在众人心中的好感。不论是官方的还是私人的高级晚会,都被渲染夸张得不近情理,这些晚会是德国统一舆论策略的一部分。希特勒、戈林、戈贝尔等纳粹党魁的生日,希特勒参加的克虏伯工业集团高级人物的生日,柏林的豪华交际晚会,在总理府举办的企业家早餐和国际博览会开幕式的午宴,都是纳粹政权表现的机会。1938年2月17日在总理府举行的经济要人晚宴是这一类招待活动的典型例子,参加这次宴会的除了施罗德(Schroder)和克虏伯(Krupp),还有汽车工业行会主席罗伯特·阿莱斯(Robert Allers),亨克尔工业集团主席胡赫·亨克尔(Huho Henkel),法本公司的马克斯·里戈内(Max Ligner),AEG公司的赫尔曼·比歇尔(Hermann Bücher),安联保险的爱德华·希尔莫盖尔(Eduard Hilmgard)和奔驰汽车的威廉·基斯勒(Wilhelm Kissel)。

德国人的挥霍,是他们自给自足的政治方略的必然结果,但是如果没有取消食品进口的决心,这个方略也无法实施。德国厨房的"民族化"运动对此做出响应,推广本土菜谱,《德国家庭家居手册》(*Le Livre de maison des familles allemandes*)就是一个例子。国家鼓励种植土豆，鼓励养猪，以图养活整个社会。到了1936年，这些措施有了一些成果，但是始终没能达到所谓的自给自足。推广真正的日耳曼厨艺，看样子是获得了德国人的支持，但是并没有怎么打动德国精英们，这些精英们吃一点儿本土的饭菜，不过是应付社会体制的意识形态。在吃上头，是讲究豪华还是讲究简约，在德国上层社会有了新界限。按照当时的政治气氛，这个阶层的人必须喜欢巴伐利亚香肠和被抬举成为"国菜"的啤酒炖烤猪等简单的菜式，还有希特勒永远吃不够的"8"字形松饼。但是，纳粹政府的意识形态主张与实际上的烧菜做饭之间有很大的距离。纳粹的干部一定要和平民百姓不一样，一定要有显示自己身份的饭菜，比如他们猎获的野味。纳粹干部还对外国产品有本能的偏爱，他们不顾自给自足的食物政治要求，喝意大利酒和法国酒（比如香槟酒），在大饭店的餐桌上也能见到外国水果和鱼子酱。

在苏联，"社会主义分配制度"体现了政权的供养人身份，这个制度让人民吃得好，让国家自给自足。塔马哈·孔特拉铁娃（Tamara Kondratieva）认为，在帝国政权的食品政策和共产主义新制度的食品政策之间有相似之处。两个制度中都有首长权威必不可少的"父权主义"因素，另一方面，"集体分配"和封建的做法雷同。在平等主义的背后，隐藏着食品分配上显而易见的、大家都认命的等级制度。忠于政府的特权阶层、军人和一些知识分子从政府那里获得了诸多特殊待遇，他们有小餐厅，有称之为"学术供应"和"补充供应"的特殊供应，总之与"统一的工人供应"的一套平等说辞相去甚远。派驻全国工作的高级官员也能收到专门为他们发去的成车皮的食品。尽管农业生产的情况挺令人失望，但是党的宣传机器对其官员的工作绝不吝惜溢美之词，表现突出的人得到奖励，斯大林为农业丰收沾沾自喜，其实他得到的农业数字和农业经济的实际情况经常是风马牛不相及。苏维埃政权竭力掩饰着物质的匮乏，1928年苏维埃在区域范围实行了食品配给，但是对全国的食品困难视而不见，一直到了1931年，才被迫在苏联全国实行了食物限量供应。1939年10月，E.L.库迪亚考夫（E.L.Khoudiakov）出版了一本菜谱，吹嘘共产主义食品政策的好处，书的前言的主题是把国家引向"丰盛的社会主义"。这本书把斯大林语录、苏联共产党的十八大决议、怎么摆桌摆台的技术细节罗列堆砌在一起，作者充满信心地说："我们的祖国，没有人挨饿，没有人营养不良，没有受苦受难的人。"在这里，丰饶土地的神话是有限度的，政府把培养社会主义者必需的俭省，变成了对食品短缺的弥补手段。斯大林本人也愿意以勤奋工作和生活要求不高的形象面向公众。

苏维埃政权的另一个主要方面，是用食品分配把人分成三六九等。物质匮乏分化了社会，一方面是工人，他们被公认为是工业进步必需的力量，因此要多得一些食物，另一方面是其他劳动者，主要指的是农民。严重的是，历史学家们新近揭露，当时实行过"猪猡化"政策，故意限制人获得基本食物，让老百姓成天忙着奔吃喝，没有闲心关注政治。这样的控制手段有时候会悲剧性地造成饿死人的大饥荒；当这样的情况发生时，当权者又可以臆造出一些反革命组织，高呼打倒投机商，为清洗这些"制造饥饿的人"找到借口。在德国，"恐慌计划"原本的目的是要在最穷的犹太人中制造饥饿，迫使他们逃亡，戈林认为不可行而否决了这个计划。可以看到，在专制制度下，食品是怎样的一种被重用的胁迫性工具。

战争食品文化

当武器显然不足以调停处于冲突状态的势力时，就轮到全社会进入战争状态。在可能导致战争的气氛中，尤其是已经发生了冲突以后，怎么吃喝比任何时候都体现着冲突的全面化。战争并不能彻底摧毁各种独立文化的地位，食品和整个社会一样，也要以祖国的名义被动员起来。

1871年，法国在普法战争中战败，在复仇的气氛中，法国厨艺被大量使用在图像和文章里，必须占据上风的法国厨艺充斥法国文坛，法国的知识分子鼓励群众热爱深深植根于这块土地上的各种文化成果。战败的悲伤加剧了食品的主体性，衍生出了爱国主义的"民族饭菜"。1871年，阿尔萨斯和摩泽尔被德国兼并以后，巴黎出现了几个洛林和阿尔萨斯风味的啤酒馆，它们把酸菜熟肉打造成"两省失地"的"纪念菜"。1862年初版的《餐桌上的老阿尔萨斯》（*L'ancienne Alsace à table*）在1877年再版，作者是查理·日拉尔（Charles Gérard），这个人在法国战败以后流亡到了南锡，他的书得到了一些爱国组织的支持。这本书和1914年乔治·佩兹（Georges Petz）的诗歌集《贪嘴的阿尔萨斯》（*L'Alsace gourmande*），都是为提升被德国人扭曲的阿尔萨斯的形象而做出的努力。凡是带"日耳曼味儿"的东西都成了被挖苦嘲弄的对象——颇有名气的男爵管家夫人布朗什·苏瓦耶（Blanche Soyer）说，餐桌上的装饰碍眼，就因为是盎格鲁-撒克逊风格的，从根儿上说还是德国的，比如那几个萨克斯的小人像就是典型的德国人。大厨于尔班·迪布瓦（Urbain Dubois）应召到纪尧姆皇帝的宫里做饭，马上被怀疑有亲德国倾向。同样，法国境内"德国"啤酒馆的客流量尽管只有局部的意义，但是也很好地说明了两国之间的关系。在1900年的世界博览会上，德国餐厅孔兹（Kons）用法国-柏林结合的菜单获得了很大成功，却惹来了法国酿酒业的雷霆大怒，因为这家餐馆"忘了"供应法国酒。几周以后，这家开在巴黎喜剧院（l'Opéra-Comique）附近的饭馆没几天就关门了。当时的专业杂志对这件事评论很多，有的说"异国"时髦已经过气了，有的说皆因德法关系恶化。1900年出版的《烹饪艺术》（*L'Art culinaire*）大胆地进行了一次"文化诠释"："这家德国饭馆迁至巴黎城内以后，如果店主还能够解释自己的行为的话，饭馆不单是要禁酒，也彻底不能做法国菜了。那它给客人们吃什么呢？我们实际上没有见到过真正意义上的德国菜。德国厨师多少有一些自己的方法，但是如果想用这些菜拼成一个完整的菜单，那这个菜单应该相当单调。"1870年法国战败后，摩泽尔省的萨尔格米讷（Sarreguemines）沦为德国城市，这个城市一个劲儿地说自己的珐琅工业和法国一脉相承，就是大声告诉公众，它要和法国连在一起。餐桌艺术繁荣，唯宝公司（Villeroy & Boch）也从中渔利：公司产品上的标志图案在法国到处可以见到。公司所在的城市被德国人吞并以后，唯宝餐具声名鹊起，主要是因为餐具上面有爱国主义的装饰图案。19世纪，各种导游书如雨后春笋，有讲旅游的，有讲宴会的，有讲美食的，还有阿道夫·约安诺（Adolphe Joanne）办的出版物，就是后来德国人卡尔·贝亚戴克（Karl Baedeker）办的《蓝色导游》，尤其值得注意的是1901年安德烈·米其林（André Michelin）开始办的《米其林》，这些出版物说明了一种意愿，要在公众舆论中锚定在烹饪战争中不可或缺的爱国主义，G. 布鲁诺（G. Bruno）1877年出版的《环法国游》（*Le Tour de la France*）就是很好的例子。这是两个孩子的游记，是写给儿童们看的，它热情地描绘了法国各个地区的人文活动和包括饮食在内的丰富资源。1901年，法国科学院院士安德烈·托里耶特（André Theuriet）深情地怀念斯特拉斯堡的"肥肝酱"、麦茨的"黄香李"，还有被卑鄙可耻的日耳曼文化和"摩登主义"扭曲了的南锡"猪血肠"。

一旦发生了敌对，宣传机器自然要把食物问题视作战争中的重要一环。我们不讨论食品供应的问题，但是却更多地关注它产生的影响，尤其是那些参战国家的食品消费方式。另一方面，食物成了每天宣传民族主义思想的主要媒介，罐头、桶装食品和食品筐上带有的广告或者官方信息，可以抵制消极防御的国防思想，这种思想普遍深藏于公众舆论之中，到了1914年，终于有了表现的机会。

后方的人们想要用自己的方式证明他们没有忘记战士们：吃饭，就要吃自己国家的饭菜，这是天经地义的事；节省口粮也是一种道德义务，以此可以表明在战争中大家同心同德。小学校的老师要求学生少吃一口，为的是做出象征性的，然而最终却是很实际的牺牲。按照圣餐的语汇意思，"少吃"是和在战壕里的战士们分担辛苦，也意味着一些人的节省可以让另外的人多一些供给：在后方少吃一些食物，就是保证前方的将士能多吃上一口。用于这个目的的招贴画和明信片有很多，一幅画上一个男孩儿在一家甜品店前，瞪大了眼睛窥看里头的糖果，画的标题是"我们能控制自己"。这里要求的，并不是保障战壕里的供给，而只是不断地提醒社会，战士们正在流血牺牲，其他人应该和他们同甘共苦。还有一幅画，表现了一个穿晚礼服、大腹便便的男人正在首都一家精致的餐厅里吃饭，一个身体羸弱的大兵的鬼魂，对他耳语道："不要求你舍弃什么，就是希望你能想着我们一点儿。"那些"免于上前线的人"经常被漫画家们画成挽着美女出入豪华饭店的模样；同样，只会张罗办宴会的"全能部长"也是常见的批评对象。士兵们在战壕里经常读到这样的文章，听到这样的故事，这显示出对前线战士命运麻木不关心的后方是遭到舆论唾弃的。

食物在为战争做舆论准备的过程中是具有真正决定意义的象征工具。墨索里尼提出的"小麦战争"，是想要在他的人民心中种下一种潜在的战争冲动，希望他的人民"强壮并且健康"，以应对不可避免的战争。马里内蒂（Marinetti，1876～1944）的未来主义运动是法西斯的先驱，1932年他竟然在《未来主义的厨房》（*La cuisine futuriste*）一书中，建议对国家食品体制进行革命，取消意大利面条，因为这是一种碳水化合物，会降低意大利人的热情，尤其是他们的性热情。国家随时准备干涉人的私生活，这是专制政权最突出的特点之一，控制民众的食物是其重要的组成部分。纳粹政权把食物问题纳入了德国社会改造计划，这个计划要塑造"新人"。比如，纳粹德国主张学习盟友意大利限制肉食供应的健康教育计划。1935年，戈林在汉堡发表讲话，要求德国人少吃肥肉，因为吃肥肉使德国人的身体变得软塌塌的，削弱德国的力量："钢铁让一个帝国变得坚强，而黄油和肥肉最多只能让人民变得肥胖。"这一年，有人拼凑了一幅相片，嘲讽戈林的这一番言论：照片上一个人正在大口吞吃几个金属块儿，为的是"巩固第三帝国"，因为，"很幸运"，没有黄油了。这种宣传策略和这样的刺激政策并非出于偶然，目的是要把德国人民始终维持在一种紧张的状态里，时刻准备战争，因为在纳粹领导人和在大多数舆论中，战争并没有在1918年结束。

  战争结束的时间也可以通过食物结构进行研究。餐桌变成了纪念战争困苦岁月的方式，螺碗成了炮弹的样子，盘子为纪念第一次世界大战的英雄而设计，历史学家乔治·莫斯把这种情况称为"死亡的低俗化"。爱国主义的烹饪并不一定都是"民族主义"的。1906年，法兰克福举行烹饪博览会，美食家菲利阿·吉勒拜尔（Philéas Gilbert）在8月16日的《餐馆和咖啡馆日报》（*Journal des restaurateurs et limonadiers*）上说："我们不能过于自大，山外有山，有天分的人到处都有，谁要是想在法国办一件有德国特色的好事，我们断不能给人家贴一个'哈德'的标签。"他在8月30日的一篇文章里信誓旦旦说，要是举行一次国际宴会，肯定可以缓解紧张，并走向"世界和平"。烹饪不久前还是战争文化，转眼间就服务于和平文化了……

共和国宴会

"战斗"的宴会

从 1815 年以后,法国政治生活中差不多从来没有缺少过宴会,仅仅在复辟时期因为雅各宾党人的迫害和放逐减少了一些。七月王朝的时候,共和党人挖空心思,想让最大多数的人参加改革派的宴会,到 1830 年已经把宴会入门费降低到了三法郎。拉马丁(Alphonse de Lamartine,1790~1869)参照英国宪章派的模式,也组织了类似的宴会,但是来参加宴会的人没有在英国那么多。从 1839 年起,在要求选举改革的活动中,人们多有聚餐,酒成了最好的社交手段。格里莫·德拉雷尼耶尔在他的《美食家年鉴》中说:"酒杯里斟上了酒,所有人都敞开了心胸,愿意信任,狂欢中,旁边的人不管是谁,一时间都成了朋友。"

为了绕过限制自由聚会的法令,奥尔良政权的反对派从 1847 年 7 月 9 日起,在巴黎和外省的几个大城市连续大规模地举办了改革派宴会。这种有着反叛意味的聚会是一种政治工具,它没有大革命时期亲情般的"公共"色彩,因为参加的费用很高,只有议员和显要人物可以参加,"老百姓"只有在一旁看热闹的资格。但是,在这些宴会上,也需要人民群众在场,站脚助威,这样可以使宴会的筹办合法化,参加宴会的人要为政治社会改革热情敬酒,激发民众的热情。不过,整个宴会的灵魂仍然是为了争取选票和包税权而树立形象。这样总共举办了 70 场宴会,15 000 人参加,宴会上的发言调子不断激化,向着左翼共和党人一边倾斜。政府很明白这些宴会的真正性质,1848 年 2 月,内政部长杜沙戴尔(Duchatel)下令禁止在巴黎十二区举行这类的宴会;至 2 月 19 日,双方达成妥协:政府可以批准聚会,但条件是必须在香榭丽舍大街举行，而不能在民众的居住区举行，因为那些地方"危险"。路易·布朗（Louis Blanc）和乐德禄－罗琳（Ledru-Rollin）拒绝政府的要求，宴会照常举行，参加宴会的人形形色色，但是都对国王和基佐[1]满腔仇恨，宴会成了当年的重大政治事件。路易－菲利普心里明白，他讽刺说："他们要办宴会，连一片面包都不准备，办的什么宴会！"1848年2月22日，力量的较量转化成了对立冲突。面对宴会造成的混乱，国王要表示他的淡定。"按照习惯，到了十点半的时候，路易－菲利普坐下进午餐。他没有见到巴罗[2]，有些忧心忡忡。但是他吃得很有胃口，等到午餐结束的时候，他做出决定，要尽最大的努力重新掌控局面。"最后的结果是，国王退位，让位于他的孙子、巴黎伯爵，随即第二共和国诞生：宴会战胜了执政的政权。第二帝国时期，"共和"宴会转入了地下，虽然1868年的法令柔化了聚会的禁令，这些秘密宴会还是和当时的餐厅和咖啡馆一样，受着严密的监视。

1870年9月4日，在第三共和国成立之后不久，卡尔卡松（Carcassonne）、拉莫特－德盖鲁尔（La Motte-de-Galaure）以及法国南部和西南部的很多城市中，国旗飘扬，为穷人发放面包，当地的市政官员承担公共宴会的费用。但是，这些宴会对共和党人是个问题，因为这是掺杂着军事失败羞耻的政治胜利，他们和甘必大一样，不大愿意庆祝这样的胜利。佩勒格兰（Pellegrin）医生有过一个想法，把两件事分开来，一方面纪念9月4日"猛禽王朝的离去"；另一方面，在此前一天，哀悼"几经遭受蹂躏的祖国"。他的想法不讨人喜欢，无人理会。并不是所有的共和党人都有这些计较，虽然有时候聚会到场

---

[1] 基佐（Guizot, 1787～1784），法国君主立宪派领袖和历史学家，曾担任首相。
[2] 巴罗（Barrot, 1791～1873），法国政治人物，是1847年为选举改革举行的"宴会运动"发起人，被动地导致了王朝崩溃。

的只有十二三个人,但是,已经脱离了地下状态。宴会主要是纪念性的聚会,但是梯也尔[1]很警觉,认为类似活动可能引发动乱,甚至引发分裂,遂急忙下令禁止。他一连下发五个通知,禁止一切"共和党人"的纪念活动,这很能说明宴会的颠覆作用一直存在,而保守派则有另外的看法,1872年7月的报纸《高卢人》(Gaulois)说,这些宴会不过是低级的寻欢作乐,吃吃喝喝而已。

这个半地下时期里的"战斗宴会",在后来的第三共和国几乎没有任何改变:1876年2、3月间立法选举以后,很快恢复了公民的集会权力,于是在法国大多数城市里,公共宴会又一次热闹了起来,不仅恢复了1848年的传统,还在此基础上进一步发展。宴会在私人意义和共同进餐的群体历史意义上,建立了一种从未有过的公民联系。激进派人士在1901年建党以前是这些聚餐的主要倡导者,他们希望餐桌上表现人与人之间的和解。用历史学家奥利维·伊尔(Olivier Ihl)的话说:"这些人在感官舒适的快乐中,找到了'社会和睦的最高境界'。"一顿简单的饭菜,众人的所有忙碌不过是推杯换盏和聊天,在这个过程中,宾客们之间产生一种庄重和真实的亲密,造就了很有些共济会意味的精神联系。

宴会上的语言首先是政治性的。P. 瓦莱兹(P.Varese)在1881年出版的《共和国宴会》中这样写道:"首先,我保证汤/是用最好的牛肉烧成的/汤的味道无法形容/招惹得马索[2]还要再来……/我们家常喝的酒/杜庞鲁[3]先生并不嫌弃/酒的红色像罗伯斯庇尔/酒的味道也像罗伯斯庇尔/但是在我们的宫殿里/酒是甜的。"

来宾们用祝酒词、宣誓和唱歌来表现自己的团结。1878年,在

---

[1] 梯也尔(Thiers, 1797~1877),法国反动的政治活动家,第三共和国首任总统。
[2] 马索(Marceau, 1769~1796),法国将军。
[3] 杜庞鲁(Dupanloup, 1802~1878),高级神职官员,参议员,有教育方面的著述。

圣芒德[1]举行的宴会上，曾在国防政府里任部长的阿道尔夫·克雷米约（Adolphe Crémieux）唱起了《马赛曲》，一时间群情激动，宴会气氛白热化。这样的热烈气氛，把党员的宴会转变成了一种家庭式聚会，保证了这个世纪末共和党人之间的交往。

1878年5月30日是伏尔泰逝世一百周年纪念日，这是1873年5月24日建立"道德秩序"（Ordre moral）政府时形成的节日，它和7月14日国庆节一起，改变了政治性公共聚餐的做法。从这个时间开始，至少是从结构上，共和国已经建立起来了，"共和宴会"没了以往的反叛内容，成为执政府的公开表现形式，不过是一种再普通不过的政治行为而已。但是，新的聚餐形式并没有因此失去以前好斗的特点。19世纪末，"战斗宴会"依然存在，大家语言攻击的对象不再是政治体制，而是其他"危险"，比如保皇党、波拿巴分子、神父和旧制度下的精英们，这些人成为餐桌上祝酒词和歌曲中的主要攻击目标。共济会分部重新组织了地下的秘密宴会，其中最极端的分部还不断地挑衅，在守斋的日子举办"腥荤宴会"，在星期五的宴会上公然地大块儿吃肉。自由思想者们在圣星期五耶稣受难日举办猪肉宴会，在新闻界引起轩然大波。

纪念性宴会的象征力量依然存在，但是在一定意义上被"全面化"了，民选代表们抬高这种宴会的地位，为的是庆祝共和国家。政府给这种宴会的定义十分明确："坚持和推行统一模式的公事宴会，鼓励和发展新的公共空间，以争取地方民意。"1878年9月29日，内政部长埃米勒·德马赫赛尔（Emile de Marcère）想要邀请"所有人数超过5000的区、市、镇首府的首脑来自己家里作客"，但是拖拖拉拉地一直没有搞成。等到了1880年，巴黎市已经要邀请所有大

---

1 圣芒德（Saint-Mandé），巴黎东南部的一个镇子。

城市的代表一起吃饭了。埃米勒·德马赫赛尔的计划一直搁置，最后到了1888年，激进派内阁主席夏尔·弗洛凯（Charles Floquet）向各省、各专区和各个区发出了邀请。当时的政局因为布朗热主义动荡不安，这件事因此有着浓重的政治色彩，面对布朗热将军给共和国体制造成的不稳定，宴请外省政治权力代表，是想要让大家听到"法国外省发出的让人放心的声音"。共和国要证明，共和不是一个小小的巴黎的事情，也不是从布朗热手里夺取的什么成果，共和可以将代表市镇的地方政治在新的意义上团结起来。然而，被邀请的人当中，只有40%的人勉强动身来了巴黎，时值1889年的博览会，他们在三月广场聚会。按照工程师阿尔方（Alphand）的导演策划，共和国总统萨迪·卡尔诺（Sadi Carnot）代表国家和政府设宴招待。总统两侧一边是年序最长的市长，一边是最年轻的市长，座位排列则是通过抽签决定的。

7月14日的国庆日是1880年确定的。这一天被选为国庆日给忠实于不同纪念日的民选代表造成了严重困难。在很多情况下，市镇节日往往比"国家节日"更为重要，市长特罗瓦恩（Troarn）坦白地说："我们那儿过节的时候，我不可能离开，我要是不在场，老百姓会不高兴。下周日，也就是7月22日，要推举四位市政议员，我要是走了，对他们的提名很不利。"但是，巴黎市政议会没有放弃，它发出新的邀请，日子定在了1890年8月10日，为了纪念第一次巴黎公社，后来又定在了18日，和万国博览会闭幕式同一天。这次来的人多了，9500多位市长到场，拥挤在"巴黎"宴会上。内阁主席埃米尔·寿当（Emile Chautemps）乐开了花，说："从1790年7月14日以来，在任何国家都没见过这样的场面：整个国家在一个地点集合起来了。"这事件让人想起古希腊的传统，国家缩小成了餐桌，吃饭的意思是"地方"紧紧依附着国家，这也是法国政治生活的一种象征。1888年7月17日,《提示报》(*Le Rappel*)刊载文章说:"来到巴黎,和政府的代表们聚集在一起,各省的市长们看到了一个统一的、不可分裂的国家。他们能感觉得到,今天的共和国是用不可摧毁的纽带紧密地联系在了一起。"自此,"战斗宴会"的诉求是围绕共和国的一致,不再是以革命传统中的唯一具有合法性的巴黎为支撑,而是回归历史,把支点落在了地方权力机构上。作为植根于地方的民主象征,市长参加在巴黎举行的盛宴,体现了对这些年颠簸不定的共和国的支持。

共和国的宴会

19世纪,在运输和技术都大大进步的影响下,城市化和工业化加速,农村人口流入城市的速度和规模加大,法国社会突然改变了面貌,一时间原来的文化好像要土崩瓦解了。在这样的情形下,地方厨艺变成了"避风港",变成了过去的"贮藏室",通过厨艺形成了怀旧的氛围,我们更多地看到了农村群众的团结。20世纪初丛生的杂志(包括厨艺杂志、各种协会和一些公开讲话)都是这种"地方主义"成功的证明,"地方"的概念绝对是回归记忆中的"国家"。构建"法国的"菜系提出了一个问题,新生的共和国要给自己什么样的定义呢?是作为一个统一的共和国,一个不可分裂的、世界唯一的共和国,产生一个深刻影响整个欧洲,而且必定是"国家的"菜系呢?还是作为一个代表很多地方的共和国,产生一个代表地方和区域城镇的特色菜系?

在《十九世纪的食客》(*Le Mangeur du XIXe siècle*)一书中,让-保罗·阿隆(Jean-Paul Aron)认为,可以采用"雅各宾式"的集中办法,"把交通、穿戴、家具等日常用品,都围绕餐桌集中起来"。他的意见是,如果第三共和国有一个与其广阔疆土相称的、世界唯一的、弥赛亚一般的菜系的话，地方菜系只能是一些非主流的点缀。于是，"普罗旺斯三兄弟"（Les Trois Frères Provençaux）餐厅在菜单上取消了当地的菜品，只保留了马赛鱼汤和奶油焗鳕鱼。在里昂，除了韦里小镇以外，很难吃得上"地方菜"了。

然而，地方菜没有投降，19世纪末，这种"地方烹饪的爱国主义"在朝着共和外省主义的方向发展。在两次世界大战期间，一些烹饪鉴赏圈开始出现，体现了对于地方特色菜品的酷爱。这一时间汽车的发展提供了便利，让很多人发现了地方菜。另外，一些出版物也为地方菜的定性成型发挥了作用，比如鲁菲·库尔农斯基在1921年到1928年间写成的《法国烹饪》（La France gastronomique）和1934年到1937年间写成的《餐桌法国》（La France à table）都做出过类似的贡献。随着食品贮存技术的进步和北美消费习惯的普及，这些地方特色菜品成了面对外国竞争的国家烹饪遗产的组成部分。来自卡尔卡松的普洛佩·蒙塔涅钟爱地方菜，把奥克[1]菜和巴黎菜等同看待，他说其实巴黎菜也算是一种"地方菜"。

烹饪地方主义从未质疑过自己的共和特性，不过是想要恢复其本来的身份。新成立的行会等组织并不拒绝时尚，它们挖空心思，各显其能，要让大家享受金色时代回忆中的传统饮食，若非如此，在现代化和向世界开放的双重打击下，这样的黄金岁月就要消逝了。和巴黎人的集权论调相反，外省举起的烹饪旗帜，并不是要追补某种国家理念，这些地方性的论调，首先是支持法国大革命之后的共和，仍然持"波拿巴主义"农村共和化的主张，因为在19世纪最后四分之一的时间里，农民最多地受着保皇党思想的影响。这完全不是要伤害民族团结，而是相反，要完成生活和思想方式的统一化和现代化，促进加强

---

1 奥克（Occitanie），法国南方 Langue d'oc 部分地区中世纪的名称。

共和国的团结。更好的是,地方菜品仿佛是一种"全民的"产品,可以和贵族精英的饭菜一刀两断。

饭菜上"共和"的感觉,并不是地方菜汇集在一起的集中体现,而是产生于大家都喜欢"国家",有了"国家"的大的爱好,就没了地区的小的特点。1900年9月22日,在杜伊勒利宫举行的市长宴会,表现了地方传统和民族一致的复杂关系。其中的一个重要原因,是德雷福斯在公众舆论乃至各个家庭中,造成了严重混乱,政治气氛异常沉重。巴黎市自从1900年5月市政选举以后,成了民族主义的堡垒,很多排犹分子当选。在这种情况下,巴黎市政府委员会主席阿尔芒·格雷伯瓦尔(Armand Grébeauval)又有了办一次法国市长宴会的想法。各地的市长得知中央政府没有人来以后,很少有人回应,甚至在保皇党和民族主义党的人当中也很少有人愿意来。宴会没办成,共和派先赢了一局,但是它要操办一次特别的宴会,回应格雷伯瓦尔的挑战。按照1790年联盟节的模式,部长会议主席瓦尔戴克-卢梭(Waldeck-Rousseau)决定,利用法国的美馔美食,在万国博览会的框架内,庆祝第一共和国1792年9月22日成立纪念日。宴会由波特尔(Potel)和沙伯(Chabot)两家商号承办,他们在选菜的时候,巧妙地完成了一些组合,有世界知名的圣余拜尔野鸡片肉卷,有巴黎冰镇三文鱼,也有外省的名菜,比如"鲁昂血鸭"和"布雷斯肥鸡"。共和派并不想抬举地方菜品,他们一向以为地方菜都"过时"了,不过是利用它们招揽更多的人来参加宴会,他们希望这次宴会要团结,并且现代化。宴会当日,22 000位来宾到场,其中市长和镇长共20 000人,杜伊勒利花园搭起了两座巨型帐篷,桌子拼接绵延7公里。共和国总统埃米尔·鲁贝(Emile Loubet)在显眼的主席位就座,这段时间他正被民族主义的报纸冷嘲热讽,此时他要以盟主的身份出现,给自己正名。客人手里的菜单上,都印有总统肖像,和共和国国徽印在一起；之前共和国总是遭人褒贬，经常有人说以往王朝和帝国的最高权力人物众所周知，唯共和国"没有形象"。市长宴会是一个交流的机会，让大家分享"对于共和国的忠诚"，这种忠诚来自今天在一起吃饭的信仰各异的当选人。宴会上能感到国家与共和同为一体，尽管在场的当选人很多不是共和党人。鲁贝总统强调说："你们回去以后可能有人会问：这次巴黎之行怎么样啊？这次聚会以后，你们感觉如何呀？请转告你们的选民，我们忠诚于大革命的精神，因为我们的爱国主义就是我们对于共和国的爱……你们还要告诉他们，尤其要记住说这么一句话，我们对任何人无怨无恨，我们最热切的愿望，是看到法国全体人民兄弟般地团结起来，爱我们的祖国，爱我们的共和国。"

共和国没有年龄、出身和地位的区分：在总统的餐桌上，并排就座的有最年轻和最年长的市长，还有来自面积最大的和最小的城市的官员。宴会持续了一个半小时，宴会结束的时候，所有市长与镇长都和共和国总统正式见了面。见面的仪式与1889年在爱丽舍宫花园见萨迪·卡尔诺（Sadi Carnot）一样，有封建效忠的色彩。宴会后有即兴的欢乐游行，这赋予了这次宴会强烈的博爱和平等的色彩；游行的市长与镇长们列队把总统送回爱丽舍宫的时候，除了少数人戴了布列塔尼帽和巴斯克贝雷帽，所有的人特地穿了一样的衣服——一色的大礼帽和黑色燕尾服，每个人都佩戴了三色围巾，这些活动赋予了民族国家的合法性，这不是单靠一个首都就能作为代表支撑起来的。和宴会的菜单一样，为了保持国家和共和的一致，地方的特点淡化了。在首都举办这样一场宴会，"共和"超越了依附于"小王国"的地方特性，削弱了地方意识，增进了对国家的感情。

这个想要团结一致的宴会引起了最极端的政治派别的攻击。女权主义认为这一天让人又想起了妇女是如何被排斥在政治阵营以外的，社会党人痛斥用法国民众的钱进行这样"狂乱"的铺张浪费，得到好处的实际上是那些根本无此需要的少数人。对于宴会的成功，反政府的保守派报纸也有微词，批评这种奢侈，贬低这场活动的政治意义，如儒勒·勒麦特（Jules Lemaitre）所说的那样，宴会宾客不过是来首都看风景的，一群人吃吃喝喝，以满足自己的低级需求，没有什么共和的理想。这些报纸津津乐道地悉数宴会的具体细节，说这些人吃了以天文数字计算的三文鱼、鸡鸭飞禽和牛，喝了几千瓶香槟酒，用了三千侍者和二十万个盘子，特别强调"饭费"数额之大实在不成样子——这项费用似乎一直在上涨，1888 年说是 5 万法郎，1889 年说是 30 万法郎，1900 年成了 70 万法郎。1900 年，《巴黎回声报》（L'écho de Paris）直言说，"随便哪个政府，只要不怕麻烦，招呼一声，就一定会有至少两万个来吃喝的宾客"。在德雷福斯事件闹得最凶的时候，这次宴会恰好提醒大家，由外省组成的法国"修正"了首都巴黎的"国家主义"倾向。这是一个时代的标志，在 1789 年大革命经历的种种大事件中，巴黎一直引导法国，而现在，外省保证了受到国家主义威胁的共和制度的稳定，外省吹起号角，来"驰援"巴黎了。国家主义宴会和共和宴会两者之间的竞争，呈现出在餐桌周围发生的激烈的政治战争。

身负重任的食物：政治家的宴会

食物的政治功用不仅仅局限于举行"国家宴会"，还可以迂回地到达政治讨论的中心，反酗酒的斗争就是这样。葡萄农歌颂传统酒的优点，把此种酒视为抵御一切疾病的最坚固的堡垒，在抵制酒的运动中得到了好处。《晨报》（Le Matin）1907 年 6 月 14 日组织游行，并于次日发表了以"要葡萄酒，拒绝苦艾酒"为大标题的文章。这之后的辩论分为两派，一派是"法国北方"，据说北方嗜酒的人多，工业酿酒对他们的伤害最大；另一派是"法国南方"，他们比较喜欢自然发酵酿制的酒，喝酒也不过量。1915 年"一战"时，反对饮酒的集团甚至为当时禁止生产苦艾酒而欣喜。这一次主要是农业大省议员的胜利，但是这次胜利半生不熟，因为虽然给苦艾酒戴上了罪该万死的帽子，但健康主义者并没有得到全面的禁酒令，明显地被政治的把戏耍弄了。1905 年成立的"全国禁酒联盟"得到了埃米尔·李特磊（Emile Littré）和克洛德·贝尔纳（Claude Bernard）的支持，尤其是得到了路易·巴斯德（Louis Pasteur）的支持，他们没有善罢甘休，"一战"一结束，他们马上恢复自己的战斗。然而，酒在战争中获得了新的地位：红酒被大量地分发给法国战士，医生们也都说葡萄酒可以治病，毕纳尔教授（Pinard）把浪漫和科学结合在一起，感叹："让我们国家所有的战士吃饭的时候都喝上一杯地道的法国红酒吧，那样他们会精神焕发……虽然这样显得有些奇怪，因为我们正在主张禁酒。"

健康主义观念在法国一些笃信人口堕落论的圈子里广为流行，而反对酒消费的措施却屡遭抵制，葡萄酒农们拒不执行，并且受到了历届政府的支持：1930 年 8 月，公共教育部发布通知，要求教师们宣布烈酒的危害，也要颂扬葡萄酒的优点。这种做法的目的在于"挽救"1930 年达到饱和状态的酿酒业，地方当选人对此表示支持。后来的维希政权发过一个法令，重新掀起争论，这个法令禁止向儿童供应酒，然而对于绝对禁用烈酒没有明白无误的说法。更糟糕的是，法国仿佛忘记了战争中物资匮乏造成的各种限制，饮酒之风日盛，等到了 1940 年，法国的饮酒量大为增加，高居欧洲第一，把周边国家远远地抛到了身后。一直到 1954 年，皮埃尔·蒙戴斯－弗朗斯（Pierre Mendès-France，1907～1983）用了雷霆之力，才制定出了一个真正限酒的国家政策。

19世纪，公款请客成为意图明确的行为，与赐宴君主时期的具体政策相一致，反对派马上群起而攻之，说这是"拉客户"的狡猾方式。请吃一顿饭可能是双刃剑，满以为可以从中获利的人自己也可能受到伤害。1884年，凡尔登的副省长反对利亚维尔（Riaville）镇政府花钱请客，说这一顿饭是"寻欢作乐的胡闹"，来吃饭的是镇委会的十几个人，消耗了31瓶啤酒、40瓶汽水、8包雪茄、12瓶苦艾酒、11份"小杯酒"和50瓶红酒。对于省政府的这些责备，大部分市长置之不理，市长圣埃利－佩格鲁（Saint-élie-Péglau）在1882年说过这样的话："请一个农民喝一杯的意义，经常会远远高于我们的想象。"蒙梅迪（Montmédy）副省长的说法相同："市长和镇长们都是拥护共和的，都为我们做了很多工作，如果跟他们说，7月14日国庆大家想要为政府的健康干杯的时候，镇里却一分钱拿不出来，连一杯酒也喝不上，他们会想不明白。如果要他们掏钱，那这个能与拉伯雷笔下的豪迈场景相媲美的时刻将是他们难受的时候。我觉得他们会怨我们，反对我们的人也免不了会嘲笑他们。"公款请客又一次提出了地方政权合法性的问题——共和党人刚刚介入政务，要推翻旧制度精英们维护的等级制度。大家可以接受发给穷人食物，先决条件是不要选在7月14日这一天。在别的市镇，国庆节办得成功与否，首先取决于发给老百姓多少东西，弄得好，会抬高市长和镇长的声望，弄不好，会毁了一个市长或镇长。1886年，拉特朗什（La Tranche）的旺代当选代表说他希望分发一些酒，吸引一些选民的支持，他说："有的人喝着酒，有的人跑到马路对面的面包坊领来香喷喷的白面包，他们今天可以好好吃一顿了。小孩子们也很高兴，他们分得了糖果。"这种做法受到了来自左右两个方面的批评，说这纯粹是拉选票的恶劣行径。社会党人反对照顾一小部分特权人员的利益，损害穷人的利益，说这是新的一轮挪用公款、滥用职权的行为，1886年在塔伊朗

(Taillant）发生的事就是一个好的说明，那里的当选人自己喝酒吃肉酱，只给了穷人两块面包。最极端的批评认为，这样做是想方设法逃避"怎么对待穷人"的严重问题。虽如此，这些宴请和食品发放加固了政治交往的网络，巩固了共和党人的执政基础，同时也形成了一些烹饪美食俱乐部，为建立名人交际网络提供了方便。这些俱乐部的主题无利益诉求，为的就是光大地方的烹饪传统，1912年成立的百人俱乐部（le Club des Cent）就是最出名的例子。另外，餐厅和咖啡馆仍然是讨论政治的传统的场所，早在雅克·普雷维（Jacques Prévert）、让-保罗·萨特（Jean-Paul Sartre）和西蒙娜·德·波伏娃（Simone de Beauvoir）之前，"法国运动"[1]的领导人查理·牟拉（Charles Maurras）就是"花神"咖啡馆的常客了。安德烈·勃雷东（André Breton）和德斯诺斯（Desnos）、莱里斯（Leiris）等超现实主义的反对者则是经常出入"双叟"（les Deux-Magots）。1927年12月开张的"圆顶"（La Coupole）经常接待艺术家和政治家，比如莱昂·布鲁姆（Léon Blum）、让-保罗·萨特、雕塑家恺撒（César）和作家安托万·布隆丹（Antoine Blondin）都是蒙帕纳斯（Montparnasse）这家啤酒馆的忠实顾客。

第二次世界大战以后，1948年3月14日举行的"千人宴"试图重拾共和宴会的题目，恢复法国解放以后被排斥在政治舞台以外的右派运动。按照米歇尔·宽泰（Michelle Cointet）的话说，这次宴会表明了"有这样一个努力让一些人回归祖国大家庭的运动，而抵抗运动中有些人想要永远把他们排斥在公共事务之外"。1946年以后，右派"互助性午餐"越来越多，"民主联盟"主席皮埃尔-艾蒂安·弗

---

[1] l'Action Francaise，简称 AF，法国极右派政党，成立于1898年，保皇、反对革命、排犹，"二战"时支持贝当维希政权，战后其主要领导人以通敌罪被捕入狱，党组织解散。

朗丹（Pierre-étienne Flandin）希望有更多的人参加，这可以在选举前获得前所未有的媒体效应。法国当时仍在食品匮乏时期（配给食谱直到1949年才撤销），"千人宴"无疑在公众眼里成了有信心的、乐观的重建家园的形象。选择在3月14日这一天举办宴会，是对于1848年革命的纪念，其实1848年3月14日一百周年纪念日活动是在公众相对漠然的气氛中举行的，但是在重视历史意义的当选者中间肯定有反响。菜单上画了一条象征共和的美人鱼，美人鱼长发飘飘，手里拿着弗利吉亚小帽，旁边有几个对话框子，一个写了"Ⅲ"，一个写了一句话："玛利亚娜，戴上你的帽子！"[1] 宴会上讲演的人陆续登场，曾任工人国际法国支部（SFIO，法国社会党前身）书记的保罗·福尔（Paul Faure）此时是社会民主党的总书记，他抨击多列士（Thorez）等共产党人，呼唤"法国的好国民"，呼唤"忠厚、诚实的游击队员们，勒克莱克[2]部队的战士们，比尔-哈凯伊姆[3]战役的勇士们，还有意大利战役和莱茵河战役的法国部队"。阿列河（l'Allier）的前议员拉姆罗拉穆勒（Lamoureux）把这次宴会看成是体制失败的前兆，发表了火药味十足的排斥异族的长篇讲话；1947年重新当选达克斯（Dax）市长的米利艾-拉科鲁瓦（Milliès-Lacroix）也上台发言，这个曾因全力支持贝当元帅而被剥夺选举权的家伙动员所有来吃饭的人参加"选举战斗"。对于这次聚会，报界的态度毫不客气，说这个聚会"于时代格格不入"，是一个"神父主持的家庭聚餐"。3月19日，共产党议员安德雷·图尔内（André Tourné）发表谈话，说这是"维

---

1 "弗利吉亚小帽"是一种有护耳的锥形软帽，在古罗马时期是自由人身份的象征。罗马数字"Ⅲ"表示法国第三共和国。
2 勒克莱史（Leclerc, 1902～1947），法国元帅，法国抵抗运动主要领导人之一，解放巴黎时，率部首先进入城市，代表法国接受日军投降。
3 比尔-哈凯伊姆（Bir-Hakeim）是利比亚境内拜尔盖沙漠中的一个取水点，1942年5、6月间，法国抵抗运动在此攻击纳粹隆美尔部队，为盟军在北非的反攻做出了贡献。

希政权的叛徒和准叛徒的突然反攻倒算"。千人宴很快被淡忘了，但是，在"冷战"初起的气氛中，它让一些和维希政权沾边儿的人士重新融入了政治的公共空间。

小　结

正如大多数史学家们指出的那样，谈"国菜"是一件非常微妙的事，作为一个概念，烹饪身份就要谨慎对待。有些菜品来自地方传统，被奉为无上的旗帜；有些菜品的代表性则纯粹是出于臆想臆造。不管是谁的菜，"国菜"经常是人工制造，不过是要用"国家"的理论，让什么地方有个自己的名分。

虽然这么说，食品仍然是一种身份，它是集体的标识，也是避难所，在这里可以踏踏实实地感觉到自己属于哪一个人群。食品确定了什么是自己的，什么是别人的，显现着社会层面的轻重浓淡，让人觉着有意思。食品也反映着民族属性的矛盾，人们一方面想要建立"回忆之乡"的厨房，另一方面又想让自己的厨艺向全世界开放。有时候，烹饪也在传播由战争文化决定的政治想象，从而把敌人的饮食当作反面的典型。

法国共和国历史的进程中，点缀着大大小小的宴会。这些宴会有时会引发大的政治断裂，比如1848年的会餐运动。公众聚餐不仅用于集合和教化公民，也是想把来宾转变成为政治人士。在分享菜肴的时候，正在形成一种宾客之间的新契约，在分享酒的时候，正在形成新的神圣形式。会餐不仅仅是为了恢复宾客们的体力，而且是在培养组织者们的"政治胃口"，特别是要建立一些社交关系，这些关系超越了家庭和宗教的属性，融化在民族的属性之中。

第六章

爱丽舍宫吃的外交
一种统治的方式

前　言

如果哪个政治家不能喝酒，或者见了一盘滋养的好菜却"吃不动"，那这个人就要倒霉了。往好处说，选民们会觉得你是个凄惨的人物，往坏处说，会认为你冷漠隔膜，甚至是妄自尊大，目中无人。这是因为，通过政治人物和食物的关系可以解读政治人物和选民的关系。有些菜品和人物形象联系得很紧，几乎成为一体，比如雅克·希拉克（Jacques Chirac）之于小牛头，弗朗索瓦·密特朗（Francois Mitterrand）之于雪鸫。

但凡有大的选举，就要有食品问题，而且经常会为此而吵闹。欧洲选举中，布鲁塞尔成了所谓消毒厨艺的游说场所。同样，对于食品的恐惧，不管是事出有因，还是空穴来风，都经常成为政治家的工具，比如 H1N1 病毒的命名，这个病毒最早称为猪流感，后来叫甲型流感，几度更名，集中显示了对于食品忧虑的不合理性的全部根源。食品成为政治讨论的中心，在"劣质食物"和转基因的问题上，或涉及桃红酒地位的时候，食品就是政治。

2008 年 3 月 26 日，法国地区大中学校福利事业中心（le CROUS）选举，它借用了 1968 年 5 月学生运动招贴画的风格，鼓动学生投票，喊出的口号是"民主也是从您的盘中餐开始的"，并且提醒大家，2006~2007 年间，该中心系统供应了 5 550 万人份正餐。2009 年，尼古拉·萨科齐（Nicolas Sarkozy）执政两年的时候，《玛利亚》周刊的记者采访时问他，是不是终于到了该"告别富凯餐厅帮"[1]的时候了呢？食品批评的用语在这里并不单单是一种文风，而是利用想象力，在食品的关系上触动大众舆论，就如 1980 年前后，大谈"鱼子酱左派"，到了 1990 年前后，又大谈"三文鱼右派"。怎么个吃饭法儿，决定了人的特点和人的潜在思想，一些小的差别和一两句无关紧要的话，经常都被赋予了不寻常的意义。2009 年 2 月，尼古拉·萨科齐在二十国峰会的晚宴上迟到，成了一件国家大事；塞戈莱纳·罗亚尔（Ségolène Royal）拒绝别人在她吃饭的时候给她拍照，也激起了其反对派的讥讽。

主导政界的多为男性，政治宴会自然也男性化，在这样的环境中，免不了对女性在宴会上的表现存有很多成见。在政治领导人最平常不过的吃的行为中，可以理解他们与其选民们的某种联系，或者说，能解读他们政治生活的一个侧面。

---

[1] 富凯餐厅（Fouquet's），巴黎香榭丽舍大街上的一家著名餐厅，始建于 1899 年，顾客中多政界和演艺界名人。

礼节：兜售法国

吃喝外交

　　法国的最高权力餐桌受到了足够的重视和谨慎对待，尤其是涉及外交关系的时候：宴会的目的是取悦客人，是缓和与和解。论吃，法国显然是吃得非常好的地方，法国餐饮被公认为是法国影响力的组成部分，法国已经公开表示，希望把法国餐饮列入联合国教科文组织的文化遗产。

　　在两次七国峰会的时候，密特朗善于利用这些优势展现法兰西共和国的价值和形象。1982年社会党人密特朗当选法国总统时，有几个共产党人入阁。为了让世界舆论放心，密特朗在最能代表法国精神的凡尔赛宫设宴招待七国领导人，在法国几百年的王室文化和他代表的今日法国之间画了一个连接号。在镜厅的豪华之中，密特朗面向第三世界国家发表了一场饱含感情的讲话，他要在"冷战"的两大阵营之间，让人听到一个特别的法国声音，希望这次晚宴可以生动地向世人展现，面对罗纳德·里根的美国，法国有能力维护发展中国家的利益，发挥第一流的作用。但是，这种表现自己是欧洲新兴强国的尝试没有得到什么回应。1989年，密特朗又想给七国峰会增光，在另一处充满王朝象征意义的地方办了宴会，即卢浮宫。这一年正值法国大革命二百周年，在卢浮宫设宴自然有其意义，但是也难免引起争议。宴会的目的仍然是想让当时的美国总统和英国首相玛格丽特·撒切尔领教法国的厉害。从代表永恒的金字塔入口走入卢浮宫，是表示"法兰西共和国是在王朝的徽记中建成的"；从酒桶里直接取用香槟酒，是要让来宾立即进入一个丰盛和富丽堂皇的世界。

正式宴会并非都是这样的"王室"格调，但是一向是以其丰盛让贵宾折服。德国总理赫尔穆特·科尔（Helmut Khol）和弗朗索瓦·密特朗都是出名地好吃，他们几次在上佳的餐馆里举行的不那么奢华但是气氛融洽的宴会，平息了法、德这两个欧盟大国之间可能出现的一些关系紧张。尤其是1989年末柏林墙倒塌出现德国统一问题的时候，双方首脑更是选用了这样的对话方式。1995年，希拉克当选总统，科尔连任总理。德国主张加速原东欧几个国加入欧盟的进程，法国对此持不同意见，两个老饕在实在地暴吃了一顿后终于握手言欢。同年，两人泡在斯特拉斯堡一家以蜗牛出名的餐厅里，要了洋葱馅饼、阿尔萨斯沙拉、啤酒、猪头肉酱和猪嘴，当然也不会忘了小牛头、蒙斯德奶酪和苹果馅饼，宴会全程配灰皮诺和黑皮诺红葡萄酒，最后还有咖啡。1996年，七国峰会在历史悠久的法国食都里昂举行，希拉克为科尔摆上了一席地道的里昂菜，科尔大快朵颐，很久不能忘怀，后来多次提及这段往事。

吃喝外交也包括抵制食品，有的国家以道义为借口，利用民众一时的情绪，抵制别国产品的进口，以保护本国的产品。密特朗时期并未引起当地非政府组织愤怒的法国太平洋核试验，到了1995年，竟在好几个国家引起了有组织的强烈抗议。太平洋和欧洲的多个国家都想利用这个机会，打击法国的对外贸易，比如，新西兰餐馆拒绝出售从法国进口的肉食，在英国的餐馆也一时间封杀法国酒。在动荡的"疯牛"危机中，法国也以公共卫生为由，拒绝进口英国牛肉，第一次把预防和报复两种行为原则搅和在了一起。2008年的禽流感恢复了一些仍有政治色彩的卫生措施。2003年，法国拒绝美国邀请，没有参加"伊拉克自由行动"，造成双方紧张，引起美国在食品领域的"报复"，很多美国餐馆在自己的菜单上删除了法国的酒、奶酪和肥肝。这样的"爱国行为"成了一件国家大事，北卡罗来纳州的一位餐馆老板最先提出一个想法，后由两位共和党议员接手，从2003年开始在美国众议院引发辩论，要求参照反恐怖行动"持久自由作战"（Enduring Freedom）的词面，把法国炸薯条（french fries）改名为自由薯条（freedom fries），彻底掩盖本来的意思。伊拉克战争的影响也没有饶过法国烤面包片，美国人对法国人耿耿于怀，也殃及了这种法国食品。后来，"缓和"了之后，美国众议院的咖啡厅悄悄地恢复了菜单上"法国薯条"的名字。2005年2月21日，布鲁塞尔的美国大使馆设宴，用"外交的盘子"巧妙地平息了法美之间的紧张：乔治·布什用了法国炸薯条，雅克·希拉克用了加利福尼亚的红酒，并且热情地回顾自己当年在芝加哥霍华德·约翰逊饭馆（Howard Johnson's）端盘子的往事。《华盛顿邮报》说，"法国炸薯条"的昭雪平反，意味着法国在大西洋彼岸重振雄风。比利时人一直说，是那慕尔（Namur）1781年创制了炸薯条，那慕尔才是炸薯条的发源地，不知道比利时人听了美国人的话，该作何感想……

2006年，美国伊利诺伊州发表了一份报告，反对以鹅作为食材，禁止芝加哥的餐馆供应肥肝。这以后，法国方面对进口的美国牛肉加税，美国对法国洛克佛尔蓝奶酪加税，可见，"食品战争"依然是我们面临的现实。在美国和世界大多数国家眼里，法国身份的主要来源是饮食，而法国在自己的象征意义上受到了攻击。这种围绕吃喝的传统战争也殃及了丹麦，2005年，丹麦《日兰德邮报》（*Jyllands-Posten*）发表了几张穆罕默德的漫画，引起轩然大波：伊朗国家政府决定把非常好吃的小甜点"丹麦奇丽尼"（Chirini danemarki）改名，改叫"穆罕默德先知的玫瑰"（Golé Mohammadi）。伊朗议会外交事务委员会发言人卡则姆·贾拉里（Kazem Jalali）为此还做出解释："漫画给我们造成了伤害，我们连'丹麦'这样的词儿也不能容忍了。"

爱丽舍宫的规矩

曾任爱丽舍宫厨师长的若埃尔·诺尔曼（Joel Normand）说过多次："厨艺代表着法国的伟大。"如果说地方的和国家的饮食代表着法国，那么在世界人民眼里，爱丽舍宫的饭菜代表着法国饭菜的精华。

爱丽舍宫的宴会最早叫"大晚餐"（grands diners），以后叫"华丽晚餐"（diners de gala），到了19世纪后期才叫"正式晚宴"（diners officiels）。它具有的政治意义及其程序安排，都展现了旧时的王朝遗风。爱丽舍宫第一次隆重的宴会是1873年接待波斯国王访问法国。当时的法国总统马克·马翁（Mac Mahon）还不是住在爱丽舍宫里，也不享有任何供在爱丽舍宫请客吃饭的预算开支，马翁总统不得不从自己家里叫来厨子和仆人。从那以后一直到2006年，爱丽舍宫一共为外国贵宾举行了275次宴会。但是，总统们使用这个外交工具的次数并不相同。1899～1913年间，埃米勒·鲁贝（Emile Loubet）和阿尔芒·法里埃尔（Armand Fallières）两位总统一共举行了二十几次宴会。1946年到1958年，在第四共和国期间，为欢迎外国元首举行了18次正式宴会。夏尔·戴高乐执政期间举行了47次国宴，乔治·蓬皮杜担任总统不到五年的时间里举办国宴22次，吉斯卡尔·德斯坦48次，弗朗索瓦·密特朗37次。截止到2006年1月，雅克·希拉克已经办了42次国宴，平均每一个季度一次！

宴会的仪式隆重，表现着一个永恒的瞬间。被邀请的客人是精挑细选的，从拟定客人名单开始，到客人们的车队抵达、接受礼兵致敬，之后整衣、到拿破仑三世大厅用鸡尾酒，最后总统到场迎接主宾、与客人们一一见面，有时候客人多达250人！最后这个环节很重要，因为这是"大多数来宾和高层人士直接接触的唯一时刻"，这也是一个十分微妙的时刻，因为客人既要周全礼节，又得有所表现，让人感觉他们对得起主人的邀请。主宾见面的程序有所变化：1900年，鲁贝总统夫人把几位女宾介绍给比利时利奥波德三世（Léopold Ⅲ）国王的时候，女宾中的几位靠上前，争着和国王握手，而其他几位只是向国王认真地行了屈膝礼。见面之后，主宾进入餐厅；在第三共和国的时候，国家元首在各自夫人的陪同下率先进入餐厅；第三共和以后，主宾要等到一般来宾全部入座以后，才最后进入餐厅。

祝酒词是最典型的政治表达方式，按照雷蒙·普恩加莱（Raymond Poincaré，1860～1934，在1913～1920年间担任法国总统）的话说，没有祝酒词，宴会就"不顺"。普恩加莱总统在任时，致辞改在了宴会开始的时候，而不像以前那样安排在宴会最后。负责总统府档案的艾玛努埃勒·弗拉芒－戈尔富希（Emmanuelle Flament-Guelfucci）把祝酒词看成是"有实在意义的欢迎仪式，双方互致祝酒词，说明了这一次正式访问的背景和目的。大家赞颂双方的共同之处，都说要加强已有的关系"。总统起身，端起酒杯为来宾们敬酒，而后主宾致辞感谢。类似的讲话并非无关紧要，双方都不是现场发挥，纵有些即时的谈论也都是做戏，一直到了19世纪后期，报纸仍然全文登载祝酒词全文，以便让公众了解法国和来访国家良好的外交状况。法国总统费利克斯·富尔（Félix Faure，1841～1899，法国第三共和国总统）和俄国沙皇尼古拉二世的祝酒词内容是一个很好的例子。1896年，沙皇尼古拉二世正式访问巴黎，在为沙皇举行的宴会上，富尔总统不冷不热地赞赏"一个强大的帝国和一个勤奋的共和国之间的联系"，沙皇的答词也很温吞，说他来巴黎"向总统先生致意，您的国家和俄国有着珍贵的关系"。1897年双方的致辞就比较和善了，报纸上的大题目是"两个友好的盟友国家"。1902年的祝酒词里流露出了感情，沙皇为"俄国忠诚的、矢志不渝的盟友法国"干杯。七年以后，沙皇又说："两国之间的联盟是世界和平的重要保障"，1906年的俄国借款进一步巩固了两国之间的关系。

爱丽舍宫的宴会厅布置也是为外交服务。宴会用的餐具要和总统府的豪华礼仪水平看齐。爱丽舍宫拥有10 000件银器，7 000个水晶酒杯和水瓶，9 300个盘子，每个桌子上有3件素烧的塞夫勒瓷器。鲁贝和富尔是最早向塞夫勒这家名厂定制瓷器的两位总统。银器由皮富尔卡（Puiforcat）提供，水晶器的供应商是巴卡拉（Baccarat）。万桑·欧利约勒（Vincent Auriol，1947～1954）执政期间，爱丽舍宫定做了一套镀金银器和银器，还定做了一块长80米、金丝绣的豪华桌布，取名叫"星"（L'étoile）。好像是要让人记起昔时王室的风光一样，桌上还摆上了"宝船"，这是一件硕大的银器，摆放在餐桌中央作装饰用。2004年4月15日，在庆祝英法协议[1]之际，为英国女王和爱丁堡大公举行了正式宴会，主桌正面两侧是两个并列的摆设豪华的餐桌，主桌上摆放了用30公斤玫瑰和银器堆成的台面。有些桌子还保留着国家历史的记忆，用着过去的名字，比如"埃及桌"和"千禧桌"。厨房用的炊具和宴会台面上用的餐具一样讲究：铜锅是贡比涅产品，做糕点的模子还是第二帝国时代留下的器物。

说了半天，终于可以说到吃饭了。宾客们面前，突然出现了舞台表演一样的场面，侍者们满载着各样食物，轻盈地、悄声地，但是迅速地四散开来，如同华丽的舞蹈一般。马克·马翁总统时期的宴会持续将近三个小时，上十五到二十道菜，后来的正式宴会不断缩短时间。1870年，一次正式宴会包括一个冷盘（牡蛎或者冰镇甜瓜），两个汤（一个清汤，一个浓汤），一个冷盘后的"加菜"（通常是一道鱼，或热或冷），三四个头盘（配浇汁的菜），或者是一个咸味的"发

---

[1] Entente cordiale，英国与法国在1904年缔结的协议的通称，旨在调解两国在殖民地问题上的矛盾。

泡烤"(罐烤热菜,表面有烤得起泡的一层奶油糊)。头盘过后,上一两个果汁冰激凌,然后是一个肉菜,肉菜可能是禽类,也可能是烤野味,肉菜有配菜,经常是一个生菜,同时上桌的还有肥肝酱,两到三个蔬菜,再往后是两三个热"中间菜"[1],其中有薄饼、发泡烤和水果"卡丹"(水果上撒干酪丝或者面包屑),或者是冷的"中间菜"(巴伐利亚水果糕、夏洛特蛋糕、奶油、鸡蛋泡、水果等),最后是尾食(奶酪、核桃、榛子、低糖果酱、水果等)。1896年保留的菜单上还有二十道菜,但是,第一次世界大战以后,菜的数量减少了,可能是为了俭省,从此以后,宴会的豪华程度也开始逐渐降低。1924年4月10日,总统亚历山大·米勒兰(Alexandre Millerand)在宴请罗马尼亚王后的时候就比较朴素了,宴会上有两道汤,第一道菜是鱼(鳟鱼),主菜是烤肉(波亚克烤小羊后腿带脊肉),然后是滨鹬肉酱、金合欢花生菜,蔬菜是罗利斯(Lauris)芦笋,最后是球形冰激凌和一道甜食。1945年,樊尚·奥里奥尔(Vincent Auriol)和勒内·科蒂(René Coty)两位总统喜欢地方菜,比如巴斯克烤鸡,图尔烤羊羔精肉,昂蒂布狼鲈,还有兰斯的火腿,但是,正式宴会的菜量明显少了。汤只剩了一道,奶酪升了级别,成了菜单上正式的一道菜,冰激凌正经成了一道甜食。爱丽舍宫保留着一个个习惯,用糖做一个宾客国家的国旗,插在蛋糕上。菜单上菜式的安排不讲究特别丰盛,而是讲求细致,比如土豆泥里加松露,海鲜里加鱼子酱。现在的人不愿意用复杂的名字,"费德拉浓汤"(Fédora)简化成为"西红柿汤","特立尼达"(Trinidad)简化成了"柠檬味巧克力慕斯"。到了戴高乐将军的时候,宴会更简单了,只有五道菜,汤、鱼、肉菜、蔬菜和冰激凌,整个宴会用时一小时四十分钟。菜单的文字上没了沙拉、花式糕

---

[1] 肉菜之后上的蔬菜或者甜食。

第六章 爱丽舍宫吃的外交

点和奶酪，但是在戴高乐执政时期的宴会上倒是还可以吃到这些东西。酒是爱丽舍宫自备的，它的酒窖藏了大约15 000瓶酒。时至今日，宴会的形式和"二战"后的情况差不多：厨师长向总统提供几种方案，总统在三个头盘、三道主菜和三个甜食当中选择；宴会不得超过55分钟。饭菜都很好吃，但是不能影响谈话，这便是高级厨艺的精华所在。

外交的严谨

外交是一部需要运行流畅的机器，容不得任何差池，宴会要符合这样的要求。但是，由于不谨慎导致的外交失误大量存在，这些失误虽然给刻板的外交程式带来一些人文色彩，但是却使一些精心策划的政治策略陷于功亏一篑的危险之中。一次正式的宴会，在宾客的口味、座位排列和菜式的选择等种种环节上，都可能犯错误，都可能让反对派抓住把柄，使得餐桌偏离了它的本来意义，让主宾双方在本应该其乐融融的场合显得不那么融洽。

能吃什么和不能吃什么，经常是正式宴会的一个棘手问题。戴高乐将军以世俗的原则，决定周五也可以吃肉。如今这个问题已经不是问题了，因为宴会一般都是在星期一举行。爱丽舍宫的礼宾处非常谨慎，尽量避免犯饮食上的外交错误。礼宾处存有一个世界重要人物"喜欢什么和不喜欢什么"（Likes & Dislikes）的档案，这是厨师们在历次宴会之前收到的多少有些机密性的提示记录，例如"国王不喜欢海鲜，王后喜欢带红色果实的清淡甜食"。猪肉一般不准入菜，浇汁和甜食里禁止放酒，省得惹上外交官司。但是，找到一种合适的不含酒精的饮品却不是一件容易的事，事实上礼宾官们经常为饮品是不是含有酒精的问题吵吵嚷嚷。1999年，伊朗总统默罕迈德·哈塔米（Mohammed Hatami）在最后一分钟取消了对法国的访问。伊朗人要求，正式宴会祝酒的时候，桌子上不能有酒；而爱丽舍宫的习惯是，每逢这样的场合，为有穆斯林信仰的宾客提供不含酒精的饮料，而非穆斯林宾客还是可以享用葡萄酒的。伊朗政府重申"伊斯兰的原则很清楚，伊朗总统出访外国的时候，这些原则一直要被尊重"。这次访问最后推迟到了当年10月，没有宴会，只是在爱丽舍宫喝了一次茶。日本的礼宾官想出了个解决问题的办法：2000年10月哈塔米访问东京的时候，参加宴会的只有男人，宴会上没有一丁点儿烈性酒。2004年1月22日，在巴黎柏尔希（Bercy）法国财政部的办公楼里，法国外贸部长弗朗索瓦·洛（François Loos）招待伊朗外贸部长默罕迈德·沙利亚特马达里（Mohamed Shariatmadari），酒会上又出现了类似的问题，因为桌子上摆放了酒。并没有人请伊朗客人饮酒，但仅仅是眼睛看着酒瓶子伊朗人就已经怒不可遏了，他们要求立即撤掉眼前的酒瓶子，要不然就马上离开会场。法国方面决定不退让，礼宾人员最后说服了伊朗人，终于让东道的传统在客人的规矩面前占了上风。一时背上了莫须有罪名的酒瓶子在整个宴会期间没有撤掉，在场的标致公司（Peugeot）的老板让马丁·福尔茨（Jean-Martin Folz）和阿尔斯通公司（Alstom）老板帕特里克·克龙（Patrick Kron）还和大家一起谈论了"在学校里蒙头巾遮面"的事。这个事件被看成是法国外交上的一个小胜利，客方这一类的要求经常有，由此引发的礼宾纠纷也经常有，以前法国的态度是忍让，推迟或者取消正式宴会，避免纠纷；但是这一次，法国在自己家门口当家做主，不管不顾，不想跟谁讨论，就是要在宴会上让大家喝酒。我们不禁想起了美国总统罗斯福的一段往事。1945年，罗斯福总统赴苏伊士运河，和沙特阿拉伯国王伊本·沙特（Ibn Saoud）一起签订协议，罗斯福要抽烟，要喝酒，又不愿意让对方看见，惹着对方，只好躲进电梯里悄悄享受。

如果只是简单的食物上的"错误"，情形就没有那么紧张了。食品的"错误"往往不是错在了味道上,而是错在了别处。小克拉玛尔刺杀案险些要了戴高乐将军的命,这个案件几天以后,爱丽舍宫的宴会上出现了"克拉玛尔小青豆"(这里的"克拉玛尔"是地名),这个愚蠢的行为让这道菜蒙冤受难,一直到1969年,戴高乐卸任几年以后,爱丽舍宫再没有敢上过这道菜。凡是雷蒙·巴尔(Raymond Barre,曾任法国政府总理)来参加宴会,烤狼鲈要换成海鲈鱼(狼鲈的发音为"巴尔")。盘子里的菜不总是麻烦的起因,有时候的失误可能因为说了一句让人倒霉的话。2005年,时任法国总统的希拉克在说到英国人的时候说:"不能信任做菜做得这样糟糕的人。"英国记者马上反击,列举了一大堆英国大厨和英式大菜。

宾客进入宴会厅的方式也可能引起波澜,甚至造成外交事件。达尼耶勒·昂松(Daniel Amson)在雷蒙·普恩加莱总统的传记中,披露了1914年英国王后玛丽和丈夫造访爱丽舍宫的故事。按照礼宾要求,王后由法国总统搀手,但是她坚决不同意走在乔治五世搀扶的普恩加莱总统夫人的后面,王后实在受不了眼前这个女人穿着的水果糖一样颜色的裙子,尤其她还是个离了婚的女人。爱丽舍宫的礼宾官提出妥协建议,让两对男女并列,同时进入餐厅,两个女人于是尽量把每一步迈得大一些,努力赶在另一个女人的前头一点点,参加宴会的队伍跟着他们,几乎是小跑着进入了餐厅。2009年,在伦敦二十国峰会前夕,英国首相在其官邸举行工作晚餐,法国总统的"迟到"遭到新闻界非议。尼古拉·萨科齐置礼宾安排[1]于不顾,最后一个到达会场,可能确实得到了他期望的媒体效应——在这种会议上,特别喜欢让媒体围着转的美国总统奥巴马总是占尽风头,萨科齐烦死了,他

---

1 按照礼宾安排,各个国家元首抵达的顺序以各自国家的字母排列为顺序,或者按照国家元首在职时间的长短为顺序,最"年轻的"最早到,最"老的"最后到。不管按照哪一种顺序排列,法国总统都不能最后一个到场。

要改变一次，让媒体的目光转到他身上。

另外如果在国宴上对某个有争议的国家元首安排不妥当，就要被反对派抓住把柄。1979 年，吉斯卡尔·德斯坦总统在爱丽舍宫接待中国总理华国锋，这次正式宴会上的祝酒照片被右派和极右派报纸刊登在头版显要位置。1995 年，古巴领袖菲德尔·卡斯特罗首次以私人身份访问法国，在政界和媒体引起反对浪潮。结果双方没有举行正式宴会，只是总统夫人达尼埃勒·密特朗以她主持的"自由法国"基金的名义，在外国总统下榻的马里尼宾馆设早餐，接见了这位最高领袖，媒体连篇累牍地报道了这个消息。1999 年雅克·希拉克为中国国家主席江泽民举行的宴会和 2007 年为利比亚总统卡扎菲举行的宴会，也都分别引起过争议。

选举烹饪

有目的性的食品

1950 年前后，时任总理皮埃尔·孟戴斯－弗朗斯（Pierre Mendès-France）发起过一次大的运动，鼓励全国儿童喝牛奶，他自己当着记者的面喝牛奶，说了一堆每天给学校送奶的好处。在公众眼里，这一场做秀使他成了一个关心新一代人前途的国家领导人——食品肯定是一种现代政治的工具。

刀叉确实成了威力强大的武器，尤其是近十几年以来，食品是选举过程中民意测验一个绕不过去的话题。不管是左派还是右派，在他们的选举纲领里，关于"吃好""吃不好"的影射不胜枚举。搞政治的人非常正确地把"吃"摆放在一个重要位置，因为他们明白群众将吃视为大事，群众脑子里有着人类学的思考，要"将它之用为我所用"。在某种程度上说,了解了群众对吃的态度,就了解了群众。

围绕食品出现的一些问题会引起反应。在这些反应中,有的是文化的和宗教性质的,也有的是不合理的,政治人物控制这些反应要借助几种方式,或者通过安定受害者,排除他们的疑虑,或者反过来,渲染恐惧,多数时间是想把食品问题导致的害怕心理变成自己利用的工具。法国经历过的苯乙烯三文鱼、禽流感、疯牛病和李氏杆菌山羊奶酪等,无论食品出了什么毛病,不管是真危机还是假危机,都看到了人们的紧张心态,人们希望有绝对的食品安全,谨慎成为人们对于食品的态度。1990年5月16日,在"疯牛"闹得正欢的时候,英国农业大臣约翰·格默(John Gummer)当着记者的摄像机,让自己的女儿吃三明治。2000年,里昂内尔·若斯潘(Lionel Jospin)政府的农业部长让·格拉瓦尼(Jean Glavany)在法国参议院讲话时说:"我想告诉大家,我们这些政府部长们刚刚在马提尼翁宫吃过午饭,我们吃了腓里牛排。我向让大家知道这件事,我们用自己的方式集体性地证明,我们对我们国家的牛肉信得过,法国的消费者也应该恢复这样的信任。"

禽流感发生的时候也是一样,烤鸡在法国销量下降,但是快餐店里的炸鸡块的销量却一直保持着上升的势头。2005年10月,当时的总理多米尼克·德维尔潘宣布,总理府没有从餐厅的菜谱上撤下鸡。2006年春天,他多做了一点儿事,他在安省(l'Ain)的一个农场里吃布雷斯酿鸡,并且请来新闻界,办了一次以布雷斯酿鸡为中心的聚餐,为的是支持雷诺·迪特雷伊(Renaud Dutreil)部长提出的口号:"大家都来吃鸡呀!"而且,也是为了延续4月开始的宣传运动,安定民心。这次活动超越了宣传活动的简单意义,它给了政治人物"媒介的力量",政治人物通过做一场戏给大家看,以求平定民心。这好像是历史的玩笑,古有国王的品尝官先吃一口,为的是保护国家元首的健康,今有国家的代表在媒体面前吃一口,为的是保护人民的健康。总理和部长吃这一口也表明他们在公共卫生上的政治抉择是正确的,吃这一口是政治策略。

对于把"吃不好"放在政治主张重心的人来说,食品危机从来都能充实他们的政治纲领。环境保护运动的情况就是这样,绿党的情况更能说明问题。2004年4月13日,在六月选举之际,欧洲联盟的所有绿党组织云集都柏林,他们在爱尔兰议员玛丽·怀特(Mary White)"加入食品革命"口号的鼓动下,呼吁群众进行一场"食品革命"。这位爱尔兰女议员拍案而起,激烈地批评最近的危机,说"疯牛、人工养殖三文鱼可能诱发癌症,鸡的沙门氏菌和禽流感严重动摇了消费者的信心"。

食品安全是绿党竞选纲领的轴心,按照他们的话说,要"让选民胃口大开,以此方式吸引选民"。法国西南的欧洲议员日拉尔·欧奈斯塔(Gérard Onesta)认为:"在农业、健康、环境等范畴,食品都处于颓势……我们寻觅了一阵,找到了一种呼唤人群在日常生活中交流的方式。"按照这种观念,每个国家的竞选运动都有了亲民的明确主题,由此出现了颜色鲜丽并且充满了奇想的招贴画,比如"欧洲人拒绝吃一样的西红柿!"再比如一只手摇晃着一把叉子:"什么乱七八糟的东西都塞给我们吃,我们欧洲人实在是受够了!"还有一些招贴画上面是欧洲领导人的漫画,他们的脖子上围着餐巾,正和其他人一起进餐,因为"欧洲应该到了有胃口想吃饭的时候了"。绿党为回应人们"吃不好",在快餐店门前频频举行抗议,在自己的选举运动中再次使用了环保这面旗帜。转基因问题出现在所有竞选活动关于环境的讨论中,其背后隐含着反对人造人为、推崇自然产品真实性的一种愿望。食品问题已经走出了环保主义的圈子,成为所有政党关心的事,因为所有的政治力量或多或少地都和环保主义者一个腔调,主张健康，主张保护地方的利益和真实性。2009年欧洲议会选举的时候，人民运动联盟（UMP）提出了有二十三项条目的竞选纲领，其中就有维护"以持久的农业发展和安全的食品卫生为基础的食品主权"。可能就是在这样的背景下，在2009年政府改组的时候，法国的"农业部"又变成了"食品、农业和渔业部"。

时事中凸显的争议是食品禁忌，能吃什么，或者不能吃什么，相关的新闻报道有很多，政界人士从中取利，争议的中心是宗教与世俗的问题。在学校食堂里是不是可以吃猪肉，在校上课的穆斯林学生能不能在斋月期间吃饭，还有对伊斯兰宰牲经营网络不明不白的长期的财政支持，林林总总，都是和这个问题相关的几个实例。2009年6月，正当在学校里穿伊斯兰服饰的事情闹得沸沸扬扬的时候，埃斯特雷－圣但尼中学（Estrées-Saint-Denis）的两个学生把一根香肠放在了一位信奉伊斯兰教的教师的桌子上，这简直就是火上浇油，这一事件表明，当涉及食品的时候，社会的紧张都会升级。

以地方性抵御世界化：味道的表现

食品的安全问题引发出另一种形式的政治理论，它捡起了两次大战之间本质主义的言辞："吃不好"的定义就是世界化，就是消毒、净化；要抵制"吃不好"，就得回到乡土的环境中来。抵御世界，保卫地方，换上了新外衣，但是还是老生常谈。

有"现代堂吉诃德"之称的若泽·博伟（José Bové）把象征性的"战斗目标"指向了麦当劳公司，他不仅反对"吃不好"，而且一门心思要支持地方产品，反对"世界化"的任何产品。米罗快餐店被捣毁，并没有阻止这家快餐公司第二年的经营额增长了14%，这件事以突兀的方式，把美国快餐业的问题摆放到了健康的公众论坛上。几乎是同一时间，摩根·斯珀洛克（Morgan Spurlock）的电影《超码的我》(*Super Size Me*)上映,同样揭露了这种"厨房"的危害。电影画面的真实性虽然难以求证,但是其如漫画一般揭露的情况触目惊心,尽管麦当劳法国公司的领导人说,麦当劳四分之一的餐份都是"Salads Plus",美国公司和法国公司各是各,不能混为一谈,但是无济于事,它食谱上的饭菜不能让公众信服。快餐问题的背景是"法国式"的反美主义,它让人想到更深的一个层面,那就是地方厨艺和世界性食品两者之间永远的水火关系。

以上,我们又看到了20世纪初的本质主义的特点,极右派势力对此也在呼应。1999年,布吕诺·梅格雷(Bruno Mégret)在卡芒贝尔村(Camembert)开始自己的竞选运动,他要抗击所谓的布鲁塞尔对法国奶酪构成的威胁。同年,让马里·勒庞(Jean-Marie Le Pen)和菲利浦·德威利埃(Philippe de Villiers)一口气儿举办了多次"爱国主义"宴会,用以保护法国厨艺的某种理念。欧洲被视为一切食品罪恶的渊薮,欧洲针对"好的食品"正在搞阴谋。继鲜奶奶酪的风波以后,粉红酒又搅乱了2009年的欧洲议会选举:布鲁塞尔的欧洲委员会宣布,允许一种掺白葡萄酒的红葡萄酒使用"粉红酒"的名字,但是不久之后,在一些政界人物的压力之下,尤其是在一些法国政界人物的压力之下,欧洲委员会收回了自己的意见。同是在这场竞选活动中,主权主义的候选人菲利浦·德威利埃说,他在布达佩斯的土耳其浴室前面吃了一份"卡巴","东西能吃,但是,对于我来说,这是外国的吃食"。这个文字游戏也是反对欧盟现行运行机制的一种方式,矛头直指土耳其加入欧盟。菲利浦·德威利埃在BFM电视频道上说,卡巴绝对是外国的,这种三明治"不是法国的文化"。2007年9月13日,意大利举行"面条罢工",这是一场正式罢工,罢工者反对小麦涨价,这场罢工很像是在维护一种最能代表国家的食品。在四个协会的号召下,意大利人拒绝食用意大利面条、意大利螺旋面和意大利蝶状面片。这次史无前例的罢工规模很大，媒体全面跟踪报道。尤其引人注意的是，这一次短时间的抵制活动包括了很多自我约束："罢工者们"上班自带干粮，除了紧急情况以外不得使用电话，不能买香烟，晚上不出去看电影，要和家里人在一起。罢工当天，意大利大城市的半数居民响应罢工，意大利政府的司法部长和家庭部长也参加了罢工，但是，媒体关注最多的是食物，这一次罢工被称为"面条罢工"，按照一位组织者的话说，"这是象征意大利的产品"。但是，很多人持怀疑态度，托斯卡纳粮食公司的经理认为，这次小麦涨价，引起了"公众恐慌，最好不要助长这种恐慌。这次罢工只能对农民造成威胁"。宣布的涨价幅度其实不是很大，在意大利还没有影响到面条的价格。

　　本土食品保卫战的另一种形式，是推崇一些无论在品质上还是在认知度上，都是经济和政治利益中心的产品，甚至是当选人在自己的选区有着"感情"的产品。担任普瓦图-夏朗德（Poitou-Charentes）大区主席的塞戈莱纳·罗亚尔积极地穿上了传统的外衣，她要保护当地的"查必舒"（Chabichou）奶酪的知名度，为此她甚至在国民议会的讲台上哼起了小调，这是1914年的一段歌曲，歌曲有革命的味道："不管是穷人还是富人，只要是吃喝的大场面，就少不了查必舒。"为了取得AOC的注册和待遇而进行战斗是政治人物的经常工作。每当以米其林为首的大型的旅游指南给餐馆重新评星定级的时候，当选人就要忙得昏天黑地，他们要三番五次地涌向前去，向指南的编辑们举荐，为自己选区的餐馆争取一个星级，或者是挽救一个星级。如果一个餐厅有降级的危险，当选人就要反反复复地说，不能丢了地方特色啊，要是丢了，不知道会产生多少社会问题呀。2009年夏，六十多位当选人发起一场运动，维护牡蛎贸易，他们疾呼："大家吃牡蛎，饶了老鼠吧！"起因是省政府发了一个规定，禁止销售某些牡蛎,并特别要求用老鼠进行实验分析检验牡蛎的质量。爱丽舍宫也是推广国家美食的急先锋。总统府的花园聚会是象征性的例子——法国每个地区的代表菜式都可以进入总统府展示。2003年,法国22个大区分别在爱丽舍宫搭了一个帐篷,展示自己的最得意的菜肴。遇到这种情况,必须一视同仁,已经没人敢偏袒了。这是对国家烹饪的宣传广告,但是有些部长不管不顾,仍然要表现自己对乡土的依恋。2009年7月,时任内政部长的奥弗涅人比利斯·奥尔特缶（Brice Hortefeux）一改前任内政部长、巴斯克人米歇尔·阿里约-马力的风格,在招待会上摆上了火腿、肉肠、奥弗涅蓝奶酪、圣耐克塔（Saint-nectaire）半硬奶酪和昂贝尔（Ambert）蓝奶酪等奥弗涅的地方产品。总统出行往往也是显示法国厨艺的机会：弗朗索瓦·密特朗出访国外一定带着自己的厨师,这让接待国的法国使馆厨房相当恼火。1982年,密特朗访问日本,在法国使馆为裕仁天皇举行招待会,席间,他和其他来宾一起轻声唱起了法国歌曲《樱桃时节》,应密特朗总统邀请随团访日的歌手居伊·贝亚尔（Guy Béart）用吉他伴奏。对于日本公众而言,他们当然不会想到这首歌和巴黎公社有什么关系,招待会的主角当然是法国饭菜,日本媒体对这次宴会的烹饪水平大加褒奖。另外一个例子更能清楚地说明烹饪与外交的关系,1989年1月,弗朗索瓦·密特朗赴保加利亚进行国事访问,其间在法国使馆举行宴会,邀请了一些知识界人士,其中有很多不同政见者。宴会上用了多尔多涅（Dordogne）八宝鸡和梨饼。让人意想不到的是,这次宴会很快超越了本来的烹饪意义,因为宴会第二天下午,在得知密特朗总统支持受到威胁的保加利亚知识分子言论自由的权力以后,保加利亚学生集会,热烈欢呼密特朗。这件事作为"难忘的午餐"一直留存在人们的记忆中,时至今日,保加利亚的媒体仍然在引用这次事件。

有些国家则利用国宴抬高自己的美馔佳肴。在英国女王伊丽莎白二世80周岁的隆重庆典上，250位来宾享用了一顿纯粹"英国"的饭菜。为宴会掌勺的大厨里，有苏格兰人内克·奈仁（Nick Nairn）。宴会菜谱包括爱尔兰风味的用鼠尾草和水瀳菜熏的三文鱼，用鲜贝和牛尾烧的威尔士多宝鱼，还有苏格兰风味浓汁浇松鼠里脊，配芹菜、胡萝卜和圆白菜，最后是一道牛奶鸡蛋烘饼。这么办宴会的目的清清楚楚：多少年来英国食物的蒙羞到此为止了。2009年，英国青年大厨杰米·奥利维尔（Jamie Oliver）为伦敦20国首脑峰会准备的晚宴，这也是英国厨艺学问的精彩展现。这次成为所有媒体焦点的宴会以苏格兰三文鱼配蔬菜开始，往下是威尔士羊羔配蘑菇、克努瓦耶（Cornouailles）芦笋和泽西岛（Jersey）土豆，这以后是赫特福德郡（Hertfordshire）山羊奶酪配香葱，最后是一道甜饼，搭配的当然是"英式"奶油。在全世界人民的注视之下，英国王室有机会证明英国菜式细腻考究，物丰味美。

食品的蛊惑

如果看清了人与食品之间特殊的、几近神秘的关系，就能完全理解这种关系被当成政治武器使用时的效力，有时候，这种关系甚至可以成为令人生畏的政治武器。2003年，巴黎新当选的市长贝尔特朗·德拉诺（Bertrand Delanoe）要求对其前任之一雅克·希拉克在1987~1995年之间的伙食费用进行调查。调查结果证明，在此期间，雅克·希拉克吃喝的费用为1400万法郎，合230万欧元。按说，市长换人，整理账目本是情理中事，但是被查的人虽然不再担任巴黎市长，但却是当年就扶摇直上，入主爱丽舍宫当上了法国总统，这件事的意义就有些不同寻常。特别是在这一事件中，法官库鲁瓦（Courroye）2004年3月宣布不予起诉，理由是过了起诉期。法院宣布了判决以后，原社会党人、巴黎市绿党新任党魁阿兰·里乌（Alain

Riou）出书，如一篇重磅檄文，抨击雅克·希拉克及其家人的膳食费用，同时也激烈批评雅克·希拉克的后任蒂贝里（Jean Tibéri），顺便也挖苦了一番社会党人。他揭露，在宴会开销当中，1999 年 11 月 30 日的宴会最让人看不过，宴会参加人数多达 500 多人，全部都来自科尔特（Corte），这个科西嘉的小城市是希拉克市长夫人格扎维埃·蒂博里（Xavière Tiberi）的老家。2005 年 9 月 22 日，法国最高法院驳回现任巴黎市长的上诉，正式宣布结案。

　　伙食费的问题层出不穷，招待活动可能造成的浪费也经常引起愤怒声讨。最近一次的舆论哗然是因为 2009 年 20 国首脑会议的花费。专家计算，此次会议总开支 57 万欧元，其中 43.5 万欧元纯粹用在了"吃"上，最后都是英国公民埋单。此时正值世界经济危机，20 国峰会的本意是再造资本主义，原本是励精图治的意思，但是会议期间的三次正式宴会让公众震惊，宴会用的大牌红酒，如 1986 年德拉朗德-龙格威尔伯爵夫人-辟雄-酒堡（Chateau Pichon Longueville Comtesse de Lalande 1986），一瓶估价 160 欧元。公众舆论对于这种事情的反应越来越多。2001~2007 年，法兰西岛地区法院对上塞纳河省的财务进行了调查，结果让一些民间团体大为震惊，调查结果显示，大区议会资助了一家高级餐馆"蓝带"（le Ruban bleu），大区当选人邀请的客人在这里用餐只需要按着账单上十分之一的数额结账就行，而平均每餐每个人的花销高达 120 欧元。2008 年亚眠（Amiens）市政选举以后，新的多数派为了表明执政新气象，讨好民心，做了一件具有象征意义的事：在市政厅的宴会上取消使用香槟酒。这一举措又一次说明，怎么安排食品，在"减少开支"的政治主张中具有重要意义。表面上这件事看起来难能可贵，但是对于亚眠这么个大区首府而言，与总体的庞大开支相比，节省这么一丁点儿实在没有什么实际的财政意义，而且可能反过来对决定这件事的人不利。有人会问：

"难道穷人就没有权利喝香槟了吗？"很多言论认为这样做毫无意义，市政官员们在正式招待会以外可以方便自在地享用香槟，而平时没有消费能力的人这个时候也没有香槟喝了……2009年开始，法国渐渐感到经济危机的压力，招待费用缩减了：达沃斯论坛会议上和法国企业运动代表大会（MEDEF）上，都没了香槟酒，兴业银行的处长们向下属赠送传统的"国王饼"[1]也要自己掏腰包。这些办法可能并不能对公司经营起什么作用，但却是一种精心策划的宣传手段，被媒体广为利用。同样，2009年7月14日的爱丽舍花园聚会上，总统府强调俭省，"只"邀请了5000人，而前一年，邀请了7000人。其目的也是避免闲话，因为老是有人在说，精英们拿着老百姓的钱挥霍无度。

2009年初，因为提到了司法部招待费用的事，法国掌玺大臣拉希达·达蒂（Rachida Dati）遭到了类似的批评。记者们又沿用了当年路易十六妻子的话，"没的吃，那他们怎么不吃蛋糕呢？"这让我们能感到"吃"仍然具有现实意义。

过去一些时候，政治领导人为了表现自己的良心也采取了一些措施，比如2005年1月，海啸突然袭击亚洲沿海造成人员死亡，在几天以后举行的新年团拜仪式上，取消了花式糕点和香槟酒。更晚一些时候，尼古拉·萨科齐就任法国总统没几天，就要改变爱丽舍宫的习惯，命令办公厅主任埃玛纽埃尔·米尼翁（Emmanuelle Mignon）减少行政开支，尤其是要减少吃喝上头的开支。从那以后，总统府所有官员每次午餐要自己付账6.5欧元，另外，像从总统府支付初期退休金一类的好处也没有了。2009年5月发现的包括首相在内的英国内阁成员的账单令人大吃一惊，在英国引起轩然大波。在严重的经济危

---

[1] galette des rois，法国传统节日，在一月的第一个周日举行，节日里分吃杏仁奶油馅的酥皮饼，饼里藏有小瓷人，吃到的人戴王冠，是当日的国王或者王后。

机的背景中，公众的这些激烈反应再一次表明，"吃"是非常敏感的问题。

一方面希望用丰盛的食物表现繁荣，另一方面提倡更为"道德"的俭省，这是一种特殊的政治理论和政治行为，在国家元首和食品的关系中，能清楚地看到这一点。

国家元首和食品

拉开距离

吃喝的喜好原本是每个人的自然意愿，但是，政界的男女人士比任何时候都需要有永远的好胃口。他们的好胃口不单是要在竞选中派上用场，如果他们不这样做，他们的举手投足就不自然，弄得不好，还会在公众眼里显得冷酷。有些名声，形成容易，改变难。

乔治·蓬皮杜要为他的总统形象树立新的风格，在举办宴会的时候，他在来宾中史无前例地减少了高级官员，转而邀请了很多艺术家和时尚设计师。蓬皮杜的革新想法也反映在其他方面，1971年，他聘请设计师皮埃尔·保兰（Pierre Paulin）重新设计了爱丽舍宫的宴会厅。之后的总统瓦莱里·吉斯卡尔·德斯坦（Valéry Giscard d'Estaing）也想要代表社会的现代进程。德斯坦年轻，经常模仿肯尼迪的样子，要把饭菜整治得符合时代潮流，他喜欢清淡，不浇汁，有时候也用一道简单的火腿配土豆泥。另一方面，他一进爱丽舍宫就简化了礼宾程序，取消了一些仪式。但是，1976年以后，他又改变了之前礼宾上的宽松，恢复了一些往日旧贵族的做派，参加宴会要穿燕尾服，宴会进程中有乐队伴奏，但是服务却是法国的现代模式：侍者把菜端到客人左侧，由客人自己选用；在铜管乐声的伴奏中，身穿制服的侍者把菜送至主宾席。德斯坦的政敌雅克·希拉克很看不惯这一套。新派饭菜当然有创新和敢于想象的可爱，但是德斯坦对新派饭菜的偏好，使他越来越和法国人一般的餐饮习惯拉开了距离。不知为什么，他特别喜欢红色有刺的鱼，看到不可能组合在一起的食物组合在一起的时候，他欣喜若狂。新派菜式分量小，比较清淡，有时候会在大厨们之间造成分裂；这些大厨们，有的让法国上层喜欢得不得了，有的让法国下层不知所措。还有更为严重的，德斯坦的名字突然之间和一种"富人菜"连在了一起。1975年，大厨保罗·博屈兹（Paul Bocuse）创制了松露肥肝汤，菜的材料成本惊人，因为要敲碎整块的松露，味道才能出来。这道菜是为英国女王伊丽莎白二世访问法国创制的，后来其名声大大超越了国界，和德斯坦总统紧紧联系在一起。法国人在这样的饭菜前感到陌生，真的需要这样吃饭吗？吉斯卡尔·德斯坦马上想明白了，他吃什么是了得的大事，他可以利用食品这个武器，亲近自己的国民。他宣布，每个月一次到一个法国家庭作客，和这家人一起吃饭；他在巴黎选第一户人家，由此开始了他的"环法之游"。这样吃过几顿饭以后，记者采访了有幸接待"可爱的王子"的家庭主妇们。调查结果相当悲惨，总统就近在自己家门口找个人家一起吃饭，这让人搞不懂，招来了一堆批评和挖苦。大家说他拿着旧制度君主的派头，盛气凌人地来到自己的"臣民"家中，分享臣民的口粮。德斯坦的办公厅主任冒着寒冬腊月的风寒，找了几个马里裔的清洁工和德斯坦总统共进早餐，也没有得到媒体的好脸色，新闻界说德斯坦脑袋不清楚，分不清楚什么是"简约"，什么是"世俗"。更糟糕的是，反对党说德斯坦是利用马里人，让人重新回忆法国殖民的历史。德斯坦与国民一起吃饭的活动很快停止了，凭良心说话，德斯坦其实充满好意，不过是不知道怎么和大众沟通。

好多政治家的公众形象严肃、不苟言笑，其实他们并非如此，但却不知道怎么才能改变公众对他们的成见。出任 1993 年密特朗任期第二次"共存"政府的右派总理、并且成为总统候选人的爱德华·巴拉杜尔（Edouard Balladur）便为此付出了代价：他对着摄像机走到卖猪下水的摊贩跟前的时候，无论如何掩饰不住恶心的表情。从此他的形象除了严肃就是高傲，怎么也改不了了。据说他喜欢的菜式是烤比目鱼配沙拉，还有勃朗峰糕[1]，他不大吃甜食，偶尔经不住劝吃了，马上后悔不迭。这样简约的生活却变成了一种死板，当年担任内政部长的阿兰·朱佩（Alain Juppé）透露，巴拉杜尔总理肯定是晚上 8 点准时入座开始吃饭，不管他邀请的人这时候是来了还是没来。电视新闻中的讽刺节目《吉尼奥尔》[2]的评论，还有几个支持希拉克的部长不经意间透露出的一些信息，都固化了巴拉杜尔的形象。巴拉杜尔不想有这样的形象，不过好像改起来也难。在马提尼翁宫招待政府成员的时候，部长们都感觉自己被当成了"外省乡巴佬儿"，吃的经常是一道酸菜熟肉，或者是一道扁豆什锦砂锅，再多不过是一块烤肉配一个青菜沙拉。人们不禁要想，巴拉杜尔要是当上了总统，该是什么样呢？很可能是他的饮食偏好的一种体现，那将是一个理智、讲究礼仪，有着资产阶级严谨的总统。

巴拉杜尔这样与外界的交流方式让他吃了大亏，就是因为他的形象和生活方式，使得他在竞选中失败。在 1990 年中期，大家从心底里不大愿意让这么个人领导不景气的法国。巴拉杜尔的教训为后人敲响了警钟，但是后人未必看到了前车之鉴。另一位共治总理里昂内尔·若斯潘（Lionel Jospin）是个例子，他是因为希拉克解散政府没有解散成，才当上了政府首脑。他很愿意别人说他的风格严谨，这可

1　蒙布朗蛋糕（le gateau Mont-Blanc），奶油和栗子泥交错叠成的蛋糕。
2　吉尼奥尔（Guignols），原为法国里昂木偶戏中的主角，后被电视台改编成以讽刺为特色的专栏节目。

能是他一直受着新教教育的缘故，他的敌手看准了机会，反其道而行之，故意表现得非常热爱生活，这反衬得里昂内尔·若斯潘更像个老古板了。他的顾问和周围的人都想让这位山特嘎贝勒（Cintegabelle）的当选人改换形象，但是徒劳无功，里昂内尔·若斯潘不喜欢吃，改不了。每两个月，他召集亲信在马提尼翁宫聚会，来的人都抱怨说吃不饱，有的当选人不无恶意地告诫大家，来见总理之前，先在别处踏踏实实吃好了再过来。

一旦有了这样的名声，就像膏药贴在了身上一样，很难消除。里昂内尔·若斯潘的前任阿兰·朱佩就是不明白，为什么一家名牌周刊的记者说他是一个"不喜欢吃的成天拉着脸的人"，他甚至愤怒地说："好吃的人也不都是胖子嘛！"话是这么说，还是堵不住媒体的嘴。1995年12月发生社会冲突和罢工，主要发起者是"工人力量"[1]，媒体在报道的时候有一些渲染，说阿兰·朱佩枯燥、不好接近，而对方"工人力量"的领导人马克·布隆代尔（Marc Blondel）这时候没准儿正在一家小餐馆里大嚼香肠和炸薯条，而且是撸胳膊卷袖子上手吃呢。戴高乐党人阿兰·朱佩也在说，吃是他生命中的根本大事，但是公众舆论对于明显比较会过日子的工会领导人有更多的好印象。2007年的总统大选中，支持萨科齐的人攻击塞戈莱纳·罗亚尔，还是老一套，说她吃饭的时候，哪怕只是坐到餐桌跟前的时候，总是拒绝拍照，也不让拍视频，说社会党的这位女性总统候选人就是冷酷，难以接近。细想起来，一个人，尤其是一个女人，正要吃饭或者正在吃饭的时候，让人挤到跟前，随便拍几张照片，不知道会被拍成什么样子，后果可能是灾难性的，比直接告诉选举对手自己不能亲近百姓的后果可能有过之而无不及。塞戈莱纳·罗亚尔在下厨房或者在给孩子

---

1 Force Ouvrière，法国三大工会之一。

们做饭的时候，可以接受拍照，她吃饭的时候绝对不能接受拍照。塞戈莱纳·罗亚尔的宣传班子想要把这位女性总统候选人表现成为一个纯洁且高尚的女人，这其实是一着险棋，可能会使公众把她看成一个不食人间烟火、脱离社会真实和听不见国民困苦的人物，尤其是塞戈莱纳·罗亚尔又有一些个人的习惯，比如拒绝和人拥抱，穿着也有些个人特色。

　　国家主要领导人在吃饭方面表现的简约（不管这简约是真实的还是装出来的），都可能在他们与公众之间造成鸿沟。有时候，这种和民众的疏远是刻意维系的，它是政权的一部分。我们都以为王室的做法已经被历史淘汰，已经消亡了，其实不是。在某些方面，弗朗索瓦·密特朗在和他的宾客之间，恢复了这种微妙而有效的关系，借用过去王室的做法。在他的眼里，吃饭是执政的工具，老是要用这件事寻找平衡，让他与宾客之间保持着距离。社会党人总统密特朗操纵着这些政治场面的表演，他在其中光芒四射，好像是个施舍好处的神仙。吃饭成了权力世界的缩影，密特朗利用个人的魅力、人群的分化和最终对宾客们的掌控，充分地展现自己在政治游戏中的天才。1986年，社会党人在立法选举中失利，弗朗索瓦·密特朗面临着第五共和国一个全新的行政方式：共治。此时，他召集社会党的主要领导人共进晚餐，听取了对新总理人选的各种想法。大家七嘴八舌，你前我后地提了好几个人的名字，等到吃蛾螺的时候，说到了雅克·沙邦－戴尔马（Jacques Chaban-Delmas），吃到牡蛎的时候，吉斯卡尔·德斯坦的名字占了上风。密特朗心中早有定数，他让大家伙发表了一通意见，最后宣布，主要的障碍就在前头，不能绕着走，只能迎难而上，他选择了雅克·希拉克。1988年，密特朗再次当选总统，又出现了总理人选的问题，这一次，他在自己舒适的书房设宴，招待可能有机会的几个候选人。弗朗索瓦·密特朗差不多是当面羞辱了自己的经济部长皮埃尔·贝雷戈瓦（Pierre Bérégovoy），在宴会结束的时候告诉他，自己选定的新的政府首脑不是别人，而是老对手，统一社会党（PSU）党魁米歇尔·罗卡尔（Michel Rocard）。

2009年6月，尼古拉·萨科齐当选总统两周年，《玛利亚》周刊登载文章《告别富凯餐厅帮》，题目有些刺激，为的是强调，从2007年萨科齐当选以来，他和公民之间的距离不断地在扩大，法国新总统当选后的第一个象征性的举动，没有马上"把自己奉献给公众"，而是和自己圈子里的亲朋好友在巴黎时髦的富凯餐厅聚会吃饭。文章题目的火药味挺浓，但是公众并不计较，只是关注这篇文章中关于食品的说法，媒体在2007年5月7日的这次聚会上，好像看到了新总统的表现端倪，他本来可能是一个愿意花时间"专心职责"的人，不过一顿饭下来，他也要成为远离社会民众的人了。这么形容虽然有些过头，不过，将来新总统要摆脱这个形象真的要花一番大力气了。

做"百姓状"

政治的艺术规则是，但凡要成功，就要做"百姓状"。当然，每个人的脾性不同，做出这种状态，有时候是本能的，有时候需要认真谋划一番。不管怎么说，那些看样子过得好的人，生气勃勃，不由自主地愿意相信别人的人，更讨公众的喜欢。吃好，包括吃的食物的质量好，哪怕是装成吃得很好的样子，都是成功的关键。

法国农业博览会举办的时候，政界领导人都必须到场，和农民套近乎，拉关系。1950年3月2日，总统樊尚·奥里奥尔（Vincent Auriol）参观了当时叫作"巴黎农业周"的农业博览会，从那以后，政界领导人彻底明白了，去那里参观不是真的去看牲口和机器，而是去表现自己对土产的喜好，如果可能的话，要表现自己的真实喜好，爱屋及乌，也就和土产的产地有了感情。这是个传达信息的机会。1970年3月12日，乔治·蓬皮杜总统来到农展会现场，品尝国产食品，但是对英国展商的产品表现出明显的不信任，因为这个时候，欧共体成员国正在为英国加入欧洲共同体争执。雅克·希拉克是农展会的常客，他很早就树立了自己亲农的名声，尤其是大家都知道他喜欢地方风味。这位蓬皮杜总统的农业部长走到牛跟前，大喊："你们说什么呢？这哪里是牛啊，这是大师作品！"这当然是在为法国的农民们大声喝彩。农展会也是一场吃的马拉松，政治领导人从展览会转一圈下来，他们的胃要经受严峻的考验，特别是赶在总统大选年份的时候。同样，每当大选临近，各式各样的酒的沙龙和博览会上也都挤满了政界人士。这个时间里，大家也喜欢举办传统的宴会，因为这样的宴会可以增进集体的团结，讲演者有机会展示自己美食家的一面，或者就是让大家看见自己能吃能喝。这样的宴会是过去共和宴会的传承，各种政治势力，左派右派，极左或者极右，都在一个政治棋盘上争抢。1960年到1970年间，雅克·希拉克经常用"地方菜"宴请议员，扁豆什锦砂锅、红酒洋葱烧野味和酸菜熟肉香肠等，他把宴会当成了政治工具。1999年，让－马里·勒庞（Jean-Marie Le Pen）和布鲁诺·梅格雷（Bruno Mégret）闹翻了以后，在法国各地巡视他的基层组织，其间有过不少"爱国主义宴会"。一般来说，民族阵线的党员们听到他们喜爱的人讲演依然如痴如醉，对吃什么并不大关心，但是组织者们还是在选什么菜上下功夫，要让饭菜为政治服务。1995年，妮科尔·拉泰（Nicole Lattès）为希拉克的总统选举活动设计了带有苹果树的标识，《吉尼奥尔》新闻专栏受到启发，呼吁"请吃苹果吧！"，希拉克借势大谈苹果酒的好处。支持希拉克的人明白了个中的道理，"请吃苹果吧！"代替了选举纲领，让希拉克的公众形象和蔼可亲。自此，凡是宴会、聚会，苹果不可或缺，每个人手里都要拿到苹果。终于有一天，让－马里·卡瓦达（Jean-Marie Cavada）问希拉克："您知道苹果有多少品种吗？"希拉克是克雷兹议员，知道自己家乡的情况，于是大谈克雷兹苹果的好处，但是搜肠刮肚，也只能说出两个品种，大家明白他对苹果的热爱不过是和公众交流的手段而已。虽然如此，总统候选人希拉克孩子般的生活态度讨好了选民，这和爱德华·巴拉杜尔的一脸严肃形成了鲜明对照，巴拉杜尔因此在选民意向的民意调查曲线中急速下降。

社会党书记弗朗索瓦·奥朗德（François Hollande）继承激进主义聚餐的长期传统，主持过多次有着"根深蒂固"的菜式的宴会。2007年11月14日，激进党人午餐，用了越橘牝鹿肉酱、煎牛隔柱肌肉、小青豆、洋芫荽西红柿和焦糖奶油布丁，喝的酒来自"清风磨坊城堡"酒庄（Chateau Moulin de Bel Air）。这一次午餐真正的革新，是选了一种用甜菜做的、有"原产地验证"名誉的地方饮料。弗朗索瓦·贝鲁（François Bayrou）的风格非常类似蓬皮杜，他在所有的场合都忘不了说他喜欢地方产品和地方菜，一张嘴就是猪肉鹅肉卷心菜浓汤怎么好，没完没了地强调他是从贝亚恩（Béarn）出来的人。贝亚恩物产丰富，人们吃饭讲究，对于从这个地方走出来的人，你怎么会不信任他呢？

政治人物喜欢吃什么也是因人而异，各不相同，但是他们都要让人觉得他们特别能吃特别会吃，尽管他们说的话和实际情况相去甚远。阿兰·朱佩是一个小牛头爱好者俱乐部的成员，其实他对吃小牛头深恶痛绝。2008年，为总统大选进行的第二轮民主党候选人选举中，美国人进行了一项民意调查，调查结果证明，在巴拉克·奥巴马的支持者当中，多数人喝葡萄酒，而希拉里·克林顿的支持者更喜欢啤酒。民意调查还隐约显示，希拉里的选民里面工人多，比奥巴马的选民更有大众色彩，而奥巴马的选民中脑力劳动者多一些,尖子和精英多一些,奥巴马立刻调整了讲话内容,之前他的讲话主要面向美国社会中最有影响、学历最高、最富有的阶层,这些人实际上对政治有着某种诗一样的梦想。在谈到2009年7月哈佛大学一位黑人教授被无理拘捕时,奥巴马总统说话出了偏差,重新挑起了种族问题,马上在民意测验中丢分,他不得不在白宫花园举行了一次非正式会见,会见该事件中两个反对自己的人和副总统,这次见面被媒体说成是"啤酒峰会"。奥巴马在显得轻松的气氛中说:"不是什么峰会,就是一天的活儿干完了,三个伙计在一起喝一杯。"奥巴马喝的是美国人都喜欢的"百威",但他喝的是"淡型",以此显示自己的风格。2007年,法国总统大选的关键时刻,尼古拉·萨科齐碰到了一个棘手的问题,他在对法国电视一台的谈话中说:"我跟你们说一件事,可能让你们失望,我不喝酒。我是想说我其实不喝烈酒。"这几句话引起轩然大波,法国是一个拉丁文化的国家,葡萄酒是国家特性的一个重要组成部分,在拉丁文化当中,有意无意地崇尚能喝酒的人,所谓能喝的人,言外之意,就是"扛得住酒精"的人,在大众中传播的形象是千难万险不怕难的"强人"。说不喝酒,等于在人前甘拜下风。萨科齐的竞选班子眼见大事不好,赶紧找补,他们找了个记者特别多的场合,让萨科齐在饭桌上频频举杯给自己灌酒。

20世纪90年代初,先是马提尼翁宫,后是爱丽舍宫,都为宴会怎么摆桌子的事吵过一阵子。这时,弗朗索瓦·密特朗开始第二个总统任期,新任总理米歇尔·罗卡尔打破了原有的礼宾程式,在摆放主宾席的时候,放弃了传统的"U"形排列,他认为"U"形排列不方便和自己的近邻说话,决定改用小一些的圆桌。爱丽舍宫也照罗卡尔的样子改了。但是,1995年希拉克当选总统以后,他的夫人看见没了传统的"U"形桌子,觉得甚是荒唐,命令即刻恢复。

尼古拉·萨科齐当选总统以后，给政治餐桌的传统增加了更多的混乱。2007年5月，萨科齐来到西南部城市图卢兹，在食堂和职工们一起吃饭，试图化解当时在欧洲宇航防务集团（EADS）职工中间正酝酿着的一场危机。这位新当选的总统要让人看到他的风格：近距离解决问题，甚至可以暂时和对手结盟，在友好和平的气氛中与对手交流看法。这一年6月，萨科齐依样画葫芦，这么着又重新来了一次。2008年7月9日，萨科齐以类似的方式，在巴黎第七区克里"斯蒂安·康斯坦餐厅"，即"高压锅"，接见学生工会的领导人。被邀请到场的几个工会代表里，有法国大学生总会联合会（FAGE）主席蒂埃博·韦伯（Thiébaut Weber），他说："没有事先准备好的议事日程，讨论是非正式的。一顿午饭吃得很轻松，我们谈了学校的事，还谈了好多别的事。"整个活动，都是近距离、促膝谈心的感觉：吧台高脚凳，有鸡鸭，有肉……尼古拉·萨科齐要拿出姿态，让公众看到他是这样对待学生的，与2006年多米尼克·德维尔潘处理里昂电子物理化学高等学校（CPE）危机的时候不理会学生的态度截然不同。但是，参加活动的另一位女工会领导人朱莉·库德里（Julie Coudry）的感觉不尽相同："吃饭的气氛很好，但是我们还是很警觉。"也就是说，请客吃饭未必一定能奏效。1995年12月罢工期间，阿兰·朱佩把"工人力量"的工会领导人马克·布隆代尔请来马提尼翁宫吃饭，饭后还坐在一起吞云吐雾地抽雪茄，喝阿尔马涅克酒[1]，想和对方商量着解决问题，没想到对方并不买账：吃喝归吃喝，事情该怎么说还怎么说。米歇尔·罗卡尔说的话也许不错，最强悍的对手，是吃了好饭、嘴还不软的人。在这上头，宴会政治并不总是准确的科学。

1　法国Armagnac地区产的烧酒。

爱丽舍宫里的人吃什么？

每个国家领导人都有自己的饮食习惯，这些习惯反映着他们和人民、和世界的关系。每个总统都留下了自己的印记，但并不一定是寻求和其他总统的一致。

"二战"以后，国家重建，戴高乐将军因为政治上的选择和自己所受的教育，饭食简朴。在物资短缺，还要凭本凭票的时候，他鼓励大家勒紧裤腰带，俭省节约。

罗内·科蒂（René Coty）曾经让人拍过一幅照片，上面是他的夫人给他盛汤，戴高乐似乎是学了这个样子，往往是一顿饭只配一个汤就够了，他请客的菜单上没了奶酪，但是宴请的时候却会悄声告诉客人，厨房可以提供一些奶酪。他在饭食上的简朴并非帝王式的讳莫如深，故意和群众拉开距离，而是他在严格的家庭教育中养成的习惯，另外，军队的简朴对他也有影响。1958年戴高乐将军当选总统以后仍然保持着过去的习惯，他周围一起工作的人有文有武，在爱丽舍宫的厨房里也有军人。和当时的国情相符，戴高乐将军从来没有为了社交招待而试图改造爱丽舍宫。由于没有私人厨房，总统府的管事们送饭要推着小车穿过几条走廊，把饭菜送到华灯照耀下的总统餐桌，送到了，饭菜还必须要热气腾腾的，管事们的工作有些困难。有举行正式宴会的时候，每十位来宾要准备一名管事、三名侍者和一名酒师。旧制度下送肉食的队伍永远消失了，上菜的侍者无声地突然出现在宾客周围，如同一群优雅的芭蕾舞者。1968年5月的学运浪潮没有改变爱丽舍宫的习惯，一切照旧，该怎么着还是怎么着，总统胃口差了一些，礼宾程序基本没有变化。

蓬皮杜时代要和最早的戴高乐主义决裂，于是，在怎么吃饭上也要决裂。乔治·蓬皮杜的风格更像城市资产阶级，喜欢硬菜，很有他老家奥弗涅一带人的样子。蓬皮杜当政的时候，爱丽舍宫的厨房人员数量增加了一倍，经常有招待活动。蓬皮杜总统取消了汤，要求饭菜丰盛，要求多有小火慢工的菜。肥肝变成了冷拼，或者叫作头盘，这两个词从这时候开始混淆。从蓬皮杜对菜式的挑拣中，可以看出他是一个懂吃的人，很了解传统烹饪中的精粹。戴高乐时期开始在爱丽舍宫工作的大厨若埃尔·诺尔芒（Joel Normand）说，蓬皮杜喜欢地方风味菜，喜欢浇汁的菜，喜欢焖肉、牛肉和小牛肉配胡萝卜。吉斯卡尔·德斯坦是一个精到的美食家，不过他给厨师们留下的记忆不知是好是坏，他曾经提前几个月让厨房为他准备一道菜。德斯坦喜欢厨艺，他要厨房为他准备法国南方菜，这个时候正是出现新浪潮烹饪的时候，恨不得不带一点儿汤汁，不加一丁点儿香料。德斯坦亲自过问厨房，他要知道一顿饭的菜谱，甚至对怎么个做法还要提出具体意见，这样一来，少不了要和总统府的厨师们发生冲突。后来果然出了一次"夹心巧克力酥球事件"，一件小事，却足以证明德斯坦和他的大厨的关系多么复杂。若埃尔·诺尔芒大厨被德斯坦搞得不耐烦了，最后只剩下了一个问题："您是要软的，还是要硬的？"德斯坦回答："要软的。"从此以后，夹心巧克力酥球就成了软的。德斯坦还要求去掉一些糕点上糖做的玫瑰，倒也没说这个主意是不是和社会党的党徽有什么关系……

1981年社会党执政以后，有没有大刀阔斧地改变爱丽舍宫的饮食习惯呢？有没有用"左"的食物"改变生活"呢？虽然弗朗索瓦·密特朗和他的厨师之间不是相安无事，但是他和法国传统的招待习惯并没有决裂。唯一重要的改变，是总统在爱丽舍宫只留了办公室，总统本人不住总统府，还是住在巴黎比耶夫尔大街（Bièvre）的私邸。实际上，密特朗动用总统府厨房都是为了招待客人，自己吃饭从来没有用过。另外，可能也是出于一种本能的怀疑：国家机器从

1958年以来一直掌握在右派手里,让人不放心,食物也让人不放心。密特朗患病以后,和总统府的厨房更多了一些隔膜,他召回了自己原来的营养师,另外,他经常悄悄地离开总统府,到随便哪个餐馆或者朋友家里就餐。若埃尔·诺尔芒到了1984年才真正成为总统府厨师长,他感到不被信任,有时候密特朗不喜欢他做的饭菜,就劈头盖脸地直接告诉他,他感觉受到了侮辱。以前的习惯是厨师长给总统提供三个菜单备选,诺尔芒提供了六种菜单,可还是不行,有时候全给打了回来不说,还带着批语,比如要法国最优秀的技工回学校去,坐在板凳上好好想想怎么做一个白汁小牛肉!密特朗的病日渐严重,对厨房的要求越来越多,周日的晚上,他可能突然提出要求,要一个海鲜大拼盘,或者是要厨房十五分钟之内准备好带龙虾的工作午餐。厨房相应地做出了调整,命令雅克·勒比耶克(Jacques le Billec)和阿尔萨斯啤酒屋(la Brasserie d'Alsace)等几家餐馆随时待命,这几家餐馆每天都可以提供龙虾、鱼子酱和螯虾。密特朗不放弃一切搞乱爱丽舍宫习惯的机会。厨房历来主要是男人的世界,是宫殿味的巴黎世界,其中的阴谋和争斗丝毫不逊色于政界。1988年,密特朗让来自佩里戈尔(Périgord)一个叫达妮埃勒·马泽-德尔珀什(Danièle Mazet-Delpeuch)的女人进入总统府厨房工作。这位女大厨在1988~1991年间在爱丽舍宫工作了三年,卸职的时候,她认为总统这个人挺矛盾的,没什么感情,但是"客气、懂吃"。总统有这样那样的侧面,但是他永远是一个留恋故土的人,他不会要求大厨们完成一道神菜,也不要求在菜上表现什么风格,他就是要求"拿法国最好的菜上来"。达妮埃勒·马泽-德尔珀什后来写了一本书,书名叫《佩里戈尔厨艺在爱丽舍宫札记》(Carnets de cuisine du Périgord à l'Elysée),她在书中回忆说:"我问过我的工作的大致内容,得到的回答只是一个大体的松散轮廓,我觉得其实是有明确要求的,但是故意不说清楚。"和冰激凌比起来，密特朗总统更喜欢糕点，晚上有正式宴请的时候，他经常要求上糕点，如千层饼、"秋叶"（圆形的巧克力奶油夹层饼）、"歌剧"（方形的咖啡味夹饼）和咖啡巧克力吐司。密特朗的有些做法让人吃惊：他用不少时间谈论地方特产，说煎鸡蛋有多少好处，用一个小时和新来的女大厨讨论佩里戈尔的食物，向别人推荐巴黎的某家奶酪店，或者一定要纳韦尔[1]的一个屠户成为爱丽舍宫的正式供应商。1987年，他给若埃尔·诺尔芒厨师长授勋的时候，甚至能够讲得出每个厨师的脾气和好恶。达妮埃勒·马泽-德尔珀什回忆说："招待人是一种艺术，总统请客不是请客，而是邀请客人和他一同度过一段时光。"

　　1995年，雅克·希拉克当选法国总统。希拉克是克雷兹人，早年曾经是"蓝带学校"的学生，他喜欢食物，喜欢吃，喜欢自己做着吃，而且喜欢让人知道什么好吃，怎么吃好。这位美食家所到之处，食物丰盛，花样繁多，多有浇汁的菜式，还有熟肉酱和鸭子。他担任巴黎市长的时候宴请议员，用了斯特拉斯堡的鹅和熟肉酸菜。在这个方面，他继承了蓬皮杜的某些形式，重新开始用汤。希拉克是个对于地方食物和外国食物（杧果、鸡蛋薄饼、螯虾肉炒意大利宽面条、西班牙凉汤）兼收并蓄的人。给他一钵熟肉酱，他接过来就抹在面包上，吃得高高兴兴，他应该是比他的前任更好商量、更容易伺候的一位总统。希拉克夫人有时候显得周到一些，比如告诉厨子，周日晚上就不要老是上蜗牛了。希拉克总统对厨房的建议很少反对，他喜欢一个人吃饭，很少出来就餐，喜欢各式各样的菜式，餐桌好像是他真正的快乐。与密特朗相比，希拉克更重视乡里乡间的产品，他让厨师做小牛头（头盘），喜欢小羊腿胜过一切。这位能吃能喝的总统懂得如

---

[1] 纳韦尔（Nivernai），法国中部城市。

何获取公众的感情，他让人感到他是一个普普通通的人，最高权力并没有改变他，很多法国人看见他，好像看见了自己。

2007年5月，尼古拉·萨科齐竞选胜利，就任法国总统。在吃的方面，他和其他方面一样，开始与以往决裂。他不主张大吃大喝，而是要寻求平衡。萨科齐是第一个讲究饮食卫生的法国总统，与希拉克相比，他没有什么硬性的要求，也不像希拉克那样爱好饮食。他是多甜少盐，和希拉克正好相反。两个人脾性上的不同还不限于此，萨科齐的饮食习惯符合保持健康状态和身体线条的时尚要求，他不喝烈性酒，撤掉了红酒瓶子，换上了矿泉水；吃得也少，用餐的时间短，而且经常不在爱丽舍宫金碧辉煌的环境里吃饭。新的国家元首觉得饭菜丰盛是浪费时间，吃饭不过是"加油给力"。萨科齐喜欢表现自己和同胞们一样吃饭：他喜欢巧克力[1]，因为巧克力有兴奋作用；他不怕让人看见他正在津津有味地吃一份比萨或一个三明治。他这一代人经常运动，以减少营养混乱造成的健康问题。在希拉克担任总统时期的多米尼克·德维尔潘总理很会利用这种形象，有一次，他在海滩上慢悠悠地跑步，等着和尼古拉·萨科齐一起享用"外交早餐"。不过，萨科齐总统对法国大餐没有爱，却也没有恨，他率先向联合国教科文组织提出申请，要求把法国餐列入世界遗产。

小　结

政治宴会证明了乔治·蓬皮杜的话是不对的：他曾经嘲笑法国外交部的外交官们"成天就是喝茶吃点心"。招待的艺术和如何接待外

---

[1] 每个星期二早上举行人民运动联盟（UMP）领导人例会的时候，萨科齐都要吃一包巧克力。

国客人也是外交的一部分。每天晚上，在共和国的宫殿里，男人们和女人们围坐在一起，茶余饭后，讨论着法国的命运。密特朗的外交部长罗兰·迪马（Roland Dumas）回忆说，很多关系到国家命运的重要决定（通常是秘密的决定），都是在正式或者不怎么正式的宴会上做出的。

每个总统都想在自己的任期内留下什么印记，不少建筑都和他们的名字联系在了一起。最尖刻的人建议，像希拉克这样的，应该用他的名字命名一个餐厅。话说得容易了些，但是表现了国家首脑通过自己喜欢或是不喜欢食物和人民之间的牢固的联系，如同一个国家领导人吃的能力预示着他治理国家的能力一样。

在政治领域和在其他领域一样，宴会可以使对立双方和解，可以缩短对立双方的距离，可以找到妥协的方法，而这种妥协就是一起用餐的最本质的结果，这个"本质"就是社会和政治意义上的和平。

新知文库

01 《证据：历史上最具争议的法医学案例》[美]科林·埃文斯 著　毕小青 译
02 《香料传奇：一部由诱惑衍生的历史》[澳]杰克·特纳 著　周子平 译
03 《查理曼大帝的桌布：一部开胃的宴会史》[英]尼科拉·弗莱彻 著　李响 译
04 《改变西方世界的26个字母》[英]约翰·曼 著　江正文 译
05 《破解古埃及：一场激烈的智力竞争》[英]莱斯利·罗伊·亚京斯 著　黄中宪 译
06 《狗智慧：它们在想什么》[加]斯坦利·科伦 著　江天帆、马云霏 译
07 《狗故事：人类历史上狗的爪印》[加]斯坦利·科伦 著　江天帆 译
08 《血液的故事》[美]比尔·海斯 著　郎可华 译　张铁梅 校
09 《君主制的历史》[美]布伦达·拉尔夫·刘易斯 著　荣予、方力维 译
10 《人类基因的历史地图》[美]史蒂夫·奥尔森 著　霍达文 译
11 《隐疾：名人与人格障碍》[德]博尔温·班德洛 著　麦湛雄 译
12 《逼近的瘟疫》[美]劳里·加勒特 著　杨岐鸣、杨宁 译
13 《颜色的故事》[英]维多利亚·芬利 著　姚芸竹 译
14 《我不是杀人犯》[法]弗雷德里克·肖索依 著　孟晖 译
15 《说谎：揭穿商业、政治与婚姻中的骗局》[美]保罗·埃克曼 著　邓伯宸 译　徐国强 校
16 《蛛丝马迹：犯罪现场专家讲述的故事》[美]康妮·弗莱彻 著　毕小青 译
17 《战争的果实：军事冲突如何加速科技创新》[美]迈克尔·怀特 著　卢欣渝 译
18 《最早发现北美洲的中国移民》[加]保罗·夏亚松 著　暴永宁 译
19 《私密的神话：梦之解析》[英]安东尼·史蒂文斯 著　薛绚 译
20 《生物武器：从国家赞助的研制计划到当代生物恐怖活动》[美]珍妮·吉耶曼 著　周子平 译
21 《疯狂实验史》[瑞士]雷托·U.施奈德 著　许阳 译
22 《智商测试：一段闪光的历史，一个失色的点子》[美]斯蒂芬·默多克 著　卢欣渝 译
23 《第三帝国的艺术博物馆：希特勒与"林茨特别任务"》[德]哈恩斯–克里斯蒂安·罗尔 著　孙书柱、刘英兰 译
24 《茶：嗜好、开拓与帝国》[英]罗伊·莫克塞姆 著　毕小青 译
25 《路西法效应：好人是如何变成恶魔的》[美]菲利普·津巴多 著　孙佩妏、陈雅馨 译
26 《阿司匹林传奇》[英]迪尔米德·杰弗里斯 著　暴永宁、王惠 译

27	《美味欺诈：食品造假与打假的历史》[英] 比·威尔逊 著　周继岚 译	
28	《英国人的言行潜规则》[英] 凯特·福克斯 著　姚芸竹 译	
29	《战争的文化》[以] 马丁·范克勒韦尔德 著　李阳 译	
30	《大背叛：科学中的欺诈》[美] 霍勒斯·弗里兰·贾德森 著　张铁梅、徐国强 译	
31	《多重宇宙：一个世界太少了？》[德] 托比阿斯·胡阿特、马克斯·劳讷 著　车云 译	
32	《现代医学的偶然发现》[美] 默顿·迈耶斯 著　周子平 译	
33	《咖啡机中的间谍：个人隐私的终结》[英] 吉隆·奥哈拉、奈杰尔·沙德博尔特 著　毕小青 译	
34	《洞穴奇案》[美] 彼得·萨伯 著　陈福勇、张世泰 译	
35	《权力的餐桌：从古希腊宴会到爱丽舍宫》[法] 让－马克·阿尔贝 著　刘可有、刘惠杰 译	
36	《致命元素：毒药的历史》[英] 约翰·埃姆斯利 著　毕小青 译	
37	《神祇、陵墓与学者：考古学传奇》[德] C. W. 策拉姆 著　张芸、孟薇 译	
38	《谋杀手段：用刑侦科学破解致命罪案》[德] 马克·贝内克 著　李响 译	
39	《为什么不杀光？种族大屠杀的反思》[美] 丹尼尔·希罗、克拉克·麦考利 著　薛绚 译	
40	《伊索尔德的魔汤：春药的文化史》[德] 克劳迪娅·米勒－埃贝林、克里斯蒂安·拉奇 著　王泰智、沈惠珠 译	
41	《错引耶稣：〈圣经〉传抄、更改的内幕》[美] 巴特·埃尔曼 著　黄恩邻 译	
42	《百变小红帽：一则童话中的性、道德及演变》[美] 凯瑟琳·奥兰丝汀 著　杨淑智 译	
43	《穆斯林发现欧洲：天下大国的视野转换》[英] 伯纳德·刘易斯 著　李中文 译	
44	《烟火撩人：香烟的历史》[法] 迪迪埃·努里松 著　陈睿、李欣 译	
45	《菜单中的秘密：爱丽舍宫的飨宴》[日] 西川惠 著　尤可欣 译	
46	《气候创造历史》[瑞士] 许靖华 著　甘锡安 译	
47	《特权：哈佛与统治阶层的教育》[美] 罗斯·格雷戈里·多塞特 著　珍栎 译	
48	《死亡晚餐派对：真实医学探案故事集》[美] 乔纳森·埃德罗 著　江孟蓉 译	
49	《重返人类演化现场》[美] 奇普·沃尔特 著　蔡承志 译	
50	《破窗效应：失序世界的关键影响力》[美] 乔治·凯林、凯瑟琳·科尔斯 著　陈智文 译	
51	《违童之愿：冷战时期美国儿童医学实验秘史》[美] 艾伦·M. 霍恩布鲁姆、朱迪斯·L. 纽曼、格雷戈里·J. 多贝尔 著　丁立松 译	
52	《活着有多久：关于死亡的科学和哲学》[加] 理查德·贝利沃、丹尼斯·金格拉斯 著　白紫阳 译	
53	《疯狂实验史Ⅱ》[瑞士] 雷托·U. 施奈德 著　郭鑫、姚敏多 译	
54	《猿形毕露：从猩猩看人类的权力、暴力、爱与性》[美] 弗朗斯·德瓦尔 著　陈信宏 译	
55	《正常的另一面：美貌、信任与养育的生物学》[美] 乔丹·斯莫勒 著　郑嬿 译	